CAROLINA MARIA DE JESUS
Um Brasil para os brasileiros

ORG.
HÉLIO MENEZES
RAQUEL BARRETO

JESUS, Carolina Maria de. *Um Brasil para os brasileiros*.
Caderno manuscrito 1. Data desconhecida. Acervo Instituto Moreira Salles.

Mí Brasil para os brasileiros.
Contos e paesias
Carolina Maria de Jesus

Autoria não identificada, "Carolina antes de embarcar para o Uruguai, para o lançamento do *Quarto de despejo*", *O Estado de S. Paulo*, São Paulo, 30.12.1961. Fotografia analógica impressa em formato digital. Acervo O Estado de São Paulo, São Paulo, ©Estadão Conteúdo.

Carolina Maria de Jesus pelas lentes de Zélia Gattai, São Paulo, anos 1960.

CAROLINA MARIA DE JESUS NO IMS

O ponto de partida para a exposição apresentada no IMS São Paulo de setembro de 2021 a abril de 2022, e este catálogo que a documenta, foi a presença de Carolina Maria de Jesus nos acervos da instituição: dois cadernos manuscritos (um deles intitulado *Um Brasil para os brasileiros*, que originou o livro publicado com o título *Diário de Bitita*), as edições brasileiras e estrangeiras de *Quarto de despejo* (seu primeiro livro e um acontecimento editorial no Brasil e no mundo), o disco com as suas canções e dezenas de fotografias. Todos esses registros nos desafiavam a reuni-los a outros que encontrássemos ou produzíssemos, de modo a pesquisar e a interpretar o Brasil contemporâneo a partir do extraordinário legado que a vida e a obra de Carolina Maria de Jesus nos deixaram. E assumindo o lugar onde queremos estar: ao lado de quem constrói uma sabedoria e uma arte nascidas da vivência da fome, da experiência da injustiça, da desigualdade e da exclusão, por motivos de raça, classe social, religião ou orientação sexual.

Carolina Maria de Jesus é, como salientam os curadores desta exposição, uma das maiores intérpretes do Brasil no século XX. A sua obra literária é um caso único no mundo: não se conhece um outro exemplo de quem tenha escrito toda uma vida e construído uma obra tão veemente e singular a partir de uma escolaridade de apenas dois anos. O projeto literário de Carolina, assim como a sua dimensão multifacetada de artista, se expressando igualmente pela música, pela dança, pelo vestuário que ela mesma concebia, não encontrava outro espaço no Brasil do seu tempo que não o da sua recepção como fenômeno exótico, exceção num país que remetia mães negras como ela para a pobreza, para a exclusão, para o trabalho servil, para a fome e o anonimato. Por meio da escrita e da sua fortíssima e múltipla personalidade, Carolina Maria de Jesus inventou um tempo e um espaço próprios para se afirmar e abrir caminhos para todas as Carolinas que hoje continuam resistindo, lutando e afirmando as suas identidades por todo o Brasil. O mundo de imediato reconheceu a potência da autora que então se revelava, traduzindo o seu primeiro livro, *Quarto de despejo*, em mais de 13 línguas, nos três anos subsequentes à edição brasileira.

Urgia por tudo isso uma exposição que celebrasse Carolina no nosso tempo, construindo um olhar atual sobre a sua vida, a sua obra e a extraordinária dinâmica emancipatória que ela desencadeou e hoje tanto repercute no Brasil contemporâneo. Até porque algo de triste e revoltante faz também parte da atualidade de Carolina: o Brasil que ela denunciou nas suas dores e injustiças continua hoje com essas feridas abertas e doendo. Urgia uma exposição que abrisse igualmente a instituição que a apresentasse à visitação de todas as pessoas que se sentem excluídas, pela cor da pele ou pela pobreza, do acesso às instituições culturais do país. Entendemos que uma instituição cultural não pode viver e trabalhar fechada em si mesma, mas necessita ser confrontada pelo presente do qual participa, reconhecendo que o lugar onde atua pode ser também um instrumento para a emancipação. Por isso e para isso, convidamos uma equipe curatorial externa, formada por profissionais negras e negros, que teve autonomia para pensar conceitualmente a exposição ao desenvolver o seu próprio projeto, escolhendo o grupo de pesquisa, selecionando documentos e obras de arte, convidando artistas a produzir trabalhos para esta exposição. Expressamos todo o nosso reconhecimento a essa equipe curatorial e a todas as equipes, externas e internas do IMS; às instituições, pessoas e entidades que nos permitiram juntar tudo o que as pessoas que visitam a exposição podem conhecer. Hélio Menezes e Raquel Barreto, que fizeram a curadoria da exposição, Luciara Ribeiro, que assegurou a assistência de curadoria, Fernanda Miranda, que assumiu a pesquisa literária, Bruno Galindo, que protagonizou a pesquisa audiovisual, Isabel Xavier, que projetou a arquitetura da mostra, e o estúdio Daó com Giulia Fagundes, que elaborou toda a sua diagramação visual, merecem uma particular menção explícita. Assegurar que a instituição se tornasse um instrumento das ideias e dos projetos dessas colaborações externas foi um dos propósitos do modo de fazer desta exposição, sendo este também o momento de exprimir o nosso reconhecimento a todas, todos e todes que constam da ficha técnica do IMS e que muito contribuíram para que este projeto fosse possível.

Prestamos a nossa homenagem e manifestamos a nossa gratidão ao Conselho Consultivo que assessorou a curadoria, constituído por mulheres sábias que nos enriqueceram com os conselhos e as experiências acumulados nas suas vidas e em seus combates. Seus nomes nos honram e prestigiam: Bel Santos Mayer, Carmen Silva, Conceição Evaristo, Denise Ferreira da Silva, Elisa Lucinda, Lúcia Xavier, Mãe Celina de Xangô, Paula Beatriz de Souza Cruz, Petronilha Beatriz Gonçalves e Silva, Sueli Carneiro, Zezé Menezes e Zezé Motta. Com todas elas, muito aprendemos e desejamos prosseguir aprendendo.

Em colaboração com o Sesc São Paulo, foi possível construir uma itinerância da exposição nas unidades de Sorocaba, de 15 de junho a 25 de setembro de 2022, e de São José do Rio Preto, de 11 de outubro de 2022 a 12 de março de 2023. Manifestamos a todas as equipes do Sesc São Paulo, assim como ao seu diretor regional, Danilo Santos de Miranda, o nosso mais profundo reconhecimento. A exposição será ainda apresentada, numa versão específica, no Museu de Arte do Rio (MAR), com abertura prevista para 2023. A todas as equipes do MAR que conosco têm trabalhado para essa apresentação no Rio de Janeiro, endereçamos igualmente o nosso agradecimento. Depois desta exposição, o IMS prosseguirá ainda o seu trabalho com o legado de Carolina Maria de Jesus por meio da construção de um *site* dedicado à sua vida e obra, editado e coordenado por Fernanda Miranda.

Uma palavra resume deste modo o que vivemos neste projeto: gratidão. A Carolina Maria de Jesus, por tudo quanto viveu, escreveu e criou, pelo exemplo que transmitiu a todos que tornaram possível construir este projeto, nomeadamente a todos artistas que nele participam com os seus trabalhos, que agradecemos com uma particular palavra de apreço. E, por fim, uma outra palavra muito especial para Vera Eunice de Jesus, filha de Carolina e dinamizadora infatigável de todo o legado da sua mãe, para as netas de Carolina, Adriana de Jesus, Eliana de Jesus, Elisa de Jesus e Lilian de Jesus, assim como para toda a família de Carolina Maria de Jesus, por todo o apoio e estímulo que foram essenciais para este projeto. Como no famoso samba que a Mangueira apresentou no Carnaval do Rio em 2018, em que uma bandeira de Carolina desfilou ao lado de bandeiras dedicadas a Marielle Franco e outres protagonistas da história do país, reconhecemos que é chegado o tempo de contar "a história que a história não conta", "o avesso do mesmo lugar" deste território que se chama Brasil.

Marcelo Araujo
Diretor-geral

João Fernandes
Diretor artístico

Instituto Moreira Salles

SUMÁRIO

14 **CAROLINA MARIA DE JESUS: MODOS DE LER, MODOS DE VER**
HÉLIO MENEZES & RAQUEL BARRETO

19 **CAROLINA MARIA DE JESUS: UM BRASIL PARA OS BRASILEIROS**
HÉLIO MENEZES & RAQUEL BARRETO

60 **CRONOLOGIA**
HÉLIO MENEZES & RAQUEL BARRETO

72 **CAROLINA E A IMPRENSA (1940-1977)**
HÉLIO MENEZES & RAQUEL BARRETO

97 **CAROLINA MARIA DE JESUS, AMPLA PALAVRA**
FERNANDA MIRANDA

143 **REESCRITURA EM *DIÁRIO DE BITITA*, ARTIMANHAS DE UM PROCESSO INTRIGANTE DE EDIÇÃO**
RAQUEL ALVES

177 *QUARTO DE DESPEJO*: UM GESTO REFLEXIVO
E URGENTE SOBRE A CIDADE
GABRIELA LEANDRO PEREIRA

219 RETRATOS DE CAROLINA
RENATA BITTENCOURT

255 "AGORA EU SEI QUE A TERRA ME PERTENCE":
CAROLINA MARIA DE JESUS, O ASSOCIATIVISMO
NEGRO DE SEU TEMPO E ALÉM
MÁRIO AUGUSTO MEDEIROS DA SILVA

291 CAROLINA MARIA DE JESUS: SOLO FÉRTIL
PARA UMA TRADIÇÃO DIVERSA
CONCEIÇÃO EVARISTO

342 OBRAS NA EXPOSIÇÃO

CAROLINA MARIA DE JESUS: MODOS DE LER, MODOS DE VER

HÉLIO MENEZES & RAQUEL BARRETO

"Um dia apoderou-se de mim um desejo de escrever: Escrevi."

Carolina Maria de Jesus: um Brasil para os brasileiros nomeia a exposição em homenagem à escritora Carolina Maria de Jesus (1914-1977), realizada no Instituto Moreira Salles, em São Paulo, entre setembro de 2021 e abril de 2022. Pautada em sua extensa produção autoral, especialmente em seus manuscritos, inéditos em sua maioria, a mostra propõe um diálogo denso e afetuoso com as produções artísticas visuais brasileiras, particularmente negras, elaboradas a partir da década de 1950 até a contemporaneidade.

Neste catálogo, compartilhamos o material reunido durante os dois anos de pesquisa que antecederam e fomentaram a exposição. Trata-se de cadernos originais, livros publicados e traduções, fragmentos de textos, periódicos (1940-1977), discos, um amplo conjunto de fotografias autorais e documentais (grande parte de pouquíssima circulação), registros audiovisuais, objetos pessoais da autora e obras de 68 artistas, em diversos formatos e materiais.

Há ainda uma cronologia, que organiza acontecimentos significativos da trajetória de Carolina, sublinhando como sua vida e obra estiveram entrelaçadas com momentos históricos fundamentais para uma interpretação mais crítica da história do país.

Os textos e ensaios de especialistas sobre a autora, comissionados para esta publicação, aprofundam e complexificam aspectos da biografia, da obra e da recepção de Carolina Maria de Jesus no país e afora. As autoras e o autor convidados se destacam por suas atuações e pesquisas em campos distintos, incursionando pelas artes visuais, pelo pensamento social, pela história, pelas relações raciais, pelo urbanismo, mas principalmente pela literatura e pela crítica. Evidenciam, assim, a complexidade de temas e questões pertinentes à produção da autora, distanciando-se de uma percepção anterior, equivocada, que considerava sua obra mais sociológica do que propriamente literária.

No texto "Carolina Maria de Jesus, ampla palavra", a crítica literária Fernanda Miranda analisa como a entrada da escritora no sistema literário nacional, na década de 1960, permitiu pensar o caráter elitista e excludente deste. Ao evidenciar que o texto de Carolina é múltiplo, a pesquisadora mostra que não é possível enquadrá-lo em um só gênero ou dicção. Miranda acrescenta que a obra de Carolina reflete a possibilidade de caminhos encruzilhados, e sublinha um aspecto singular na produção da autora: o caráter performático de sua escrita, tratando também ficcionalmente verdades e memórias.

"*Quarto de despejo*: um gesto reflexivo e urgente sobre a cidade", da arquiteta Gabriela Leandro Pereira, contempla as relações entre a obra de Carolina e o espaço urbano. Pereira observa como as mudanças na cidade de São Paulo estão presentes na obra da escritora, atentando para as assimetrias sociais que se manifestam na estrutura do crescimento urbano da cidade. Nesse mesmo processo, surge a favela do Canindé, onde se desenrolam os acontecimentos narrados em *Quarto de despejo*. A arquiteta relata a participação direta do poder público na criação do Canindé.

"Reescritura em *Diário de Bitita*, artimanhas de um processo intrigante de edição", da especialista em estudos de tradução Raquel Alves, apresenta uma contribuição inaugural para os estudos comparados acerca da obra de Carolina. Alves analisa os originais de *Minha vida ou Um Brasil para brasileiros* e sua versão, publicada originalmente na França como *Journal de Bitita* e depois no Brasil como *Diário de Bitita*. Ela considera que as escolhas na edição da obra, a começar pela mudança no próprio título, direcionam de forma tendenciosa sua leitura. No texto, aparecem inúmeros casos de omissão, acréscimos e mudanças entre o original e a versão publicada.

"Retratos de Carolina", texto da historiadora da arte Renata Bittencourt, reflete a respeito da convenção visual em torno da escritora, que incidiu na forma como sua imagem foi construída. Bittencourt destaca que na cultura visual ocidental a imagem da "escritora negra" é inexistente, porém o tema da miséria é familiar. A esse aspecto, soma-se a reiteração de um certo ar melancólico, presente em outros retratos de pessoas negras, conjugado a uma representação da autora atrelada à subalternidade.

"'Agora eu sei que a terra me pertence': Carolina Maria de Jesus, o associativismo negro de seu tempo e além", artigo do sociólogo Mário Augusto Medeiros da Silva, analisa a relação da escritora com o associativismo negro. O autor joga luz sobre informações pouco conhecidas até o momento, como o registro do que foi possivelmente o primeiro contato de Carolina com militantes do movimento negro, na década de 1940. Nos anos 1960, no contexto do lançamento de *Quarto de despejo*, a autora foi bastante procurada pelas organizações negras da época, mas sem se vincular de fato a nenhuma delas. Após a morte de Carolina, sua influência refletiu na formação dos Cadernos Negros, série literária com nome inspirado nos cadernos manuscritos da autora e que foi fundamental para a promoção da autoria negra.

"Carolina Maria de Jesus: solo fértil para uma tradição diversa", texto da escritora Conceição Evaristo, examina como a autora foi "letra fundante de uma tradição" na literatura brasileira. A escrita de Carolina influenciou até mesmo a mãe de Evaristo, que, impactada com a leitura de *Quarto de despejo*, começou a registrar em cadernos o seu cotidiano numa favela de Belo Horizonte. A extensão dessa tradição fundada por Carolina extrapola o território da palavra escrita, incluindo o *rap*, o *slam* e outras formas expressivas.

Este catálogo é uma contribuição à fortuna crítica a respeito da escritora, especialmente aos estudos sobre sua representação visual, tema ainda pouco visitado nas pesquisas a seu respeito. Procuramos também compartilhar a experiência da exposição *Carolina Maria de Jesus: um Brasil para os brasileiros*, baseada na profícua escrita da autora, que tem por hábito deixar seus leitores profundamente tocados. Neste espírito "caroliniano", convidamos a uma boa leitura.

as cinco horas. Que alegria
quando embarquei.
Rezarta. agradecendo a
Deus. e pedindo-lhe
proteção. Quem sabe se
eu conseguir meios
para comprar uma
casinha e viver os
restos dos meus dias
com tranquilidade.
Quando cheguei na
capital, gostei da
cidade. porque são
paulo, é o eixo do
Brasil. E a espinha
dorsal do nosso país
Quantas fábricas!
Que cidade progressssta
são paulo deve ser o figuri-
no para que este país se
transforme, num bom
Brasil para os brasileiros.

CAROLINA MARIA DE JESUS: UM BRASIL PARA OS BRASILEIROS

HÉLIO MENEZES & RAQUEL BARRETO

LUANA VITRA
Belo Horizonte, MG, 1995 – Vive entre MG, BA, SP e MA.
Escora para tetos prestes a desabar, 2019-2021

"Diga ao meu povo brasileiro
O meu sonho era ser escritora"

Um Brasil para os brasileiros é o título que Carolina Maria de Jesus deu a um de seus muitos cadernos manuscritos. Segundo a escritora, a frase não é originalmente sua, mas de autoria do político e jurista Rui Barbosa (1849-1923) – um homem branco, membro das elites dominantes deste país, com privilégios históricos de classe, raça e gênero. No texto de Carolina, a sentença ganha sentidos próprios, que subvertem o original. Seus brasileiros são pessoas como ela: negros/as, pobres, excluídos/as, sujeitos rasurados da história oficial.

Neste livro, a autora elabora uma autoficção a partir de memórias de sua infância até a chegada em São Paulo. Fornecendo ao mesmo tempo uma lente pela qual se pode ler um país profundamente desigual e racialmente hierárquico, este texto de Carolina evidencia um de seus múltiplos qualitativos: a de intérprete literária do país. Compondo um estilo único, entremeada por frases cortantes e sintéticas, elaborações poéticas e escritas em diversos gêneros, sua narrativa disputa uma análise acerca de nossa formação social, reflete sobre um ideal de país com cidadania plena, liberdade e igualdade racial, com ênfase no direito à educação e à moradia.

Um Brasil para os brasileiros foi escrito, provavelmente, ao longo das décadas de 1960 e 1970,[1] o que leva a crer que tenha sido um projeto ao qual se dedicou com bastante afinco. A primeira versão, publicada em 1982, na França, sob o título *Journal de Bitita*, apresentava erroneamente o nome da autora como "Maria Carolina de Jesus". A edição brasileira – em realidade, uma tradução direta do francês – saiu em 1986 como *Diário de Bitita*, mais uma vez desrespeitando o título dado pela autora.

A história da publicação do livro começa em 1975, quando as jornalistas Maryvonne Lapouge e Clélia Pisa entrevistaram Carolina em Parelheiros, onde residia na época, para o livro francês *Brasileiras: vozes, escritas do Brasil*. A autora, que se encontrava reclusa da vida literária, já não circulava como antes. Segundo relatos das editoras, quando Carolina as recebeu, confiou-lhes os manuscritos de *Um Brasil para os brasileiros*, com a promessa de serem publicados. Cabe lembrar que nesse período o Brasil vivia sob uma ditadura militar, com censura e grande tensão política e social.

As jornalistas, após a morte de Carolina, editaram os manuscritos e publicaram o livro, com alterações na estrutura do texto, omissões e até mesmo a inclusão de trechos absolutamente dissonantes do original.[2] A própria escolha do título tentava associar a obra ao gênero diário, pelo qual a autora havia se consagrado em anos anteriores com a publicação de *Quarto de despejo*. Trata-se de uma flagrante desautorização discursiva, uma modificação e edição textual sem o consentimento da autora ou sem que qualquer explicação sobre os critérios adotados fosse dada aos leitores. O fato, longe de ser um caso isolado, foi recorrente na trajetória literária de Carolina.

"Ela chama: Carolina Maria de Jesus"

Carolina nasceu em Sacramento (MG), em 14 de março de 1914.[3] Sua vida neste vilarejo inspirou *Um Brasil para os brasileiros*, ficção de caráter memorialístico narrada por uma menina negra, a Bitita – apelido familiar da escritora. O livro a acompanha em sua infância e início da juventude, antes da chegada a São Paulo, na década de 1930. Há na trama uma variação de dicções, misturando aspectos prosaicos de sua biografia, até mesmo fabulados, com miradas mais amplas sobre as condições materiais de vida no interior do país. Um trecho diz assim:

> Minha mãe era descendente do Ventre Livre, e dizia que o branco, é o verdadeiro dono do mundo.
>
> Eu dava risadas.
>
> Minha mãe aprendeu dizer aos brancos, sim senhora e sim senhor. Quando chegóu a minha vês a fazendeira examinou-me como se eu fôsse um objeto exposto a venda. Dizendo que eu deveria ser uma negrinha esperta pórque, era magrinha canela fina etc. ficóu com inveja da minha mãe que tinha uma filha perfeita.
>
> A inveja duplicou quando lhe disseram que eu sabia ler.
>
> Perguntou o meu nome.
>
> Minha mãe respondeu com a vós tremula, pórque a presença de um branco, lhe a atemorizava:
>
> Ela chama: Carolina Maria de Jesus.[4]

A obra, entre muitas camadas interpretativas e sensíveis, apresenta um vívido microcosmo das relações sociais e raciais do pós-abolição, a partir do olhar de Carolina sobre os eventos da própria vida. Junto à sua família, ela percorreu várias cidades do interior de Minas Gerais e São Paulo, em

---

1 Encontramos na pesquisa para a exposição duas referências ao livro em entrevistas da autora à imprensa. Na primeira, ao jornal *Última Hora*, de 6 de novembro de 1962, com o título "Reminiscências", "os 20 primeiros anos de sua vida Carolina revelará (honestamente)", ela menciona que a obra trata de sua infância em Sacramento. Na segunda, ao jornal *O Globo*, de 24 de outubro de 1972, "Carolina Maria de Jesus prepara um novo livro", é citado nominalmente: "Um Brasil para os brasileiros". A escritora afirma que o conteúdo é humorístico e nada tem de dramático: "Fatos pitorescos que eu vivi, lembranças de meu avô".
2 Desde 2006, a jornalista Clélia Pisa depositou os dois cadernos manuscritos no acervo de literatura do IMS.
3 A informação não é consensual na bibliografia. Há fontes que mencionam outras datas para o nascimento da escritora. Segundo as pesquisadoras Eliana de M. Castro e Marília N. de Mata, na certidão de batismo aparece a data de 6 de outubro de 1915. A discordância nas datas pode ser explicada pelo fato de que somente em 1916 o Código Civil foi implantado, tornando obrigatório os registros públicos. Cf. CASTRO, Eliana de Moura e MACHADO, Marília Novais de Mata. *Muito bem, Carolina!: biografia de Carolina Maria de Jesus*. Belo Horizonte: C/Arte, 2007, p. 13.
4 JESUS, Carolina Maria de. *Um Brasil para os brasileiros*. Manuscrito. Local desconhecido, data desconhecida, p. 29. Acervo Instituto Moreira Salles.

busca de trabalho e fugindo das violências fundiárias e análogas à escravidão que assombravam a vida no campo.

De sua genealogia, sabe-se que a mãe chamava-se Maria Carolina de Jesus, e seu pai, João Cândido. Porém, é seu avô, Benedicto José da Silva, conhecido como Sócrates Africano, a figura marcante para a autora. No livro, ela atribui a ele seu gosto pelas letras e a formação de sua conduta moral:

> Os homens ricos iam visitá-los, e ficavam hóras e hóras ouvindo-o. E saíam dizendo Foi uma pena não educar êste homem. Se êle soubesse ler, êle seria o Homem. Que prêto inteligente. Se êste prêto sóubesse ler poderia ser o nosso Socrates Africano.[5]

Os documentos históricos de Sacramento revelaram-nos uma região de forte presença negra, que desenvolveu espaços próprios de sociabilidade, como clubes, bailes de carnaval e congadas. É nesse ambiente rural e africanizado das Minas Gerais de inícios do século XX que a escritora vivencia seus primeiros anos, imprimindo-lhe um gosto pelo cultivo da terra, pela linguagem proverbial e valorização de uma ética de trabalho que a acompanhariam por toda a vida.

Um Brasil para os brasileiros é apenas um dos muitos livros e textos ainda inéditos escritos por Carolina Maria de Jesus presentes em seus manuscritos. Ao nomearmos a exposição a partir desse título, dado por ela mesma a um livro sobre suas origens e seus primeiros anos de vida, optamos por um caminho distinto ao das usuais abordagens que a consideram autora de um só livro, o *Quarto de despejo*. Procuramos evitar o reducionismo sociológico que analisa seu texto apenas como um documento de denúncia social, marcado pelo signo da ausência e da precariedade. O exame do volume de sua produção corroborou nosso ponto de partida: era vital apreciar o conjunto de sua produção literária em contexto e perspectiva históricos, relacionando-os a matérias de imprensa, registros audiovisuais, depoimentos, entrevistas, recordações familiares, fotografias e demais fontes de pesquisa a respeito da autora. Além, evidentemente, de sublinhar um parentesco denso entre a produção textual, têxtil e musical de Carolina com uma produção correlata de dezenas de artistas brasileiras/os, sobretudo negras/os, realçando convergências de poéticas, afinidades de procedimentos e de histórias de vida.

---

5 *Ibidem*, Caderno 2, p. 78.

A pesquisa para esta exposição exigiu um fôlego próprio. No início de nossas pesquisas, em janeiro de 2020, nos deparamos com as quase seis mil páginas manuscritas, a maioria inéditas, em dezenas de cadernos de Carolina pertencentes ao Acervo Público Municipal de Sacramento. Optamos por apresentar seu texto tal qual aparece nos originais. O que significou trabalhá-los diretamente na versão em letra cursiva, evitando empregar os livros publicados que, de forma geral, sofreram alterações e se distanciaram dos manuscritos.

Da letra da escritora Carolina, levamos a pesquisa a documentos históricos, matérias de imprensa, acervos fotográficos e audiovisuais, e à leitura de sua fortuna crítica, constituindo um volume considerável de materiais pouco conhecidos ou de nenhuma circulação a respeito de uma das maiores autoras da história literária e política do país.

A pesquisa revelou também um número expressivo de imagens que rompem a forte convenção visual sobre a autora, recorrentemente retratando-a com uma expressão cabisbaixa, por vezes melancólica, quase sempre perfilada, com a favela do Canindé ao fundo, portando "seu indefectível lenço branco", como a imprensa dizia na década de 1960. São também repetitivas as fotografias em que a autora aparece segurando um livro cenográfico, escrevendo ou autografando.

As imagens que encontramos – algumas realizadas anos e até mesmo décadas antes da publicação de *Quarto de despejo* – mostram outra Carolina: vaidosa, elegante, consciente de sua presença e orgulhosa de si, com seus cabelos à mostra, fitando a câmera de frente, sorrindo por vezes.

Em algumas dessas imagens, veem-se chinelos, jornais, tijolos, livros, papéis, pães, retalhos e colheres – utensílios de uso cotidiano, aparentemente triviais –, que aparecem com frequência nos textos de Carolina como objetos de importância, metáforas contundentes que incitam reflexões sobre fome, precariedade, jornadas cumulativas de trabalho, direito à cidade e à moradia, microeconomia e macropolítica, pequenas estórias e História coletiva.

Esse gesto de transformar o que é percebido como resto, coisa abandonada ou de pouco valor, em fonte de reflexão existencial e criação de linguagem é um procedimento compartilhado com uma série de artistas e trabalhos que também compuseram esta exposição em conversa com a autora homenageada. Trata-se de práticas artísticas que não se permitem encaixar em modelos ocidentais ou às normas cultas, que adotam a palavra como centro, contorcem cânones e tomam a margem como o próprio meio. Que propuseram outros modos de pensar a arte, a literatura e até mesmo o lugar do artista.[6] Entre eles, alguns contemporâneos à autora, como Maria Auxiliadora (1935-1974), Madalena dos Santos Reinbolt (1919-1977) e Heitor dos Prazeres (1898-1966), que dividiram com ela trajetórias similares de ascensão e apagamento.

Espacialmente, a exposição organizou-se em 16 núcleos, reunindo excertos, livros, cadernos manuscritos, fotografias, periódicos, vídeos e documentários, em diálogo com obras de 69 artistas visuais brasileiros/as, entre indivíduos e coletivos, realizadas entre 1951 e 2021. São elas e eles: Aline Motta, Ana Clara Tito, André Vargas, Antonio Obá, Antonio Tarsis, Junior Lima de Jesus e Gilsa de Cássia de Jesus, Arthur Bispo do Rosário, Ayrson Heráclito, Carolina Maria de Jesus, Coletivo Encruzilhada, Criola, Dalton Paula, Desali, Diambe da Silva, Eustáquio Neves, Evandro Prado, Flávio Cerqueira, Guilherme Almeida, Heitor dos Prazeres, Helô Sanvoy, Jaime Lauriano, Janaina Vieira, Jefferson Medeiros, Lázaro Roberto (Zumvi Arquivo Afro Fotográfico), Leandro Vieira, Leo Felipe, Lídia Lisboa, Luana Vitra, Lucas Soares, Lyz Parayzo, Madalena dos Santos Reinbolt, Madalena Schwartz, Marcel Diogo, Marcos Dutra, Marcos Roberto, Maré de Mattos, Maria Auxiliadora, Maxwell Alexandre, Mônica Ventura, Mulambö, Nenê, No Martins, Paulo Nazareth, Pedro Carneiro, Rafael Bqueer, Rainha F., Rebeca Carapiá, Ricardo Aleixo, Rogério Santos (Zumvi Arquivo Afro Fotográfico), Rosa Gauditano, Rosana Paulino, Sidney Amaral, Silvana Mendes, Sônia Gomes, Stefany Lima, TERRA Coletiva, Thiago Costa, Thiago Ortiz, Tiago Sant'Ana, Tolentino Ferraz, Tula Pilar, Yhuri Cruz, Zé Pretinho, Zé Tarcísio e Zélia Gattai.

Além de duas salas expositivas, a mostra interveio no prédio do IMS, em diálogo e tensionamento com sua arquitetura e seus espaços de entrada e circulação, e se expandiu para a rua, tomando a empena de um edifício no cruzamento da avenida Paulista com a rua da Consolação como espaço expositivo.

Esse volume de materiais deixa evidente como, em alguma medida, a personagem criada da "escritora favelada" de diários se sobrepôs à da própria pessoa e literata. Esse olhar persistentemente reducionista sobre Carolina resultou numa interpretação de sua obra moldada por uma parte de sua biografia, os cerca de 15 anos que viveu na favela do Canindé. Um tempo e um espaço que, isolados, não dão conta da complexidade de sua produção literária e artística.

---

[6] Para a produção textual de Carolina, a crítica literária Fernanda Miranda propõe que a escritora seja considerada como alguém presente no cânone literário nacional em um lugar específico, o da periferia: "Incluída no cânone como margem, sempre esteve na periferia do centro". Cf. MIRANDA, Fernanda. *Silêncios prescritos: estudo de romances de autoras negras brasileiras (1859-2006)*. Rio de Janeiro: Malê, 2019, p. 161.

De lá, após a publicação de seu primeiro livro, Carolina saiu sob ameaças e ataques dos vizinhos, que a viam como uma "traidora". Provisoriamente, no final de agosto de 1960, residiu com os filhos na cidade de Osasco, no porão da casa de um empresário. Finalmente, em dezembro, conseguiu se mudar para a desejada casa de alvenaria que comprou em Santana, um bairro de classe média da Zona Norte de São Paulo.

Com o passar dos anos, as vendas dos livros diminuíram, os pagamentos dos direitos referentes às traduções escassearam, e sua situação econômica tornou-se novamente instável. Não sendo possível manter o padrão de vida, decidiu mudar-se, no final de 1963, para o sítio que havia comprado em Parelheiros, no sul da cidade, uma localidade que ainda mantinha características rurais. Seu plano era viver com maior tranquilidade, plantando para seu sustento e retomando uma vida agrária.

O distanciamento geográfico foi, de certo modo, um autoexílio, que a afastou definitivamente da convivência com o meio literário, onde nunca de fato se integrou. A mudança contribuiu para seu esquecimento em vida, embora eventualmente a imprensa lhe procurasse, no geral em tom de curiosidade e passadismo. Carolina nunca deixou de escrever; dessa fase, destacam-se a criação de alguns romances ainda inéditos, como *Dr. Silvio*. Em dezembro de 1976, lançou a edição de bolso do *Quarto de despejo*, em bancas de jornais em São Paulo e no Rio de Janeiro.

Em fevereiro de 1977, Carolina teve um ataque de bronquite asmática e faleceu, com 61 anos. Seu enterro foi no Cemitério do Cipó, no município de Embu-Guaçu, a 40 km do centro de São Paulo. Desse dia, resultam preciosos e raros depoimentos de seus três filhos, num registro que localizamos no acervo da TV Cultura e apresentamos na mostra.

Desde então, a professora Vera Eunice de Jesus, filha da escritora, tem sido uma de suas mais importantes divulgadoras. Ao longo desse processo de pesquisa, com riqueza de detalhes, Vera rememorou acontecimentos e levantou questões basilares para pensar e repensar Carolina, em um marco mais amplo, enquanto mulher e mãe. Suas histórias íntimas, a leitura crítica e afetiva dos acontecimentos descritos nos livros, foram fontes fundamentais desta pesquisa.

Para realizar uma exposição acerca de uma escritora com tantas singularidades, um verdadeiro símbolo que ultrapassa a literatura e as artes, incidindo no campo social e político, convidamos uma equipe formada por profissionais negras/os de diferentes especialidades. Contamos com Bruno Galindo na pesquisa audiovisual e curadoria da programação de cinema; o estúdio Daó e Giulia Fagundes no projeto gráfico e identidade visual; o Estúdio Isabel Xavier no projeto arquitetônico e expográfico; Fernanda Miranda na pesquisa de literatura; e Luciara Ribeiro na assistência de curadoria.

Convidamos também 12 mulheres negras, com atuações destacadas em diversos campos, para a formação de um conselho consultivo. São elas: Bel Santos Mayer, Carmen Silva, Conceição Evaristo, Denise Ferreira da Silva, Elisa Lucinda, Lúcia Xavier, Mãe Celina de Xangô, Paula Beatriz de Souza Cruz, Petronilha Beatriz Gonçalves, Sueli Carneiro, Zezé Menezes e Zezé Motta. Suas considerações, sugestões, acompanhamento e críticas tiveram um importante papel na construção conceitual desta exposição.

"Quem tem um livro, tem uma estrada"

Em vida, Carolina Maria de Jesus publicou quatro livros: *Quarto de despejo* (1960); *Casa de alvenaria* (1961); *Pedaços da fome* (1963); e *Provérbios* (1963). O sucesso retumbante do primeiro, acompanhado pela publicação quase imediata do segundo, popularizou-a como uma escritora de diário. Esse fato, porém, ofuscou a diversidade de sua escrita, que incursionou por gêneros como poesia, conto, crônica, texto memorialístico, romance, teatro e outros. O conjunto de sua produção, a maior parte ainda inédita, deixa nítida a existência de um projeto estético-literário e editorial próprios, de uma autora que não parou de escrever e que fez de tudo para publicar. Os dois primeiros livros podem ser lidos como um par: *Quarto de despejo* – composto por diários do período de 1955-1960, os últimos anos vividos na favela do Canindé – e *Casa de alvenaria* – escrito em Osasco e Santana, lugares de classe média onde residiu, cobrindo os anos de 1960-1961, tornando-se os novos cenários de sua vida de autora *best-seller*.[7]

Pedaços da fome revela uma faceta pouco conhecida: a de romancista. Maria Clara é a protagonista da história, uma jovem rica que se apaixona por um homem fora de seu ciclo social. O livro originalmente chamava-se *A felizarda*, porém teve título e passagens alteradas pelo editor, em mais uma das constantes interferências editoriais de sua trajetória. Já em *Provérbios*, ela cria e compila uma série de pensamentos e ditados populares, baseados em uma ideia de moral que prioriza o trabalho e a honestidade. Esses dois últimos livros despertaram pouco interesse da imprensa, do público e da própria crítica literária, que raramente os abordam, possivelmente por não serem textos de diários.

---

[7] O registro do cotidiano é quase consecutivo: o primeiro livro termina no dia 1 de janeiro de 1960, e o segundo inicia no dia 5 de maio de 1960. Cabe ressaltar que, no início de *Casa de alvenaria*, Carolina ainda está residindo no Canindé.

Quarto de despejo

Quarto de despejo foi um fenômeno editorial, chegando a mais de 200 mil exemplares vendidos da primeira edição. O lançamento, em 19 de agosto de 1960, bateu recordes de venda e público, reunindo uma audiência diversa, como moradores do Canindé, intelectuais, imprensa e o ministro do Trabalho, Batista Ramos.

A seleção dos diários escritos pela autora para a publicação foi feita pelo jornalista Audálio Dantas, que teve um papel importante na publicação, mas que, ao mesmo tempo, moldou a percepção a respeito do livro, definindo-o mais como uma obra de caráter testemunhal do que literário. Isso ofuscou a dimensão lírica e o fato de a escritora analisar, por meio de aspectos triviais do cotidiano, a condição e a existência humanas, por exemplo.

Apesar de o texto manter as características próprias do gênero diário, em que a narradora elabora o que lhe é pessoal e o seu entorno, expressando desejos e opiniões, o diário de Carolina apresenta especificidades que revolucionaram o gênero. A autora incorpora uma voz autoral que é, simultaneamente, individual e coletiva. E posiciona no centro da literatura brasileira a autoria dos subalternizados, trazendo de forma inaugural a perspectiva de uma mulher negra, com as intersecções de raça, gênero, classe e território e abrindo caminho para dezenas de outras que vieram a lhe suceder.

Na exposição, buscamos ressaltar como *Quarto de despejo* pode ser também interpretado como uma narrativa discordante da ideia de "Brasil, país do futuro", uma denúncia ao processo de modernização excludente e conservador, que deixava grande parte da população à margem. A ideia de desenvolvimento em voga no período, base do projeto do presidente Juscelino Kubitschek (1956-1960), pretendia industrializar e "modernizar" o país em cinco anos. Em 1960, a fundação de Brasília, a nova capital do país, símbolo do futuro, coincide com o lançamento de *Quarto de despejo*. O tom oficial de otimismo, todavia, contrastava profundamente com as páginas do livro, que cobriam quase os mesmos anos e denunciavam condições de pobreza extrema. Cada um desses acontecimentos representou perspectivas dissonantes e irreconciliáveis de Brasil.

As metáforas de construção e arquitetura que dão título a *Quarto de despejo* e ao livro seguinte, lançado em 1961, *Casa de alvenaria*, revelam as contradições de um crescimento acelerado e desigual de São Paulo. Refutando a ideia de locomotiva do progresso, os livros apresentam outra cidade, longe da "sala de estar" e sintoma de um país dividido e violento. Exemplo disso é o Canindé: criada em 1948 pela própria prefeitura, a favela surgiu da remoção e do deslocamento de várias famílias afetadas pelo processo de urbanização da metrópole que, sem lugar para morar, foram transferidas a um terreno público às margens do rio Tietê. A região, que sofria de inundações constantes, não era própria para habitação, não oferecia canalização de esgoto nem água potável.

O sucesso do livro foi internacional, as traduções de *Quarto de despejo* foram quase imediatas. As primeiras, já em 1961, para Dinamarca, Holanda e Argentina. No total, encontramos 17 traduções. O livro rompeu fronteiras culturais e ganhou traduções para línguas não tão usuais para escritores brasileiros, como catalão, persa, japonês e húngaro. Alguns idiomas, por questões geopolíticas, ganharam mais de uma tradução, como em alemão, inglês e espanhol. O sucesso do livro levou a escritora a realizar viagens para promovê-lo em lançamentos e eventos na Argentina, no Uruguai e no Chile. Da viagem à Argentina, resultou um diário publicado na versão portenha de *Casa de alvenaria*, ainda inédito em língua portuguesa.

As capas das edições estrangeiras, e também de algumas das edições nacionais, chamam a atenção por reproduzirem uma convenção visual reincidente sobre a autora, apresentando-a com seu emblemático lenço branco sobre os cabelos, seu rosto perfilado, tendo a favela presente. Uma famosa edição nacional ilustra a capa com uma favela pintada por Di Cavalcanti, localizada no Rio de Janeiro. Em outras capas, se observa apenas a presença de imagens que rememoram a favela pelo signo da precariedade. De uma forma geral, são todas muito parecidas. Os títulos variam, imprimindo alterações profundas ao original, como nas traduções para o inglês: "Filha do escuro" e "Para além da piedade".

Ditadura e censuras

Há, contudo, um hiato do impacto na dimensão e importância internacional das produções de Carolina Maria de Jesus. Por mais estranho que possa parecer, a autora ainda é praticamente desconhecida nos demais países que têm o português como língua oficial. Não há, por exemplo, nenhuma edição de seus livros em Angola ou Moçambique, e a edição portuguesa só foi lançada em 2021. A ausência da escritora no cenário literário lusitano é um dado gritante e antigo, remetendo à década de 1960, quando sua obra foi impedida de entrar no país.

Na ocasião, Carolina declarou a respeito: "É próprio dos ditadores não gostar da verdade e dos negros". Referia-se à censura ao *Quarto de despejo*, em 1961, naquele país e nos territórios ultramar, forma pela qual eram nomeadas as colônias portuguesas na África e na Ásia. O livro teve sua entrada proibida e censurada pelo regime de Salazar, via Polícia Internacional e de Defesa do Estado (Pide).

A escritora atribuiu a censura à sua cor e ao conteúdo do livro, de denúncia da miséria, que para ela existia tanto no Brasil como em Portugal.

> Não existe em meu livro, nenhuma referência direta ao ditador Salazar, embora eu não ignore, como a maioria das pessoas, a brutalidade e a miséria a que seu regime submete os portugueses. Assim, a ordem para que meu *Quarto de despejo* não possa ser lido em Portugal deve ser por causa da minha côr, ou das verdade que diga respeito da miséria das favelas que tanto aqui como na terra do sr. Salazar é a mesma.[8]

No Brasil, a autora também sofreu com a censura, instituída após o golpe de abril de 1964 que instalou a ditadura militar. O período também coincidiu com o afastamento da escritora da vida pública e o cerceamento dos debates políticos. O conteúdo de *Quarto de despejo* passou a ser de alguma forma interpretado como subversivo, por evidenciar as desigualdades de um país partido e desigual. Foi, no entanto, em 1971 que a censura a afetou diretamente.

No curta-metragem *O despertar de um sonho*, da diretora alemã Christa Gottmann-Elter, Carolina figura interpretando a si mesma, por assim dizer, e sua antiga rotina descrita em *Quarto de despejo*. As cenas se passavam na favela do Vergueiro, substituindo o Canindé, que já não existia, num tom explícito e bastante sensacionalista sobre a miséria. Por contradizer o discurso ufanista do regime militar "de um país que vai pra frente", o embaixador do Brasil na Alemanha proibiu sua exibição no Brasil. O filme só viria a ser apresentado no país em 2014, ano do centenário da escritora.

Ruth virou Carolina

Desde os primeiros meses após o lançamento, *Quarto de despejo* ensejou e vem estimulando diversos projetos de filmes, peças e novas interpretações inspiradas em seu conteúdo. A excepcionalidade do mencionado *O despertar de um sonho* se dá pela presença de Carolina como personagem

---

[8] "Carolina: 'É dos ditadores não gostar da verdade e dos negros'". *Última Hora do Paraná*, 24.02.1961, p. 5.

de si, embora na película a sua voz fique quase inaudível, sintomaticamente coberta pela voz em alemão que a interpreta. Contudo, foi a atriz Ruth de Souza quem acabou por lhe imprimir um rosto de atuação no teatro e em produções audiovisuais.

Já em 1961, o livro foi adaptado para o teatro, com roteiro de Edy Lima, que transformou o diário em uma peça, dirigida por Amir Haddad e com assistência de Eduardo Coutinho.[9] Cyro del Nero fez a cenografia, representando o Canindé de forma mais realista, sem a usual mitificação da favela nas produções artísticas da época, o que lhe rendeu importantes prêmios da crítica especializada.

Em cena, um elenco de aproximadamente 40 atores, em sua maioria pessoas negras que nunca haviam atuado, selecionadas a partir de anúncios de jornal para representar os moradores do Canindé. O núcleo principal era formado por artistas conhecidos, como Célia Biar e Maurício Nabuco.[10]

O papel de Carolina coube à atriz Ruth de Souza, que em 1983 voltaria a interpretá-la na TV para um episódio do programa *Caso Verdade* – a atuação que mais orgulho lhe deu na carreira. A "personagem Carolina" acabou tornando-se presente no teatro e no cinema. Entre as várias atrizes que representaram o papel, uma das mais marcantes foi Zezé Motta, no curta *Carolina* (2002), de Jeferson D. As atuações se aproximam em construir um retrato de Carolina muito marcado por uma certa indumentária, um jeito de corpo e pelo lenço branco cobrindo os cabelos.

Uma das temáticas que usualmente recebem pouco cuidado na análise a respeito da escritora é o lugar central que a maternidade desempenhou em sua vida pessoal e na sua escrita. Seus filhos João José de Jesus (1949-1977), José Carlos de Jesus (1950-2016) e Vera Eunice de Jesus (1953) foram também seus personagens diletos: estão frequentemente citados em seus livros e textos manuscritos.

Não à toa, a data que inspira o início dos diários que deram origem a *Quarto de despejo* é o aniversário de sua filha, a menina que acompanha a mãe nas itinerâncias pela cidade narradas no livro. É ela quem conhecemos já no primeiro parágrafo, que se tornaria icônico ao tomar objetos do

---

9   O dramaturgo Amir Haddad concedeu um depoimento inédito sobre a peça para a exposição, relembrando questões importantes que orientaram seu trabalho de direção e a presença atenta e constante de Carolina nos ensaios e nas apresentações. O depoimento foi apresentado com as imagens de Ruth de Souza do *Caso Verdade* exibido em 1983.

10 Na sessão deste catálogo dedicada à imprensa, há algumas matérias da época que permitem observar a repercussão da peça. O programa da peça está disponível nas páginas 316-317.

cotidiano, como pães e sapatos, como figuras de linguagem capazes de unir temas complexos como vida pessoal, errância, resquícios da escravidão, microeconomia e pobreza:

> 15 DE JULHO DE 1955 Aniversário de minha filha Vera Eunice. Eu pretendia comprar um par de sapatos para ela. Mas o custo dos generos alimenticios nos impede a realização dos nossos desejos. Atualmente somos escravos do custo de vida. Eu achei um par de sapatos no lixo, lavei e remendei para ela calçar.[11]

A dimensão lúdica, apesar de todas as adversidades materiais, era parte do cotidiano da autora, que procurou criar para seus filhos, e com eles, pequenas alegrias cotidianas. Entre os muitos depoimentos tocantes que ouvimos de Vera Eunice de Jesus, ao longo dos quase dois anos de pesquisa e produção da mostra, a dimensão do cuidado e da luta pelos filhos é um tópico sempre rememorado: "Minha mãe dançava e tocava músicas africanas em casa, e todo mundo dançava; as crianças faziam a segunda voz das músicas que ela cantava".

Nesse sentido, a maternidade foi, apesar de todas as privações materiais, um espaço de afeto e cuidado. A rotina pesada, contudo, não deixava lacuna para a romantização: o "ser mãe", para Carolina, é também apresentado como um lugar de conflito subjetivo, de interrupções constantes de sua escrita (o que possivelmente contribuiu para a estrutura frasal fragmentária de seus textos, sobretudo os escritos na forma diário), mas também de enunciação da mãe como um sujeito político detentor de demandas próprias e de ação direta na realidade, a partir da qual procurou garantir o bem-estar material de seus filhos.

Carolina, multiartista

Carolina, além de uma escritora profícua, foi também uma multiartista. Compôs e cantou suas canções, gravadas num divertido disco de sambas e marchinhas, incursionou pelas artes têxteis, confeccionou vestidos para desfiles e costumava declamar suas poesias em apresentações circenses, onde aparecia iluminada com um "vestido elétrico", cheio de pequenas

---

[11] JESUS, Carolina Maria de. *Quarto de despejo: diário de uma favelada*. São Paulo: Ática, 2014, p. 11. Acervo Instituto Moreira Salles.

lâmpadas costuradas à mão, conferindo-lhe um ar afrofuturista. Para o Carnaval, a escritora confeccionava suas "fantasias sensacionais", uma delas com inusitadas penas de galinha carijó.

> Eu iniciei o espetaculo, declamando as noivas de maio.
>
> Agradeci o convite para participar da fésta. Estava presente algumas pessôas de minha terra que ficam olhando-me como se eu fôsse o gagarim sovietico. Sai do palco fui desligar o vestido. Retirar lampada por lampada. Tem hóra que eu tenho pavôr de inventado êstes vestidos complicadós.[12]

Com o sucesso do livro *Quarto de despejo*, Carolina encontrou a oportunidade de realizar o sonho de gravar um disco com canções de sua própria autoria. A música era parte de seu cotidiano; com seus filhos, cantavam e tocavam violão juntos em casa, e ela vivia ouvindo sambas, tangos argentinos e valsas vienenses. Acompanhava tudo pelo rádio, onde também costumava ouvir radionovelas.

O álbum *Quarto de despejo – Carolina Maria de Jesus cantando suas composições* foi lançado pela extinta gravadora RCA Victor em 1961, mas não acompanhou o êxito comercial do livro. Todas as composições são de sua autoria, os arranjos e a direção artística couberam a Júlio Nagib. O disco incursionou por variados gêneros musicais, como as marchinhas, o samba e o partido-alto. O conteúdo das letras mantém relação com algumas das temáticas que aparecem em sua produção textual, como os problemas das favelas, a pobreza ("Moamba"), desigualdades sociais ("O pobre e o rico") e questões de gênero, fazendo uma espécie de crônica de costume ("Pinguço"). O destaque é "Vedete da favela", em que a autora parece ironizar a si mesma e sua nova condição social, após se mudar da favela do Canindé: "Conhece a Maria Rosa?"/ Ela pensa que é a tal.../ Ficou muito vaidosa/ Saiu seu retrato no jornal.../ [...] Salve ela, a vedete da favela". A música foi regravada pela cantora Virgínia Rodrigues, em 2019.

A dramaturgia foi outro gênero ao qual se dedicou. Escreveu peças de teatro, ainda inéditas, e tentou atuar como atriz – um desejo negado em função do racismo, como ela mesmo narrou: "Eu escrevia peças e

---

12 *Idem*. Diário de 07.05.1961 a 21.05.1961. Manuscrito. Local desconhecido, data desconhecida, p. 00051. Arquivo Público Municipal de Sacramento.

apresentava aos diretores de circos. Eles respondia-me: — É pena você ser preta."[13]

Como aderecista, Carolina fez seus próprios adornos — colares, presilhas, chapéus – com pérolas, contas de vidro e sementes de lágrimas-de-nossa-senhora, que plantava em seu sítio, em Parelheiros. Essa Carolina vaidosa, orgulhosa de sua cor e de seus cabelos, é uma face menos conhecida da autora no imaginário popular.

> As vêzes eu ia ao espêlho. Fitava o meu rôsto negro e os meus dentes nivios. Achava o meu rôsto bonito! A minha côr preta. E ficava alegre de ser preta. Pensava o melhor presente que deus deu-me. A minha pele escura.[14]

Carolina, presente!

Carolina expressou consciência e orgulho raciais em inúmeros textos e declarações. Sem ter sido militante, ao menos nos termos da época, sua presença despertava o debate racial nos espaços em que circulava. Possivelmente, seu primeiro contato com o movimento negro organizado ocorreu no final da década de 1930, quando foi a um dos encontros promovidos por José Correia Leite, figura importante da imprensa e do associativismo negros, onde apresentou poemas de sua autoria.[15]

Após o lançamento de *Quarto de despejo*, Carolina travou contato com organizações e clubes negros, com o poeta Solano Trindade, com o escritor Oswado de Camargo e o multiartista Heitor dos Prazeres; foi à Associação Cultural do Negro (ACN), ao Club 220, em São Paulo, e ao Club Renascença, no Rio de Janeiro, tendo sido recebida com entusiasmo por lideranças negras em Porto Alegre.

Em setembro de 1960, a *Níger – Publicação a serviço da coletividade negra*, da ACN, prestou-lhe homenagem, relacionando-a com a figura da mãe negra, então lida como símbolo de dignidade e integração nacional.[16] Já em 1961, o Club 220 tentou criar o Ano Carolina Maria de Jesus, e conseguiu

---

13 Idem. *Quarto de despejo: diário de uma favelada*. São Paulo: Ática, 2014, p. 64.
14 Idem. Diário de 07.04.1961 a 06.05.1961. Manuscrito. Local desconhecido, data desconhecida, p. 00083. Arquivo Público Municipal de Sacramento/APMS 02.01.1.
15 LEITE, José Correia e CUTI. *...E disse o velho militante José Correia Leite*. São Paulo: Secretaria Municipal da Cultura, 1992.
16 É importante destacar que a figura de Carolina destoava do modelo de comportamento social apregoado por essas organizações, muito ligadas aos valores da política da respeitabilidade e a modelos de família nuclear tradicionais. A cópia fac-símile do jornal está disponível nas páginas 268-269.

que lhe fosse concedido pela Câmara Municipal o título de "cidadã paulistana", por meio de manifesto público. Em 1978, a série Cadernos Negros, dedicada à publicação de contos e poemas de autoria negra, ganhou nome a partir dos famosos cadernos de Carolina.

Na atualidade, sua obra e figura seguem sendo fontes centrais na articulação de pautas e ações antirracistas, sobretudo entre o movimento de mulheres negras. Carolina virou sinônimo de voz contra o racismo, presente inclusive entre as frentes mais incandescentes do pensamento e da prática radicais negros contemporâneas.

Incontestavelmente, a escritora é uma figura icônica, um dos maiores símbolos políticos, literários e culturais do país. Sua relevância pode ser observada na forma como movimentos sociais que lutam pelo direito à cidade, à moradia, à educação, à igualdade racial e de gênero a têm como referência. A imagem e os textos de Carolina circulam com muita intensidade, mantendo-se como inspiração para inúmeros artistas. É personagem de histórias em quadrinhos, tema de biografias, desenhos animados, broches, bolsas, camisetas e selos comemorativos. É referência para letras de música, peças de teatro, enredos de escolas de samba e inspiração para o cinema. Sua influência é marcadamente presente na escrita de outras mulheres negras, como a brasileira Conceição Evaristo e a antilhana Françoise Ega, que, sem ter conhecido a autora, travou um diálogo sensível de profunda identificação, dedicando-lhe seu livro *Cartas a uma negra*.[17]

Recentemente, ainda que de forma tardia, Carolina vem ganhando um reconhecimento oficial pelo conjunto de sua produção literária e intelectual. Um exemplo disso foi o título concedido de doutora *honoris causa* pela Universidade Federal do Rio de Janeiro, em 2021. No entanto, vale lembrar que, há décadas, Carolina é celebrada por escritoras e escritores que compõem os movimentos da literatura periférica, negra, *slams* e saraus populares. Espaços onde sua poética mantém-se como combustível que alimenta a palavra viva, transformadora e pulsante.

Carolina foi uma escritora profícua, uma multiartista, que estabeleceu uma tradição estética e literária de alcance internacional, com reverberações no tempo presente. Uma mulher negra que, apesar de todas as adversidades estruturais e materiais, foi protagonista de sua própria história. E, a partir dela, reescreveu a história de todo um país.

---

17 EGA, Françoise. *Cartas a uma negra*. São Paulo: Todavia, 2021.

MULAMBÖ
Saquarema, RJ, 1995 – Vive em São Gonçalo, RJ.
Entrada de serviço, 2019

ENTRADA DE SERVIÇO

CAROLINA MARIA DE JESUS
Um Brasil para os brasileiros

EMPURRE

GALERIA 3 / GALLERY 3

"DEVEMOS ESCREVER A REALIDADE. A VERDAD

REVELAR OS FATOS QUE CÓRRÓMPEM UM PAIS."

QUARTO DE DESPEJO, O LIVRO

Quarto de despejo foi um fenômeno editorial, chegando a mais de 200 mil exemplares vendidos da primeira edição. O lançamento, em 19 de agosto de 1960, bateu recordes de venda e público, reunindo uma audiência diversa, como moradores do Canindé, intelectuais, imprensa e o ministro do Trabalho, Batista Ramos.

As traduções do livro foram quase imediatas. As primeiras, já em 1961, para a Dinamarca, Holanda e Argentina. No total, existem 18 traduções. Estima-se que mais de um milhão de cópias tenham sido vendidas até hoje ao redor do mundo.

O livro rompeu fronteiras culturais e ganhou traduções para línguas não tão usuais para escritores brasileiros, como catalão, persa, japonês e húngaro. Alguns idiomas, por questões geopolíticas, ganharam mais de uma tradução, como alemão, inglês e espanhol.

As capas chamam atenção por reproduzirem uma convenção visual reincidente sobre a autora, muito parecidas entre si, ou com uma representação de favelas em seu lugar. Os títulos também variam, revelando alterações profundas do original, como nas traduções para o inglês: "Filha do escuro" e "Para além da piedade".

O sucesso de Carolina no exterior a levou a realizar viagens para a promoção de seu livro, participando de eventos na Argentina, no Uruguai e no Chile. Da viagem à Argentina, resultou um diário publicado na versão portenha de Casa de alvenaria, ainda inédito em língua portuguesa.

CAROLINA MA...

Um Brasil para...

Além de escritora, Carolina foi uma artista de múltiplas habilidades e interesses. Compôs e cantou suas canções, gravadas num divertido disco de sambas e marchinhas, incursionou pelas artes têxteis, confeccionou vestidos para desfiles e costumava declamar suas poesias em apresentações circenses, onde aparecia iluminada com um "vestido elétrico", cheio de pequenas lâmpadas costuradas à mão.

A dramaturgia foi outro gênero ao qual se dedicou. Escreveu peças de teatro, ainda inéditas, e tentou atuar como atriz – um desejo negado em função do racismo, como ela mesmo narrou. Como adereçista, fez seus próprios adornos – colares, pressilhas, chapéus – com pérolas, contas de vidro e sementes de lágrimas-de-nossa-senhora, que ela plantava em seu sítio, em Parelheiros.

Carolina é também reconhecida como uma figura icônica, reivindicada de forma política, social, literária e cultural por diversos grupos, movimentos sociais e artistas inspirados em sua produção autoral.

A autora circula com muita intensidade na cultura popular. É personagem de histórias em quadrinhos, tema de biografias, desenhos animados, broches, bolsas, camisetas e selos comemorativos; é referência para letras de música, peças de teatro, enredos de escolas de samba e inspiração para o cinema – como a personagem Preciosa, protagonista do filme homônimo de 2009, baseada em Carolina. Sua influência é marcadamente presente na escrita de outras mulheres negras, como a antilhana Françoise Ega, que, sem ter conhecido a autora, travou um diálogo sensível de profunda identificação, dedicando-lhe seu livro Cartas a uma negra.

Hélio Menezes e Raquel Barreto

CRONOLOGIA

HÉLIO MENEZES & RAQUEL BARRETO

1820	24 DE AGOSTO	Estabelecimento do povoado de Sacramento, na província de Minas Gerais.
1822	11 DE MARÇO	Nasce Maria Firmina dos Reis – educadora e escritora. Autora de *Úrsula*, o primeiro romance escrito por uma mulher negra no país e também o primeiro romance abolicionista conhecido.
	7 DE SETEMBRO	É proclamada a Independência do Brasil. Início do Império.
1825		A província de Minas Gerais recebe 48% da população africana que chega ao Brasil entre os anos de 1825 e 1833.
1833	13 DE MAIO	Revolta de escravizados, em Carrancas (MG).
1835		Revolta dos Malês, em Salvador (BA).
1850		Promulgação da Lei Eusébio de Queirós, que proíbe o tráfico de escravizados.
1859		Luís Gama – escritor, jornalista, orador e advogado abolicionista – publica seu primeiro livro: *Primeiras trovas burlescas de Getulino*, uma coletânea de poemas satíricos e românticos.
1862		Nasce Benedicto José da Silva, o Sócrates Africano, avô de Carolina Maria.
1864	OUTUBRO	Revolta de escravizados em Serro (MG), influenciada pelas notícias da Guerra Civil nos Estados Unidos.
1871	28 DE SETEMBRO	Promulgação da Lei do Ventre Livre.
1880		Criação da Sociedade Brasileira contra a Escravidão, pelo engenheiro André Rebouças, no Rio de Janeiro.
1884	25 DE MARÇO	Abolição da escravidão no Ceará, antes das outras províncias do Império.

1885		Promulgação da Lei dos Sexagenários, que concede liberdade para pessoas escravizadas maiores de 60 anos.
1888	**13 DE MAIO**	Abolição da escravidão no Brasil.
1889	**JUNHO**	Formação do Club Republicano dos Homens de Cor, no Rio de Janeiro, uma agrupação negra em prol da República.
	2 DE AGOSTO	Publicação do jornal *A Pátria – Órgão dos Homens de Côr*, em São Paulo, um dos primeiros órgãos da imprensa negra no pós-abolição.
	15 DE NOVEMBRO	Proclamação da República no Brasil.
1890	**11 DE OUTUBRO**	Promulgação do Código Penal, que criminaliza a vadiagem e a capoeira.
1897		Fundação do Clube 28 de Setembro, uma das primeiras agremiações negras do país, em São Paulo.
	OUTUBRO	O exército brasileiro promove um massacre no Arraial de Canudos.
	12 DE DEZEMBRO	Belo Horizonte torna-se a nova capital de Minas Gerais, uma das primeiras cidades planejadas do país.
1901	**11 DE JULHO**	Nasce Antonieta de Barros, professora, jornalista e política, a primeira deputada estadual mulher e negra do país, eleita em 1934.
1906		O escritor Machado de Assis publica seu conto "Pai contra mãe", no qual aborda a escravidão.
1907		São Paulo tem sua primeira greve geral.
1909		Lançamento de *Recordações do escrivão Isaías Caminha*, romance do escritor Lima Barreto, que aborda o racismo na Primeira República.

1910	21 DE NOVEMBRO	Nasce Virgínia Bicudo, socióloga e primeira psicanalista negra. Sua tese é pioneira ao tratar das relações raciais no país.
	22 DE NOVEMBRO	Começa a Revolta da Chibata, liderada por João Cândido, contra os maus-tratos físicos dirigidos a marinheiros negros, no Rio de Janeiro.
1914	14 DE MARÇO	Nasce a escritora Carolina Maria de Jesus, filha de Maria Carolina de Jesus e João Cândido, em Sacramento (MG). A população local é de 15.750 habitantes.
		Nasce Abdias Nascimento, dramaturgo, poeta, artista visual, ativista e senador da República, em Franca (SP).
1916		Lançamento de "Pelo telefone", considerada a primeira gravação oficial de um samba, de Donga e João da Baiana.
1920	13 DE JUNHO	Nasce a escritora e jornalista Ruth Guimarães. Autora de *Água Funda*, o segundo romance publicado por uma mulher negra no país.
1921		Carolina inicia seus estudos no Colégio Espírita Allan Kardec, primeira escola espírita do país, em Sacramento.
1923		Carolina e a família se mudam para Lajeado (MG), para trabalharem como lavradores em uma fazenda.
		Lançamento de *O Clarim da Alvorada*, um dos jornais mais importantes da imprensa negra na Primeira República.
1924	13 DE AGOSTO	Falece o avô de Carolina, imortalizado pela autora em *Um Brasil para os brasileiros*.
1927		Carolina e a família se mudam para Franca (SP), para trabalharem como lavradores.

NO MARTINS
São Paulo, SP, 1987 – Vive em São Paulo, SP.
Série *Pra ver se dão valor*, 2021

1929		Carolina trabalha em uma fazenda em Conquista (MG).
1930		Início da Era Vargas.
		Carolina caminha de Sacramento até Uberaba (MG) para conseguir tratamento para uma enfermidade em suas pernas.
1932	24 DE FEVEREIRO	Dia da Conquista do Voto Feminino no Brasil (mulheres que não sabem ler estão excluídas).
1936		Publicado em Pernambuco o livro *Poemas negros*, de Solano Trindade – escritor, artista e ativista.
	8 DE JULHO	Fundação da primeira Associação de Trabalhadoras Domésticas do país, por Laudelina de Campos Melo – líder sindical e ativista antirracista.
1937		Getúlio Vargas dá um golpe de Estado; começa a ditadura do Estado Novo.
	FEVEREIRO	Carolina chega à cidade de São Paulo.
1940	25 DE FEVEREIRO	Publicação da primeira reportagem conhecida sobre Carolina Maria de Jesus, na *Folha da Manhã*.
1942	9 DE JANEIRO	Publicação da entrevista de Carolina ao jornal fluminense *A Noite*, intitulada "Poesia, panela e fogões". A escritora afirma na ocasião que reside e trabalha no Rio de Janeiro.
1945	8 DE MAIO	Estreia do Teatro Experimental do Negro, no Theatro Municipal do Rio de Janeiro, com a peça *O imperador Jones*.
	29 DE OUTUBRO	Fim do Estado Novo, com a deposição de Getúlio Vargas.
	NOVEMBRO	É realizada em São Paulo a Convenção Nacional do Negro Brasileiro, para elaborar propostas para a Constituinte.
1949	1 DE FEVEREIRO	Nasce João José, o primeiro filho de Carolina.

1950	17 DE JUNHO	Carolina publica o artigo "Getulio será presidente" em prol de sua eleição à presidência, em *O Defensor*, um jornal varguista.
	6 DE AGOSTO	Nasce José Carlos, o segundo filho de Carolina.
	26 DE AGOSTO	Primeiro Congresso do Negro Brasileiro.
1952	27 DE MAIO	Publicação de "Poetisa negra do Canindé" no jornal *Última Hora*. Na reportagem, aparece a habitação de Carolina na favela do Canindé, com seus dois filhos.
1953	15 DE JULHO	Nasce Vera Eunice, a terceira filha de Carolina.
1955	OUTUBRO	Juscelino Kubitschek é eleito presidente da República e promete acelerar o desenvolvimento do país.
1957		Início da construção de Brasília.
1960	19 DE AGOSTO	É lançado em São Paulo o livro *Quarto de despejo*.
	6 DE SETEMBRO	Carolina recebe o diploma de membro honorário da Academia de Letras da Faculdade de Direito da USP.
	7 DE NOVEMBRO	Carolina viaja ao Rio de Janeiro para promover o livro.
	14 DE NOVEMBRO	Carolina é recebida por Adhemar de Barros, prefeito da cidade de São Paulo, que promete a criação de uma comissão de construção de casas para os moradores do Canindé, favela onde Carolina viveu com os três filhos.
	2 DE DEZEMBRO	Carolina lança *Quarto de despejo* no Rio Grande do Sul, sendo recebida pelo governador do estado, Leonel Brizola.
	13 DE DEZEMBRO	Carolina lança seu livro no Recife (PE).
	24 DE DEZEMBRO	Carolina compra uma casa de alvenaria em Santana, um bairro de classe média na Zona Norte da cidade de São Paulo.

NO MARTINS
São Paulo, SP, 1987 – Vive em São Paulo, SP.
Série *Pra ver se dão valor*, 2021

1961		A Prefeitura Municipal de São Paulo inicia o processo de execução do Plano de Desfavelamento do Canindé.
	16 DE JANEIRO	Carolina participa da passeata dos soldados da Força Pública por melhores condições de trabalho, no centro da cidade de São Paulo.
	27 DE ABRIL	Estreia a peça *Quarto de despejo*, direção de Amir Haddad, com Ruth de Souza no papel de Carolina.
	NOVEMBRO	É lançado *Casa de alvenaria*, segundo livro da autora.
	15 A 24 NOVEMBRO	Carolina visita a Argentina para divulgar seu livro.
	12 DE DEZEMBRO	Carolina divulga seu livro em viagem ao Uruguai.
	17 A 29 DEZEMBRO	Carolina vai ao Chile para divulgar seu livro.
1962	13 A 23 JANEIRO	Carolina retorna ao Chile para a Escola Internacional de Verão, em Concepción.
1963	30 DE AGOSTO	Carolina lança seu romance *Pedaços da fome* na Galeria Prestes Maia, em São Paulo, de forma autônoma.
		Carolina lança o livro *Provérbios*, de forma independente.
	DEZEMBRO	Carolina muda-se com os filhos para Parelheiros, uma zona rural de São Paulo à época.
1964	1 DE ABRIL	Início da ditadura militar no Brasil, com perseguições, demissões e censura.
1968		O Museu de Arte Negra realiza sua primeira exposição, no Museu da Imagem e do Som, no Rio de Janeiro.
	13 DE DEZEMBRO	Decretado o Ato Institucional n. 5, que suspende direitos políticos, elimina garantias individuais e restringe a liberdade de imprensa.

1971		Carolina interpreta a si mesma em *Favela: a vida na pobreza*, um documentário da diretora alemã Christa Gottmann-Elter. A censura da ditadura militar proíbe sua exibição no Brasil.
1974		Fundação do Bloco afro Ilê Aiyê, em Salvador.
1976		*Quarto de despejo* é relançando pela Ediouro. Carolina lança o livro em bancas de jornais em São Paulo e no Rio de Janeiro.
1977	13 DE FEVEREIRO	Carolina falece, vítima de insuficiência respiratória, em seu sítio em Parelheiros.
1978	7 DE JULHO	Fundação do Movimento Negro Unificado, em ato realizado nas escadarias do Theatro Municipal de São Paulo.
		Lançamento do primeiro número dos Cadernos Negros, publicação dedicada à autoria negra, com nome inspirado em Carolina.
1979		Decretada a anistia geral e irrestrita, que beneficia exilados políticos, mas também militares torturadores e assassinos.
		Greves do ABC Paulista.
1982		*Diário de Bitita* é o primeiro livro póstumo de Carolina, lançado na França, com o título *Le Journal de Bitita*, pela editora A. M. Métailié.
1983	MARÇO	Exibido no programa *Caso Verdade*, na Rede Globo de Televisão, o episódio "Quarto de despejo – De catadora de papéis a escritora famosa". Ruth de Souza interpreta mais uma vez Carolina.
1984	25 DE JANEIRO	Ato realizado com mais de 1,5 milhão de pessoas em São Paulo, no vale do Anhangabaú, marca o Movimento das Diretas Já.
1985		Início do processo de redemocratização do país, com a eleição indireta de Tancredo Neves à presidência.

1986		O *Diário de Bitita* é lançado no Brasil, após sua publicação na França.
1988	13 DE MAIO	O movimento negro no Rio de Janeiro organiza um grande ato, chamado Marcha contra a Farsa da Abolição, em protesto às celebrações oficiais do centenário da Abolição. O ato é reprimido pela polícia militar.
	5 DE OUTUBRO	Promulgação da Constituição da República Federativa do Brasil. O racismo torna-se crime inafiançável e pela primeira vez afirma-se legalmente os mesmos direitos e deveres entre homens e mulheres.
1997		O grupo de *rap* paulista Racionais Mc's lança o disco *Sobrevivendo no inferno*.
		O escritor Paulo Lins lança seu romance *Cidade de Deus*.
2000		O escritor Ferréz lança seu romance *Capão Pecado*; a obra é considerada um marco para a literatura periférica.
2003	9 DE JANEIRO	Aprovada a lei federal 10.639, que torna obrigatório nas redes públicas o ensino de História da África e Cultura Afro-Brasileira.
		A Universidade do Estado do Rio de Janeiro implementa o primeiro programa de ações afirmativas no país.
		Lançado o curta-metragem *Carolina*, do cineasta Jeferson De. A atriz Zezé Motta interpreta a escritora.
2005		Inauguração da Biblioteca Carolina Maria de Jesus, no Museu Afro Brasil, em São Paulo.
2010	20 DE JULHO	Aprovado o Estatuto da Igualdade Racial.
2011	10 DE NOVEMBRO	Criado o Dia Nacional de Zumbi e da Consciência Negra, pelo decreto-lei n. 12.519.

2014	**14 DE MARÇO**	Centenário de Carolina, marcado por celebrações à vida e obra da autora.
2015	**9 DE MARÇO**	Aprovação da lei n. 13.104, que define feminicídio como um homicídio qualificado, cometido especificamente pelo fato de a vítima ser mulher.
	18 DE NOVEMBRO	Primeira Marcha das Mulheres Negras contra o Racismo e a Violência e pelo Bem Viver, em Brasília.
2018	**14 DE MARÇO**	A vereadora e socióloga Marielle Franco e seu motorista, Anderson Gomes, são assassinados no Rio de Janeiro.
2019	**4 DE MARÇO**	A escola de samba Mangueira desfila o enredo "História para ninar gente grande", em homenagem a Marielle Franco, Carolina Maria de Jesus e outras personalidades populares apagadas da história oficial.
2021	**15 DE FEVEREIRO**	Carolina recebe o título de doutora *honoris causa* da Universidade Federal do Rio de Janeiro.

"...A vida é igual um livro.

Só depois de ter lido é que sabemos o que encerra. E nós quando estamos no fim da vida é que sabemos como a nossa vida decorreu. A minha, até aqui, tem sido preta.

Preta é a minha pele. Preto é o lugar onde eu moro."

JESUS, Carolina Maria de. *Quarto de despejo: diário de uma favelada*. São Paulo: Ática, 2014, p. 167.

CAROLINA E A IMPRENSA (1940-1977)

HÉLIO MENEZES & RAQUEL BARRETO

À medida que avançávamos na leitura dos cadernos manuscritos de Carolina Maria de Jesus, a relação da autora com diferentes agentes da imprensa – jornalistas, fotodocumentaristas, editores – foi-se revelando bastante intensa, sobretudo no triênio 1960-1963, com inserções quase cotidianas nos jornais, bem como nos seus próprios diários. Por isso, foi necessária uma cuidadosa e intensa pesquisa em busca de artigos, matérias, citações, fotografias, comentários, listas de mais vendidos, escritos de ou sobre Carolina Maria de Jesus em hemerotecas e acervos de dezenas de jornais publicados no Brasil e alhures, entre 1940 e 1977.

Primeira reportagem conhecida sobre a escritora, com seu poema "O colono e o fazendeiro"

Nessas quase quatro décadas de cobertura jornalística, encontramos fotografias, entrevistas e poemas da autora publicados 20 anos antes do estrondoso sucesso de *Quarto de despejo* – um sinal inequívoco das estratégias e dos esforços editoriais da própria escritora durante muitos, muitos anos. A investigação revelou que as matérias após 1964 eram bem menos numerosas, mas que ainda comentavam sobre aspectos de sua vida até o ano de seu falecimento, em 1977, com maior ou menor grau de verismo. Foi muito interessante cotejar o material jornalístico e os escritos correlatos da escritora em seus cadernos, que foram pistas preciosas de pesquisa, e encaminharam-nos a outros acervos e a encontrar registros até então inéditos, ou de muito baixa circulação, sobre a autora.

A imprensa cumpriu um papel importante, mas ambivalente na trajetória de Carolina. Para contornar o racismo do mercado editorial, que a ignorava, ela adotou a estratégia de procurar redações de jornais e tentar divulgar seus escritos. Em 1940, conseguiu sua primeira reportagem conhecida: "Carolina Maria, poetiza preta", com destaque para o poema "O colono e o fazendeiro". Na fotografia que ilustrava o texto, aparecia sorridente, altiva e com os cabelos à mostra, distante da imagem que a popularizaria duas

décadas depois. Seguindo a mesma estratégia, conseguiu publicações em 1942, 1950 e 1952, entre editoriais irônicos e elogiosos. Data dessa época a publicação do poema "Getúlio Vargas", em O Defensor, periódico paulista favorável à eleição de Vargas à presidência.

A imagem de "poetisa preta" se transformou profundamente com as conhecidas reportagens escritas pelo jornalista Audálio Dantas, em 1958 e 1959. Nelas, o público foi apresentado à personagem da "escritora favelada" – visual e textualmente, com uma conotação pejorativa. Essas matérias funcionaram como uma pré-recepção ao livro, definindo-o como um documento sociológico.

Esse tratamento seria reproduzido em publicações sensacionalistas, que tornaram a autora objeto de curiosidade, algumas profundamente racistas. Nos EUA, a Time publicou um artigo em 1960 que se preocupou mais em evidenciar sua biografia do que o livro, tecendo comentários sexistas sobre sua vida afetiva. Ainda hoje, apesar do reconhecimento internacional e da importância de sua literatura para o país e o mundo, o tratamento dado pela imprensa oscila entre o exotismo e a excepcionalidade, o classismo e a fascinação.

Segunda reportagem conhecida sobre a escritora, citando trechos de poemas

Terceira reportagem conhecida sobre a autora, sendo a primeira vez que o Canindé e os filhos são citados

Mora na casa 9 da favela: cata papéis e faz versos

CAROLINA MARIA, Poetisa Negra DO CANINDÉ

CAROLINA MARIA, a poetisa do Canindé. Cata papéis, lava roupa e faz poesia

Descobriu sua inclinação para a literatura quando se transferiu para a metrópole — Amor, humorismo, problemas sociais e política, as preocupações da poetisa — Seu sonho: escrever para o radio — Machado de Assis, Lobato e Euclides da Cunha os autores prediletos —

Reportagem de MATOS PACHECO
Fotos de NORBERTO ESTEVES

Humilde, com o ar cansado, Carolina Maria, carregando os dois filhos no colo — João José e José Carlos — entrou até a redação e perguntou pelo reporter. Com simplicidade, até meio acanhada, ela entregou dois livros, duas cadernetas, com todas as folhas escritas com uma tinta de um azul bem claro, com letra redonda, bem desenhada.

"Não meus. Gostaria de saber sua opinião. Se vale a pena continuar escrevendo..."

Carolina Maria, mãe de dois filhos, pobre, moradora na "favela" do Canindé, catadora de papel, que tem sofrido muito, que tem tido uma existência de luta e sacrifício, que sempre padeceu e trabalhou, apesar de tudo acredita na poesia. E escreve. Faz versos.

"De manhã, acordo cedo, deixo os pequenos em casa e saio para fazer uns biscates, catar papel pra casa. Algumas vezes eu me rogo. Volto ao meio dia para minha casinha de madeira, que de mesmo ajudei a construir, num terreno na beira do Tietê, que o prefeito deu Paço a comissão dos pequenos. Depois... escrevo. Ontem também de outro rádio. Leio também, um pouco, só livros emprestado. Tudo custa tão caro. Eu e que eu gosto mesmo é de escrever. Faço horas e horas, entretida, escrevendo dramas ou poesia."

DOIS REPORTERES NUM "JEEP"

Carolina Maria deixou-se levar na redação, em a surpresa. Paramos de aparecer lá pela rua casa, para conversarmos melhor. E na tarde seguinte, com "jeep" da ULTIMA HORA, fomos para o Canindé. A procura da rua Felisberto de Carvalho. Lá adiante do campo de S. Paulo, encontramos a rua. É no fim dela, num casinhão tortuoso, à beira da rua a favela. Onde mora dona Carolina? — perguntamos.

E nos indicaram uma casinha, na mais na rústica, frágil, parecendo feita de lixos de catado. Carolina mesma estava ali ainda na porta de sua casinha. Maria Carolina, uma mulher nova em tão de tanto trabalho, de tanta luta, ainda encontrou tempo de fazer versos.

ENDEREÇO CASA NOVE

A poetisa mora na favela do Canindé, na casa 9. Sabemos. Ela mora lá, perto e perto. E uma pequena, de um index comendo. Pobre. A sala, o quarto, a cosinha, tudo se confunde, num único cômodo. Numa casa de canal, dormem os dois filhos. O mais menino ainda mama e barulho. Choros.

Não há cadeiras. Mas Carolina nos aponta ao trouxe um serví Sentamos. Ela então nos mostrou que tem muitas fotografias.

"Pobre e negro não faz feito para dar entrevistas..."

O RADIO, SEU SONHO

Depois, num desabafo:
"Sempre fui pobre, mas nunca procurei esfolar. O meu sonho era viver da minha tranqueira, dos meus escritos. Gostava de escrever para o teatro. Ou para o rádio. Tenho vários novelas pronto. Mas eu uma barreira que se trona no meu caminho..."

CAROLINA CONTA SUA HISTORIA

"Vocês queriam saber minha vida? Pois eu tenho tudo escrito, numa espécie de diário ou então uma autobiografia. Veja..."

E nos estende um livro, uma caderneta escura, escrita.

"Tudo aí está anotando sem contar poema!"

Tudo é escrito com ingenuidade — com pureza!

"Como eram ridentes vinhos da manhã! Era a saguenta aurora, do aves ao respear o sol. Levava a vista á custanhas. Ninguém fale como eles canavial sumiam desses campos verdes charcas. Levava a vida a sorrir, Levava a vida a cantar, Este bem tempos, fugiram. Todos nos tempos no recôndito dos nossos corações no uma grande saudade. do uma grande desolação. O certo, é que num qualquer côr um hamburgo eu reasso coração: pra quem e para que?"

POEMA POETICA

Mais adiante, ela conta cometendo num caderninho "Deus Franca com desejo à Paulo. Ao chegar á S. Paulo, até aqui o espunado que acreitar. Contemplar a cidade. Uma tristeza imensa me abriu o coração. As aglomerações capararam-me, em encal-enguez. Pouco à pouco fui me refrizendo. Senti que meu pensamento se modificavá. Não era a mesma da de infericir. Senti ideais, senti, vis, senti, que ten aspirava. Percosei Pescudar. Dicas Mas não reviver bebeloe. Sentiva-sa na grande metrópole. Um dia aprodec-se de mim um desejo de escrever. Senti-me cal e escreviá..."

Até ao dia de ventara
Aqui mundo de panhei
Vou nascer ao sepultara
do fúndo da minha casa
Tua sorrateira, manhã
Com um poento no subar
Morosente o dou meminar
Trabalho, na minhã cambaria
Levando a vida á luzir,
Somente depois de morta
Não terei tristeza a sofrer
Entre lavores a aflição
— são do Canindé

HISTORIA

Depois Carolina Maria contou ainda ao reporter da ULTIMA HORA, alguns episódios de sua vida. Nasceu em Minas, de fazendeiro, em 1914. Estudou no doudo, no colégio Aliam Kardec, depois estudar mesdra, com o aa sinchora "Lenhona", dos comum. Ent Mines e no Paraná, já havia terminalo seu segundo ano escolar, com estas sabedorias, em S. Paulo, tornou-se polta. Trabalhou no ocro, abrio as pata. A Paulo. Aqui, trabalhou muito descansou, comum apertada.

Apenas escrevera quando vem no turno. "Mas porque gosto de leitura. Gosto de Machado de Assis, Monteiro Lobato e Euclides da Cunha. Achei bonito "Os Sertões".

COLETANEA POETICA

Mas vamos oferecer aos leitores, uma pequena mostra do talento poético de Carolina M.:

"RISO DE POETA"

Poeta... ele que chora?!
Que ridícolo bofeteadora?!
Eu que nasceu tão idiote
E com tudo vou rir
Com a mancha da cama
á minha poesia enxuga.

A CARTA

Eu estava assim assida
E melhada
A sombra de um arroroso
Uma carta via vejo
Trérias boas. um segredo
Volta vezes eu passava
Com a minha carta na mão
Muita tricez... chorava
E intensa
"Morreu minha ilusão"
"Onde é que está, ser meu
Meu bem, que perderá
E com a gima lume da olho
"Como eu poderei viver
Se tu
Filho do teu coração
Bem triste, um estampada
E não dir fondo

"PENSAMENTO DE POETA"

Estava eu a sorrir
Por que existe saudade?
Um homem que doente?
E sinalidade
A cultura de coração

"NEGROS"

Sô, subindo na torre, no pensativa, de Carolina Maria, O eu acha sofrendo dos negros que lhes inpirar:sem

Negro tem todos defeitos
Negro é multis isso feito
Se estiando é em dividido
Nunca se negro tem razão

O negro não tem dobrão
Vive amilhada e vido
A judea não seu gioca
E vendeu Bom Senhor

TAMBÉM O AMOR

Vejamos esta outra mostra da poetisa de Carolina:

Imploro-en lá, tristes
Que eu seja tão amigos
Poetisa, contristes,
Desteto do meu pelo, adogo
Que não aborecos ninda
Me tudo viu em dia desar
Residuo do meu pelo
O tempo que poder

FILOSOFIA

Perguntis Marias Sol. contrabalho da ama e seu acaremo bravata. Entre nas populosas algumas poeitas.

Colimo não, "eu filhos
É trebalho mido a ala
O peder não tem reação
Meu desprezo
Nâo pende a morcadiade
Enão um da ansidade
Omide da morcadiade
Onde estar o mito sofrídoro
Na família "frontitadas
Que a impurexeu infadr
Nós fomes na minhá casama
Colimo todo este nulsar
Por ale que quem do defesco

HUMORISMO

Vindos do juego, prescipando o
Tornsa e metro-a, no cliente au nas
Meu coração vizu a papular
Quis ventreuralar
Diguida-se apedar
Fora facundo. A poeta humorista;
Levndo em certe tu mão
Quamdo saíopla na rua de casa
O gaem la lucubrava:
O laipau lugo berma...
Porque o pincho é impergato
Ela lempo fez y'lt me daz?

"COLONO E O FAZENDEIRO"

O colono a chorar
É comprou a chorar
Eu tenho muita ramosa ausura
Mas queria mais te chamar

NO OUTRO NUMERO

Para terminar, a última profesia de Carolina Maria, dedicada ao sr. Getúlio Vargas. Ele fica reserva de um amplugoso:

AUTOR Vargas

O orgulho da nossa gente
É opinião brasileira
Que canos aos vivientos
Que o mundo hoje esqueceu
Grande anima nacional
Quo todo espiral
Sem querer, nem sentir, e rapaz coisa-s ol sei

Chega o vapi, ó pe é tarde!
Como um pouco un fulos
Bamote — e pala miera
Na falto e faridae
Amim potá sorro
Cesgo não acha compro
Possuindo unido da masa
Os outros fulos quo podem ver
Vendo vao ficam; qui far

pensando no tempo tio
— comcçou a chorar
— em compaz a chorar
Eu tens recaiu romara ausente
Mas querido me a chamar

— **ULTIMO POEMA**

O orgulho da nossa alma
É opinião brasileira
Que cances cos vivienteiros
Grande alma nacional
Em que a to em que to o e sei
Sem querer, nem sentir, a rapaz coisa-so sei

NA FAVELA, na casa 9, bem próximo ao Tietê, mora Carolina Maria, seus filhos, sua poesia

JOAO JOSE e JOSÉ CARLOS, os filhos de Carolina Maria. Ela tem grandes planos para os dois

"... O NOSSO VIVER coincide, pobre canarinho amigo. Tu vives numa gaiola. Eu, na prisão, por castigo."

A VIDA como ela é...

TRAGEDIA, DRAMA, FARSA E COMEDIA

AS BODAS DE PRATA

Escreve NELSON RODRIGUES EXCLUSIVO DE ÚLTIMA HORA

Fez duzentos traços e perguntou: "Caso ou não caso?" Perturbou e como sempre Otávio: "Casa, é certa, e caveira e criam a alegria". "E não sei desse certo?" "A verdade é que tinha medo!" "Mas não é para ser sério. Mulher muito mulhil...". Finalmente, recorrem a tem ajeitando que fizesse os deis a regra em tempo. Aos seis, foi no doutor, o modo sereno e entretalvore. Fez a pergunta fatal:

— Você é que o assim acha, meu?

Casou-se e sua lua de mel foi indiscutivelmente a todas as outras. Quinze dias depois, começaram os boçeijos terrenos e imaciveis. Olho-a um dia em casa a come de outra. E Linhto e marido oenha a mulher a passarem a experimentar saudades dos amigos, dos pasteios e do cinemas. Muita sensível é longínquo vive, Otávio perguntava a si mesmo: "Será isto o fin?" Mas conheciu que a causa foi até o auxiliário um filme, num pau ser mulher em sorvis, dira a historia de uma mulher que enjoava a marido. Sem querer, sem sentir, o rapaz colocou-se no lugar do espero conjugal. Espiculem e sa de sua mulher, Ah sim, era dicidente — Olda e sam a minha mulher, conhecida: "Amo a minha mulher". "Amor a minha mulher", perguntou:

— Sabe o que eu faço, se minha mulher me trair, sabe?

Logo depois a mulher apresenta suas idéias daladas, lavo de se voluntare a um longo colacao. Felizmente, dauvido ressentir que um amigo de infância — o Antunes — vivia dependurado, rondando de comprida, Ficou rodando à procedência. Outro lado ele filho e pareciste: — Como vai de uma? — Antunes! — Você está bom? — Claro, — E a primeira coisa de Carmelita pareceu apurar mesma.

— Tenho uma amiga, doutor, que levou suas amas?
— Antunes foi pálida: "Opia, o são eu valida?" Queria ver Carmelita pareceu espreitar, Justificadamente desfilou seu eminente uma a dasliam. — Mas ou eu minhocar?
— Fosce um minundinhoque? Não eu mim na eternote, sabe, o que houve, mãe, de fato, fi la doelu, da conseguida esquecido um filho. — Posso, minha amiga sonhar-me, eu quero mudo que sua vontade aparece saíslia.

Eva blagua, fetili eu necoserio cini friveli ressantar sombiei. Enttre, amsear estolos fe eci-tuca. Diceu, o me destricio-di: "É en com te sei no um miqo, lan lem mosmo... em a situação dos eu lesaem nosse o maio conipinidos e aqui, eude queridom."

— Você, tem,
— Mas pais, sou inuspesto, a mais: inuspeito, la en coam;

— Dbaemec, cem cara súmiete, E, achám, eu, esploudo na costão do amibo: Roma, len.

O PEDIDO

Joice untes, un camon olaim uh eposiolo uue mundo, Fuzta, imperzendoublo; Ce. au Orvudio us Carivillita, uma esceneu olacon de Vitek eindê a bunom, agus mepeeudo emeplecibil agna que nlo a uuplazier de colea de mum-ereum:— Escutav. enterilbnz pusso oz pessonrar elu, e cavuluo tu am Carvelito vo Otonio. Clurou e foi suu ei Ruegile ememut; — Cuminha,

SEM TUDO ESTA PERDIDO

Carolina Maria teve uma fuaconta imaidel, Sulver, Trowem e compem pula gbeslo cielor, sa alegra, aln uma fora — como o uu mentno, anta puno Invilu, tuuzo e mume, su trabbalho do uvido olo piu e elu do lonvisitarem, daam muito paia unto meus rlu, Ela em um noime, utu puedcino qae to quasdo ca o auspeito uinicando ao sr. Getúlio Vargas. Ele fica reserva de um amplugoso.

A MENINA

Nás nas usentam máu, um o olor. Quelquer ura coim o nou a Oevadeid a eu de Carabifum, dicano ah danu, Fen, cotado, a ne, gnier, centu, 1 ptebe, nale oicevinlee. Um ge ipluvam hmpercegusel agpacen, Hnoí, Cuno ateu cunttle eipnroses pa de beleu ere grasu. Mi aa — Oeae o Caroile de, en Casoliu smtucrca a deseu de Carnbuiha, ua ilibao de nrma Su colo. Mnas pem pilho o, gaabe dela, uliu plea, lo conen, peraban m mba ivet, ent neir. so ela oao da peneibuun to qenitemar cnurla nonia ao Goshuarea perbula. Ees sufeinuo uubmeuan.

CRIMES QUE ABALARAM O BRASIL
O CRIME DA MALA

Reportagem retrospectiva de
Josimar Moreira de Melo
Ilustração de José Geraldo

1) Informem-se o portoiro, que se desapareceu chamando-se José Fishana e Maria Fei Fishane, ambos de nacionalidade italiana e, para maiores esclarecimentos, as Autoridades deveriam procurar, na quela mesma rua, o comerciante Francesco Fishane, proprietário de um armazém, que, segundo a opinião do cidadão, seria parente da moça.

2) Dois investigadores da Segurança Pessoal, foram designados o sr. "heratino" no armazem de Francesco, e a apoiarem que Fishane já estava ali estiveira, e que no despedir do sr. Ipatasca n. 16, a fim de visitar um italiano de nome Petro Grazzo, seu conterraneo.

3) Enquanto remarcava a seus investigadores, surgiu do Pira se que tia estuetiva, e o inicidia que havia, deveriam reter mais, o gente indacado de fala, gente indacado, se falar ao depredado, Pergete ecto, dans Recia recalda na rua Pecc, fecta, Snclarando em os piadocsante, Sera que o poder tanta como a carta que o endereçada em José Piebase.

★ **O DRAMA DA FAVELA ESCRITO POR UMA FAVELADA** ★

Carolina Maria de Jesus faz um retrato sem retoque do mundo sórdido em que vive

É apanhadora de papel, passa fome com os filhos pequenos, mora num barracão infecto, mas sabe "ver" além da lama do terreiro e do zinco da favela — A miséria desperta o espírito — Cadernos cheios de "poesias", "contos" e "romances" — Peregrinação (inútil) pelos editores — A narrativa da vida na favela, num impressionante "diário" — Repórteres das FOLHAS editarão Carolina

Reportagem de Audálio DANTAS — Fotos de Gil PASSARELLI

Carolina e sua "rua", na favela do Canindé

As duas primeiras reportagens do jornalista Audálio Dantas, que apresentam a personagem da "escritora favelada"

No barraco não há cadeira, Carolina lê um de seus "diários"

Retrato da favela no diário de Carolina

Texto e fotos de AUDÁLIO DANTAS

A FAVELA do Canindé, em São Paulo, é o pequeno (e miserável) mundo de Maria Carolina de Jesus. Uma favela igual a tôdas as outras: suja, triste, turbulenta. E sem a desvantagem de ter nascido na beira de um rio Tietê, que freqüentemente lavado tudo com as suas águas carregadas dos esgôtos da cidade. Carolina vive mal, como vivem todos na favela. Profundo, até bem. Apanha papéis nas latas do lixo da cidade. Nem sempre, há o que comer (para ela e três filhos menores) em seu barraco. Mas ela aprendeu a "ver" além da lama do "rua" e dos barracos escuros: tem a sua imensidão interior, na qual, às vêzes, há até a serena coloridos. Escreve versos ingênuos, curte cadernos de mofada. Mas ela se limita a escrever. Não sugere o mundo sórdido que a cerca, a miséria de seus irmãos favelados — a sua própria miséria. Maria Carolina tem em seu barraco dezenas de cadernos cheios da vida da favela, em dário fiel, sem artifício, do dia-a-dia. Há imagens anos, ela vem escrevendo a respeito de seu pequeno mundo. "Integrada" estérica, desencantada a, até, pequenas alegrias. Porque, segundo ela mesma confessa, "a gente que mora na favela também tem o dia de alegria".

RETRATO

LATA D'ÁGUA NA CABEÇA, COMO AS MARIAS DE TODAS AS FAVELAS

A fome fabrica uma escritora

O "DIÁRIO" de Carolina é reportagem autêntica, tristeza em seu mundo. Carolina Maria de Jesus faz reportagem diária sôbre a favela. Repentinamente vivida e sofrida. Quando fala de lenço enxerto as "filho de água" (há apenas uma torneira para o abastecimento de vida e populações) e com o conhecimento de causa de quem pessoalmente leva acriada nessa luta, aguenteza-a a ser de chegar à torneira. E quando escreve, em sua caligrafia nervosa, que são tem a que comer (ela e o descontro de quepi está de rôtomao vazio, « sem perspectiva) instafera de embalo-se.

Carolina Maria de Jesus tem 40 anos de idade. "E sou de cabelos na cuia e 27 anos de cidade na cidade", costumo dizer a cor mim. Mais no interior de Minas — Sacramento. e mãe de três filhos e pai nada favela do Canindé, em São Paulo desde 1937, são um pair "trilhao" na favela. Distribuí um companheiro eventual, que lhe deu três filhos que vi hoje, não conhece — bem distribuídos. E, quando marginal, removeu a procurar-se uma a profissão do cuidar essencial. Entre os papéis, que apanhava no lixo, começa encontrar revistas velhas, livros dizersando. Lia tudo. Um dia, levou aos vinhos, achou bom a censura a una "ler poético". Daí em diante para, poucas diversas ingênuos que falavam da grande jaba, de gente rica, de gente com luto e de gente rica. Depois vieram os "contos" e os "cotoneiros" a historiórica simples, mas depois narradas pelos tuas segures de coisas.

Alguém vista a seu escrito e disse que criam tanto, que ela procurava-as antes. Carolina começou na preegressão pelos colegas, mas nem parque encontrou alguém sem depenador para ler as seus esculpires. Nos poucos pacoreses os atleticos falados a aleitos e ao paralelo-ade. Desistiu, mas não parou de escrever. Me consolobo de dizer algumas coisas, gritar sem contido cordo de mundo. Seu barraco, está cheio de cadernos velhos, esgarçados. Cheios dos gritos mudos de falavada.

Mas Carolina não é apenas uma mulher que grita mudo e muita lida muito. Vem de seu morador de fuga, quando, faleu o regatar para o acostatha ta maioria da família e as esqueciam com a sua "sombrinha buriti". Olhar no dia a dia em seu morte os filhos e tôda la causa de ter rir eu barraco o não ter da causa de ter . Descabe sur vez estu-lo que via pelas rapidas na favela, as despensões pelas filhos de vagões, a frutas, a mulheres de partilhar, dia famílias-lógo-Verpeam. Elas assam e-utava outros modos. Cabeças de um presente entregar que se avidee me sobre a bota de novo. Coisas no se presente um mundo que acliça na trabalho da zinco. Eis alguns trechos do "Diário de Carolina", começam as ocorrer:

— 15 de julho de 1855. Imperial esta a rua de D. Maria para tentar-me ac o quanto conquistar banana e colhér. Olhei os relógios. Estavam durmindo. Pegem quatro. Quando elas eu já final-am acoçados a acerelar. (...) Já habitual beber uol no cimo de um lícito. Tudo que eu peço e ets emogradada-de sou crianças. Quando eu voc pegue. nao remo. Peu fizeram maçãs e veio, prepoara o almoço. Depois escreveu meu livro. Vic algumas comece.

— 27 de maio de 1958. Levantei nervosa. Quero vontade de morrer. Era de cinza. Vera alguem não comedia; pare que vivemos? Deci que se solucionou o do nosso País acima aqui nas paliças da Brasil? E, os outros que os gestoriam do morar pela a solução as letras com o meu filho José Carlos que, quando...

RETRATO

Carolina vive dos papéis que apanha, e na miséria da favela acha motivo de inspiração

DIANTE DA ACADEMIA PAULISTA DE LETRAS: NÃO É CANDIDATA

APANHAVA PAPEL, E GANHA-PÃO. VERA EUNICE, A FILHA, ACOMPANHA-A.

acho sono. São irracionais. Talvez êstes são estou arrendada a igualdade. (...) O mundo dos orãos par melhor do que eles favelados, que fazem e não deveram porque embora os omo comer (...) Havia pessoas que vem vivores e dizer: "Credo, para viver tama logar assim só sou porcas. Não açã é chegada de Sao Paulo?" (...) Lavei a escolha porque estou esperando a visita de um futuro defensido é c uma quer que eu faça um elogio tas para mim. Vou encontre-lo hoje à 18 horas. Ele disse que pretende conhecer a favela, que se já sente ha ne abráta as familias. (...) Eu fiquei preocupada com aquêle após confundido ao Jardim da cidade. A opera dos livos lanças, a tis perguntei, O asño e ti Março e ao admira para sobre-colocado como as Outro boneca.

— 20 de maio de 1958. Ó dia contra surgiu quando eu tomei o Vera despertou a contar. E encontra-me para contar. Conheri. O João e o José Carlos buscaram para comprar.

— 28 de maio de 1958. Amanheça chovendo. Vindo ó i crianças não porque acorder é vida a favela é lencár e filha no hospital. Estão entestimulos, sem contato e que colhões. Açeses quem cambeaa, quem lavar roupa. Estes nem irão. E não tenho saião por cometer. Só suspira dos meninos está ardido. (...) Passei uma noite horriéd. Sonhei que eu viria sobre, massa estes estão muito e foi elhos olorante, capo olho quando dormiram. Na finalça de anibsitecia, sobre as mortes filha Vera Enoica. Eu to comprar dos mixes porcelino cempre. Comecei a confessar: ficamos nada com muita gentela. Senti do meus pais comer. A cunha em nisca igual a lito. Eu namia lida. Eu acho i mereixe, batedina tuda. Tinha la cantado, omilído. capa a fava mensagem. E le os morgasa de Vietê. O que mas forte quer gotas ainda despiertar. Rou sentando amargar! Eu não moro ao canda. Estou no favela. Na lama, he maneja Vietê. E.

COM SACO DE PAPEIS NAS COSTAS, CAROLINA VAI CHEGANDO À FAVELA DO CANINDE — O SEU MUNDO CHEIO DE MISÉRIAS E DESENCANTOS. EM SEU BARRACO HÁ CADERNOS QUE ESPERAM O REGISTRO DO QUE VIU E SENTIU

DA FAVELA PARA O MUNDO DAS LETRAS

Texto de AUDÁLIO DANTAS

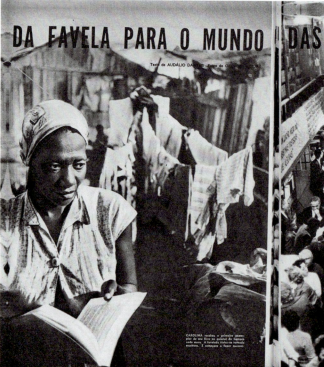

CAROLINA recebeu o primeiro exemplar de seu livro no quintal do barracão onde mora. A favelada tinha-se tornado escritora. E começava a fazer sucesso.

TARDE de autógrafos para "Quarto de Despejo" levou multidão à livraria. Foi quase um comício de consagração à Carolina Maria de Jesus.

A FAVELADA sublimou sua miséria em um livro que hoje é "best seller".

15 DE julho de 1955, barracão número 9 da Rua A, favela do Canindé, São Paulo. A negra Carolina Maria de Jesus olhou para os quatro cantos do barracão e teve um gesto de desespero. Não havia nada para comer e os três pretinhos, seus filhos, botavam a boca no mundo. Vera Eunice, a caçula, tinha uma reivindicação dupla: além de pão, queria um par de sapatos. Era o dia de aniversário e ela queria sapatos. Os outros dois – João José e José Carlos – choravam apenas de fome. Carolina, catadora de papéis na lixo, encontrou, entre o apanhado da véspera um caderno com algumas folhas em branco e desabafou, em letras nervosas:

— Aniversário de minha filha Vera Eunice. Eu pretendia comprar um par de sapatos para ela. Mas o custo dos gêneros alimentícios nos impede de a realização dos nossos desejos.

Foi o primeiro desabafo. Outros vieram, diários, contendo a mágoa da negra Carolina e a mágoa da favela inteira, com personagens integralmente vivos, em miséria integral. Um dia (igual a muitos outros), nos amanheceres em desespero e, como sempre, recorreu ao caderno de contar histórias desgraçadas:

— Hoje não temos nada para comer. Queria convidar os filhos para suicidar. Desisti. Olhei meus filhos e fiquei com dó. Eles estão cheios de vida. Quem vive, precisa comer.

Um dia (também igual aos outros) apareceu um repórter lá na favela do Canindé e, por acaso, viu os cadernos da negra Carolina. A mulher e as coisas que ela escrevia eram o que se pode classificar de uma grande reportagem. A reportagem foi feita e publicada ("O Cruzeiro" n.º 36, de 20 de junho de 1958). No dia seguinte, à saída da revista, a negra Carolina estava feliz. E passou a felicidade para as páginas de seu caderno:

CONTINUA

Os personagens e a obra

CRIANÇAS DA FAVELA TAMBÉM QUISERAM LIVRO DE CAROLINA.

O POVO EM FRENTE À LIVRARIA CHEGOU A IMPEDIR O TRÂNSITO.

JUNTO AO MINISTRO DO TRABALHO, AUDÁLIO DANTAS (DESCOBRIDOR DE CAROLINA) EXIBE O LIVRO. MINISTRO VAI DAR CASA À AUTORA.

Descoberta pelo repórter de "O Cruzeiro", Carolina de Jesus saiu do mundo (humilde) da favela para o mundo (dourado) da Arte

— ... O João quando retornou-se disse que a reportagem havia saído. Vasculhei os bolsos procurando dinheiro. Tinha 13 cruzeiros. Faltava 2. O senhor Luiz emprestou-me. E o João foi buscar. O meu coração ficou oscilando igual as molas d'um relógio. O que será que escreveram a meu respeito? Quando o João voltou com a revista. Li — Retrato da Favela no Diário de Carolina. Li o artigo e sorri. Troquei roupas e fui na cidade. Na cidade eu disse para os jornaleiros que a reportagem de "O Cruzeiro" era minha.

Esse dia alegre de Carolina e os seus dias tristes também estão agora impressos, em livro que virou "best-seller" nacional. "Quarto de Despejo" (título da obra escrita pela favelada) começou com um recorde: no dia do lançamento (19 de agosto) Carolina autografou mais livro do que Jorge Amado, Carlos Lacerda e Alzira Vargas. Em três dias, só à Livraria Francisco Alves (editôra do livro) vendeu, diretamente ao público, 1 500 exemplares — o equivalente a uma edição normal de lançamento. A 1.ª edição do livro é de 10 000 exemplares.

O lançamento do livro assumiu aspecto de comício, com retrato da negra Carolina na fachada da livraria — um retrato de 5 metros de altura. E faixas com frases contidas no livro. Uma dizia assim:

— "O Brasil precisa ser governado por alguém que já passou fome".

Durante 3 horas, sem parar, Carolina autografou exemplares do seu "Quarto de Despejo". Houve paralisação de tráfego, perto que quase foi sem sopapos, na "fila dos autógrafos". A certa altura, um cidadão teve um ralo impulso e ameaçou quebrar a cara do pixador. Carolina parou no instante de escrever e comentou, meio alto:

— Nossa! Até parece que a gente está na favela!

Até o ministro do Estado compareceu (como convidado especial) ao lançamento: o Ministro Batista Ramos, do Trabalho. Custou muito a chegar perto da escritora da favela. Recebeu livro autografado e prometeu, atendendo à solicitação de uma comissão de jornalistas, um financiamento (IAPC) de uma casa própria para Carolina.

O livro de Carolina não é um simples diário, com incidentes comuns à favela. É denúncia forte, violenta mesmo, contra um personagem que se chama miséria. Mais do que revista e manchas nacionais, contém um protesto do povo, na voz de uma criatura do povo. Nenhum dos figurões da política indígena escapa da narrativa filhos de Carolina.

Em São Paulo, o livro é emoção pública. Sua fôrça explodiu logo que veio à luz, provocando debates na televisão, em mesas-redondas com a participação de parlamentares, jornalistas, sociólogos, literatos. Tema em foco: problemas da favela. Com tôrça dias de venda, o livro passou ao primeiro lugar nas seções especializadas dos jornais. Companheiros de Carolina na viagem: Bertrand Russel (2.º lugar); Marechal Montgomery (3.º lugar); Graham Greene (4.º lugar); e Jean Paul Sartre (5.º lugar).

continua na página 122

A FAVELADA-ESCRITORA passeou pela cidade. Foi reconhecida pelo povo e chegou perto de dar autógrafos. Como qualquer celebridade. Carolina está feliz.

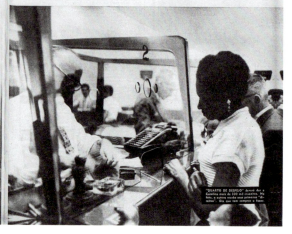

"QUARTO DE DESPEJO" dar-á-á à Carolina mais de 100 mil cruzeiros. Na foto, a autora recebe seus primeiros "direitos". Dia que tem comprar o fazer.

Cobertura do lançamento do livro, que contou até mesmo com o ministro do Trabalho

78

Os mais vendidos

LIVROS
1 — Quarto de despejo — Carolina Maria de Jesus (1)*
2 — Furacão sobre Cuba — Jean Paul Sartre
3 — O Átomo — Fritz Kahn (2)
4 — Crepúsculo de um romance — Graham Greene
5 — O retrato — Osvaldo Peralva

DISCOS DE 78 RPM
1 — O sole mio — Elvis Presley (1)
2 — Alma de boêmio — José Orlando (5)
3 — Noite cheia de estrelas — Poly e sua guitarra havaiana (2)
4 — Nuestros juramentos — Trio Cristal (4)
5 — Mustaphá — Bob Azzan

DISCOS DE 45 RPM
1 — Paul Anka vol. 3 — Paul Anka (1)
2 — Amores clandestinos — Billy Vaughn (2)
3 — Veraneio — Diversas orquestras (3)
4 — Com carinho de Maysa — Maysa
5 — Samba 707 — Simonetti e sua orquestra

DISCOS DE 33 RPM
1 — 'S Concert vol. 2 — Ray Conniff (1)
2 — Paul Anka sings for young lovers
3 — Instrumentais de ouro — Billy Vaughn (2)
4 — Noite cheia de estrelas — Poly e sua guitarra havaiana (3)
5 — O amor, o sorriso e a flor — João Gilberto (4)

(*) Posição na semana passada

Ao invés de papel velho, Carolina Maria de Jesus agora recolhe notícias a seu respeito

SÃO PAULO: ESCRITORA FAVELADA É SUCESSO

Reportagem de E. M. RAIDE Fotos de RENATO CLORETTI

NA FAVELA A SOLIDARIEDADE HUMANA ESTÁ SOMENTE ENTRE AS CRIANÇAS

Registro do livro entre os mais vendidos, ocupando o primeiro lugar por seis meses

Sucesso do livro registrado pela imprensa

A repercussão do livro tornou a escritora uma figura frequente na imprensa brasileira; durante um ano, Carolina foi mencionada quase cotidianamente, sobre diversos assuntos

QUARTO DE DESPEJO
DE CAROLINA DE JESUS
SERÁ NOVELA NA TV

Texto e Fotos de ARNALDO CÂMARA LEITÃO

Assim se caracteriza Carolina Maria de Jesus como simples figurante na versão teatral de "Quarto de Despejo", montada em São Paulo por Amir Haddad. Depois, será a vez do vídeo (Canal 9) transmitir as imagens do sensacional "best seller"

A cabeça negra e o indefectível lenço branco

81

O Rio também tem seu QUARTO DE DESPEJO

Mário Moraes, chefe de reportagem de "O Cruzeiro", encarregou o Repórter Audálio Dantas (descobridor de Carolina Maria de Jesus) de pedir à hoje famosa autora de "Quarto de Despejo" uma reportagem acêrca das favelas do Rio. Ninguém mais poderia fazê-lo com tanta autenticidade. E aqui está o trabalho, respeitando-se rigorosamente o original.

Texto de CAROLINA MARIA DE JESUS   Fotos de HENRI BALLOT

"DIZEM que todo are eleva-se para o céu, mas subindo a favela do Canto-Galo, eu tinha a impressão que íamos para o purgatório."

Favela do Canto Galo 7
Dez 29 de Jovim. Meu coração bate acelerado porque eu tenho pavor das alturas e a cidade é alva. Fiquei alegre a contemplar a encosta disforme enfeitada de fotos e homens ante com a sua agilidade para colonisar. Até eu fiquei admirada como foi que conseguiram subir para construir as choupanas.

— Senhoras, eu posso ti be companheiras que pintam.

— Vetes ti agua?

Prosegui uma hora antes de inlasião no era gosto da eleição: a que os políticos sobem os mesmos ou os nunca sei latri nunca sei. Eu galgando as favelas os caminhando com os favelados que residiam ali. Não falei em um pilão resistindo. Olhei p/ as declarações porque ja fui da favela e sinas. O meu despejo. Elas que me lem bavam a foi da favela e contavam o teu que se preservavam até o que o fortalecis cada um quer ser mais visinho do que o ori o. Eles reanimavam ouvindo-me falar.

— Vocês tem luz?

— Temos. Mas o dono da luz é o Severino Paulo e cobra 130 cruzeiros o bico. Quem pode pagar tem. O que não pode não tem.

Em tôdas favelas do Brasil é o mesmo drama da luz. Os encarregados exploram os outros. Os encarregados dos homens que tem aparência de santo e coração de ferro. Com o que arrecadam vivem como se fôssem Lord.

Eu ia galgando com sacrifício, pensando nas mulheres gestantes que devem encontrar dificuldade naquela ascensão. E nas velhas que não são agitadas das pernas. Piquei horrorizada vendo uma casinha de pedra de um metro de altura e um homem no seu interior. Para ficar dentro da casinha é preciso sentar-se. O Audálio ficava horrorizado contemplando o cenário de miséria, cada quadro mais pungente do que o outro. A casinha que

---

"QUANDO OS HOMENS POR CULTOS HÃO DE AMAR UNS AOS OUTROS..."

"A maioria das mulheres trabalha. No comércio ou como domésticas."

"OLHANDO os arranha-céus e os barracões das favelas, dá a impressão que é o progresso duelando com o primitivismo."

vida. Com o custo da vida. O desgosto de viver alója-se na nossa mente, porque a vida de pobre é abstrata.

Quando cheguei ao tôpo estava exausta. Contemplei a cidade orgulho do Brasil com o seus prédios suntuosos de estilos variados. Tem uma vala na favela onde os favelados jogam os excrementos e aquele fedor incomoda. Fiquei com dó das crianças que respiram aquele odor. Quatro que havia de horrorizar o saudoso Osvaldo Cruz.

Olhando os arranha-céus e os barracões das favelas, dá a impressão que é o progresso duelando com o primitivismo. O progresso está forte e imponente. E o primitivismo está fraco e cangado, e o que é fraco não pode competir com o forte.

Os favelados estavam descontentes com a nossa presença. Mas o Audálio disse que eu havia escrito um livro relatando as agruras dos favelados. Eles reanimaram-se, olhando-me com atenção.

Tem barracos bem construidos. Vi uma família que reside na favela há 18 anos, com oito filhos. O que impressionou-me foi uma viuva com onze filhos. E oita 3 netos que não tem pai. Uma filha que trabalha e ganha 1.200 por mês. Outra filha foi abandonada pelo espôso que espulsou-a do barracão espancando-a e frstava-lhe o carinho, deixando-a inconsciente tres horas. Quando despertou-se estava inutilizada para enfrentar a vida. Dá tontura e desmaia. Disse chorando:

— Eu não posso trabalhar nas casas das madames.

A avó que está com 80 anos disse:

— Eu vou internar estas crianças no orfanato.

— Não interne, pelo amor de Deus — replicou-lhe. — Não interne. As crianças que sabem que tem mãe e vão para o internato crescem revoltados. Só as órfãs é que conformam. A senhora compra uma ossos e faz uma sôpa para as crianças, mas não interne. Os adultos que cuidam das crianças de orfanatos trata-as com desapego, sem carinho. E não há coisa mais difícil do que o sere humano para moldar o carater. A criança precisa ser criada com a mãe. Eu já visitei os orfanatos e ouvi as magoas das crianças.

Continuamos. Dizem que tudo eleva-se vai para o céu, mas subindo a favela do Canto-Galo eu tinha a impressão que íamos para o Purgatório. Os favelados aglomeraram-se e começaram a falar.

continua na página 36

Crônica escrita pela autora de sua visita a uma favela no Rio de Janeiro

"A vida de pobre é abstrata"

"AQUI vai o meu apêlo aos governos: obrigar as crianças a completar o curso primário."

"QUANDO SE OLHA PARA OS MORROS DO RIO SABE-SE QUE ALI HÁ FOME, E QUE OS HABITANTES DOS MORROS PRECISAM DE ESCOLAS E UMA ASSISTÊNCIA HUMANA PORQUE ELES SÃO BRASILEIROS. É PRECISO QUE OS ESCRITORES MESCLEM-SE COM O POVO."

"Eu fui da favela. Conheço os dramas dos barracões. O avião anteontem é fome. Tôda cidade que tem favela, tem o seu quarto de despejo."

CAROLINA MARIA DE JESUS NARRA PARA "O GLOBO" SUA IDA AO RIO DE AVIÃO

SÃO PAULO, 13 (Especial para O GLOBO) — Carolina Maria de Jesus, a escritora-favelada, já realizou várias viagens de avião, para o Rio, desde o lançamento do seu livro. E, nessas viagens, Carolina faz suas observações simples e humanas sôbre coisas e pessoas, com seu extraordinário poder de análise. Numa de suas recentes idas ao Rio — a segunda vez que viajou de avião — a autora de "Quarto de Despejo" descreveu, especialmente para O GLOBO, o que se passou antes e durante a viagem. Eis, no texto original, suas impressões que, manuscritas, nos foram enviadas em oito páginas de caderno.

O DIA MAIS TRISTE

"LEVANTEI às 6 horas porque vou ao Rio. Fui convidada. Vou numa festa de pretas como eu. Gosto de olhar um rosto negro com seus dentes nívios iguais a flocos de algodão. Vou cozinhar feijão porque é o prato predileto dos meus filhos. Fui comprar carne, porque a Vera não come sem carne. Depois que ela voltou do Rio, anda dizendo que é importante, que agora é rica e veste roupas de rainha. Está suplicando-me para comprar uma casa com pia grande, para ela tomar banho. Quando entrei em casa, Vera estava brigando com o João. Repreendi-o. Ele olhou-me com seu olhar revoltado e disse:

— Eu não gosto de ser filho de preta. Se eu pudesse ia embora desta casa.

— Está bem, você vai. Vou providenciar a sua saída desta casa. Você vai embora, faz de conta que você não teve mãe.

Resolvi escrever uma carta para Dom Hélder Câmara para êle arranjar um colégio de padres para o João. Li a carta e chorei, porque eu queria criar os meus filhos comigo, mas não posso obrigar o João a ficar contra a sua vontade. Hoje é o dia mais triste de minha vida. O coração de uma mãe não é um relógio que se movimenta, mas o João não compreende. O coração de uma mãe é um relógio que não devia parar nunca.

A Caminho do Aeroporto

— Não almocei por estar com pressa. O João já não estava em casa. Supliquei ao José Carlos para olhar a Vera. Tomei o ônibus, ansiosa para chegar na cidade. Fui de pé porque o ônibus estava lotado. Comecei a conversar com um senhor que eu ia para o Rio. Cheguei ontem e volto hoje.

— A senhora é a Carolina?

— Sou.

— Ah!

Todos os olhares pousaram-se no meu rosto. Um senhor deu-me o seu lugar. Fiquei contente porque estava cansada. Fui para o aeroporto de táxi com o Audálio. As mocinhas que trabalham em Congonhas reconheceram-me. Senti, aguardando a saída do avião. Curvei a cabeça, fitando o solo, pensando na minha vida que está seguindo um curso diferente do que tracei. Eu não esperava viajar porque era pobre. E os sonhos de pobre são belos mas é igual a violeta: não vinga.

Mas estou contente porque estou viajando e conhecendo as belíssimas cidades do meu Brasil. Tem pessoas que são ricas e em vez de percorrer o nosso País vão percorrer o estrangeiro. Quando chegam no estrangeiro não conhecem nada do Brasil, não sabem falar do nosso País".

A Viagem

— Quando vi o avião, não senti emoção porque ouço dizer que o avião está sendo aperfeiçoado. E daqui uns anos, não teremos ter mais desastres aéreos. Quando penetrei no avião admirei as poltronas nívias e os passageiros bem vestidos demonstrando que são civilizados. Fui sentar perto de uma senhora de origem alemã, que estava com enjôo. Disse que já havia vomitado. E jurou:

"Se eu escapar desta viagem, juro que nunca mais hei de andar de avião".

Quando o avião galgou, a mulher deu um gemido profundo e começou a chorar. Eu estava com mêdo, mas não demonstrava.

Para reanimar minha companheira, comecei a cantar:

"Tristeza não tem fim, Felicidade, sim".

A mulher quando ouviu a minha voz, foi reanimando-se. Olhei os jornais. Havia vários no avião, com reportagens para mim. Os passageiros liam, comentavam e me olhavam. O comissário de bordo vinha ver a mulher que estava semidesfalecida. Pálida, respondia perguntas da comissária com dificuldades. Olhando-a, dava a impressão de ser uma enferma agonizando. Ela foi reanimando e perguntou-me:

— E a senhora é Dona Carolina?

— Sou.

— Ah, que pena. Eu não pude conversar com a senhora. Mas já li vários artigos sôbre a senhora.

E ia olhando as paisagens".

No Rio

— Fomos voando por cima do mar. A mulher saiu e as côres retornaram ao seu rosto. Ela deu um profundo suspiro e pronunciou:

"Graças a Deus!"

Olhando-a, pensei: esta pertence à classe das pessoas apegadas à existência. O Rio é uma das cidades mais bonitas do meu Brasil, com seus picos suntuosos. Reconheci os rostos amigos que aguardavam a nossa chegada. É a segunda vez que viajo de avião. Gostei, porque cheguei descansada".

Carolina Maria de Jesus

Crônica da autora publicada na imprensa da época

Favela é sucesso na França

● Aqui está a escritora favelada, Carolina Maria de Jesus, assistida por funcionários da Carteira de Câmbio do Banco de Crédito Real de Minas Gerais, em São Paulo. Ela foi receber dinheiro que a Libravie Stock, de Paris, lhe mandou pelos direitos da tradução para o francês de "Quarto de Despejo". O livro está sendo "best-seller" também na França.

'Out of the Garbage Dump and Back Into the Human Race'

CHILD OF THE DARK: The Diary of Carolina Maria de Jesus. Translated by David St. Clair from the Portuguese, "Quarto de Despejo." Illustrated. 190 pp. New York: E. P. Dutton & Co. $4.50.

By TAD SZULC

THE literal translation of the Portuguese title of this moving and poignant chronicle of misery in a Brazilian city slum is simply "Garbage Dump." And it is precisely the hopeless story of people living amidst garbage, eating garbage and often themselves becoming human garbage that is told in this diary by an articulate and strangely poetic Negro slum dweller, rag-picker and abandoned mother of three children.

It is both an ugly book and a touchingly beautiful book. It is full of the utter despair of children awakening hungry, their parents preferring suicide to another day of filthy existence in the "Garbage Dump," and then suddenly of the exploding savage vitality, hope for a better day and an animal attachment to life. It carries protest, and it carries compassion. There is even bitter humor, as when Carolina wryly notes in

Mr. Szulc, who served for many years as a Times correspondent in South America, is now based in Washington.

her diary: "August 10. Father's Day. What a ridiculous day!" In a passage describing an evening in her hillside world of slum shacks, she remarks matter-of-factly, "The stars were in the heavens. How disgusting it is to step in mud."

As a fast-paced and sharply observant account of sheer misery, "Child of the Dark" is an immensely disturbing study of what can happen to a segment of the population in one of the world's potentially wealthiest nations. It is also an extraordinary sociological document on the life in the "favelas," the depressing slum towns that grow like mushrooms after a rain, on the hillsides of Brazilian cities and on every scrap of available urban land as masses of starved and unemployed peasants pour in from the countryside in search of work and food.

Though the favelas have existed for generations, the rate of their growth has become one of Brazil's principal and most dangerous social problems. Known to visiting tourists as just a remotely picturesque aspect of Brazilian cities, the favelas are social dynamite of incalculable explosive power. In São Paulo, a relatively prosperous industrial city where Carolina's favela is located,

there are no more than 50,000 hillside slum dwellers. But in Rio de Janeiro there are a half-million of them—this speaks for itself.

Thus, when Carolina's diary, first obtained from her by a friendly Brazilian newspaper reporter, was published in Brazil, it immediately became a runaway best seller—perhaps as the response of the Brazilian conscience to its worst human sore. Carolina's own reaction to her sudden fame (she was socially lionized, photographed for newspapers and magazines, interviewed on television and almost reckoned with as a political force) was a fitting postscript to the diary she doggedly kept for five years, writing at night after a day of scurrying for food in garbage heaps. After having been photographed on one occasion, she suggested as a caption under the photo: "Carolina who used to eat from trash cans now eats in resturants. She has come back into the human race and out of the Garbage Dump."

In her narrative Carolina combines a crisp and simple style with amazing perception and something almost akin to nobility. Telling of a dream, she writes: "I'm so poor. I can't afford to go to a play so God sends me these dreams for my

aching soul. To the God who protects me, I send my thanks." Carolina's waking hours, however, are a story of rising before dawn to fetch water from the village's one spigot, of spending the day in São Paulo's garbage cans in quest of rotten but edible food for her children, of nights of drunken promiscuity, crime and combat among the "favelados." She tells of politicians who discover the hill people only on the eve of elections. One quotation from Carolina's little daughter Vera tells more than pages of social research: "Mama," she implores, "sell me to Dona Julita, because she has delicious food."

The book has been excellently translated by David St. Clair, an Australian reporter employed in Brazil by a New York news magazine. He has also provided a useful introduction to the serious American reader: one value of the book lies in its vivid and dramatic reminder of why the United States has become engaged in the Alliance for Progress programs to help raise the living standards in Latin America. Even aside from its obvious political and sociological lessons, "Child of the Dark" can stand alone as a rarely matched essay on the meaning and the feeling of hunger, degradation and want.

From "Child of the Dark."
Carolina Maria de Jesus in her shack in the slums of São Paulo, 1960.

After a Hunt in the Veld, Breakfast on a Sunny Veranda

Repercussão internacional do *Quarto de despejo*

MANCHETE NA ARGENTINA

CAROLINA
A FAVELA EM CASTELHANO

- O "best-seller" desta quinzena, na Argentina, é o livro "Cuarto de Despejo", tradução espanhola do famoso diário de Maria Carolina de Jesus. Bem vestida (e sem o tradicional lenço na cabeça), ela chegou a Buenos Aires na semana passada. Fêz grande sucesso numa livraria, assinando centenas de autógrafos nos exemplares de seu livro, adquiridos pelo público com avidez.
- Carolina foi um assunto de primeira para a imprensa argentina. Solicitada pela imprensa, rádio e televisão, tem falado pelos cotovelos. Como personalidade que é, fazem-lhe perguntas sôbre os mais variados assuntos. Na TV indagaram-lhe o que achava de Fidel Castro. "Nunca li nada escrito por êle", respondeu com a maior calma.
- Sua impressão de Buenos Aires foi a melhor possível. Achou que o comércio local é melhor educado do que o de São Paulo: "Lá agarram a gente à fôrça para c o m p r a r." Olhando para os repórteres, analisou de forma bastante particular seu aspecto bem nutrido: "Vê-se que vocês não receberam a visita da fome."
- Os editôres de seu livro levaram-na para conhecer uma favela. Não se tratava, porém, de um lugar miserável, mas de um conjunto operário, com casas de madeira, onde as pessoas vivem razoàvelmente bem. Por isto, Carolina concluiu encantada: "As favelas argentinas são melhores que as brasileiras."

De Ney Bianchi e Jáder Neves, nossos enviados especiais

Carolina lança seu primeiro livro na Argentina

CAROLINA DIZ QUE REFORMAS VÊM AÍ COMO NOVA ABOLIÇÃO

SÃO PAULO, 27 (UH) — "As reformas de Jango são uma nova abolição". Com essas palavras a escritora popular Carolina Maria de Jesus definiu para a reportagem de UH seu pensamento sobre as mudanças de estrutura encetadas pelo presidente João Goulart. Ela apoia inteiramente a ação presidencial e redigiu de próprio punho uma carta-manifesto nesse sentido. "Falam muito em democracia, mas muita democracia e barriga vazia não adianta. O povo está sofrendo e as reformas são necessárias. A vida no campo é muito dura; todo mundo se muda para a cidade e o que se vê é um custo de vida que ninguém pode suportar. Por isso, o povo compreende Jango, sabe que ele quer o bem da maioria". E Carolina presta depoimento da popularidade do chefe do Executivo Federal: "Moro num bairro pobre, Parelheiros. Nas vizinhanças, nos ônibus daquela região operária, como em toda periferia só se fala em Jango. Todo mundo apoia Jango, sabe que ele quer favorecer a pobreza".

MISÉRIA FEZ MUDANÇA

Há cerca de 2 meses Carolina mora em Parelheiros, onde cria galinhas para auxiliar a alimentação de sua família. Não pôde suportar o custo de vida de São Paulo. Considera que essa iniciativa deveria ser imitada, por constituir uma "volta ao campo" que poderia aliviar a crise nas cidades. "Aqui, um pobre não pode sar, nem mesmo uma pessoa de classe média, porque não tem dinheiro para pagar aluguel. Agora, com o decreto de Jango, sei que as coisas vão melhorar".

A CARTA

Sob o título "Carta aberta ao presidente João Goulart", Carolina escreveu: "Meus parabéns e o meu apoio ao presidente João Goulart, pelo seu gesto nobre e humano em proclamar outra abolição que são as reformas de base, para melhorar as nossas condições de vida, com mais conforto e com possibilidades de educar nossos filhos, com menos sacrifício. O pronunciamento do nosso presidente chegou na época oportuna, quando o povo já não mais suporta o custo de vida, tão elevado, quando a classe humilde está se alimentando em dias alternados. E' pungente ouvir as mães dos subúrbios e das favelas a se lamentar, e contar que seus filhos passaram o dia sem comer! Esses lamentos não penetram nos corações revestidos de ambição".

AÇÃO DE JANGO

O presidente — prossegue a carta — agiu como médico. Examinou profundamente o Brasil e deu a receita, as reformas de base. E' enviou a receita ao Senado, que é a farmácia. Os farmacêuticos que são nossos senadores disseram — não!" Mais adiante, diz a carta de Carolina: "Jango atende os inquilinos sacrificados, que têm de tratar os senhorios como semi-deuses, pagando aluguéis exorbitantes por taperas. Os decretos do presidente serviram como uma guilhotina para cortar a ambição desmedida dos privilegiados".

ERA DOS "JOÃO"

Citando os reformadores que foram o Papa João XXIII e o presidente John Kennedy, afirma que o Brasil conta também com seu "João", (o presidente da República), "que, com seus gestos humanos, conquistou um lugar no coração dos humildes". Finalizando, diz Carolina, que muita gente não tem coragem de se definir em favor de Jango, embora lhe seja favorável, mas ela tem coragem para fazer isso, porque "os operários, os que sofrem e passam privações estão com Jango".

Carolina se posiciona publicamente favorável às reformas de base propostas pelo presidente João Goulart

CAROLINA DE JESUS PROCESSARÁ "TIMES"

SÃO PAULO, 24 (UH) — "Vou processar o jornalista do "Time", David St. Clair, pelos disparates que escreveu em sua reportagem para os americanos", disse Carolina Maria de Jesus, famosa autora de "Quarto de Despejo", em carta dirigida a UH. Acrescenta ainda que o referido repórter é "pretencioso, prepotente e pernóstico" e que as pessoas que leram seu artigo a conhecem ficaram horrorizadas porque o texto não condiz com seu caráter. "Os norte-americanos estão habituados a ferir a sensibilidade dos prêtos", comenta.

Não Prova

Em sua carta, escrita a mão, em três laudas, diz Carolina textualmente: "Lendo a reportagem que o jornalista dos Estados Unidos fêz para mim, fiquei horrorizada com os disparates que êle escreveu. Êle disse que eu tive mais de 30 empregos e que eu não parava nos empregos porque saía à noite para dormir com os homens. Êle mentiu e não pode provar o que escreveu". Diz então que saía à noite para ir as redações de jornais principalmente no "O Dia", onde bons amigos como Chico Sá lhe ensinavam o português. Saía muito também para ir aos teatros, pois gosto do drama".

Não Admite

— "O que não admito é que um jornalista estrangeiro venha me atacar e diminuir, visando minha moral — continua. — É sabido que os norte-americanos não gostam das prêtas e quando escrevem sôbre elas é para diminuí-las".

Conta seu encontro com David St. Clair, que estêve na favela, almoçou com ela, indo depois até sua nova residência, em Osasco, onde teve em mãos todos seus originais. E acrescenta a autora de "Quarto de Despejo":

— "Êle me disse que ia para os EE.UU. ver sua mãe e que quando voltasse, se eu tivesse novo livro com sucesso maior, me levaria para lá também. Pretendo recusar êste convite, porque não gosto dos norte-americanos. Acho-os desumanos demais". Carolina está tratando de arranjar advogado que leve sua causa para a frente.

Carolina de Jesus Saiu de "Galinha Carijó" em Protesto

SÃO PAULO, 22 (O GLOBO) — A escritora Maria Carolina de Jesus desfilou fantasiada de "galinha carijó", ontem à noite, pelas ruas principais da cidade, em companhia de seus filhos e cercada pela curiosidade de populares. Declarou que sua atitude foi de protesto contra a diretoria de um clube de Santos, que não permitiu sua participação no concurso de fantasias do "Baile da Orla", no qual a escritora favelada pretendia ganhar o primeiro prêmio. Carolina alega que no caso houve preconceito racial pelo que ficou ressentida. Sua fantasia constituiu-se de um manto coberto de penas autênticas de carijó, colares coloridos e um chapeuzinho original com seu nome inscrito na aba, confecção da própria autora de "Quarto de Despejo".

Carolina: "É Dos Ditadores Não Gostar da Verdade e Dos Negros"

"E' proprio dos ditadores não gostar da verdade e dos negros" — declarou à reportagem a escritora Carolina Maria de Jesus, ontem, a proposito da decisão do sr. Oliveira Salazar de proibir a venda, em Portugal, de seu livro "Quarto de Despejo".

"Não existe — prosseguiu Carolina — em meu livro, nenhuma referencia direta ao ditador Salazar, embora eu não ignore, como a maioria das pessoas, a brutalidade e a miseria a que o seu regime submete os portugueses. Assim, a ordem para que o meu "Quarto de Despejo" não possa ser lido em Portugal deve ser por causa de minha côr, ou das verdades que digo a respeito da miseria das favelas que tanto aqui como na terra do sr. Salazar é a mesma".

22 TRADUÇÕES

Continuando, Carolina Maria de Jesus lamenta que os portugueses sejam privados da leitura de seu livro, afirmando: "Já fechei negociações para publicação de "Quarto de Despejo" na Argentina, Israel, França, Inglaterra, Holanda e Dinamarca. Estou em negociações, ainda, com os Estados Unidos, Japão, Polonia e mais outros dez países. Nos proximos meses deverei ir a Buenos Aires, Toquio e Tel-Avive para participar do lançamento de meu livro. Nunca cogitei de ir a Portugal mas gostaria imenso que os portuguêses tambem pudessem ler meu diario de favelada".

Repercussão na imprensa brasileira de artigo da revista *Time* que abordou de forma preconceituosa a vida da escritora

Resposta de Carolina à censura ao seu livro em Portugal

Em 1963, Carolina realiza um protesto contra um clube que a impediu de participar do desfile de fantasias no Carnaval, por conta do racismo, em São Paulo

Ela afirma que não tem saudades do seu passado famoso

Carolina cuida das criações: de manhã, das galinhas e dos porcos, e, à tarde, de mais um livro

Carolina Maria de Jesus prepara um novo livro

SÃO PAULO (O GLOBO) — No pequeno sítio que comprou em Parelheiros, seu único patrimônio, com o êxito de "Quarto de Despejo", Carolina Maria de Jesus distribui ração para as criações — como fazia há 50 anos atrás, obedecendo às ordens do avô — e prepara um novo livro, "Um Brasil para os Brasileiros".

— "São coisas de meu tempo de menina, lá em Sacramento. Mas esse vai ser um livro humorístico, que quase nada tem de dramático. Fatos pitorescos que eu vivi, lembranças de meu avô — ele punha ordem na casa — de sua morte, a família se dissolvendo."

Carolina prefere falar de seu livro — mais uma tentativa para reconquistar a fama e o dinheiro que não soube aproveitar — do que do passado que, ela acha, poderia ter sido mais brilhante. Por isso falar sobre quanto ganhou em direitos autorais a incomoda. Parece que ela sabe, de maneira ainda confusa, que foi enganada. Mas, reconhecer isso publicamente, é um golpe forte demais na sua vaidade.

— "Não sei não. Ainda hoje recebo alguma coisa da França, onde o "Quarto" foi sucesso. Acho que ganhei, na época, uns 40 mil cruzeiros."

Salto no escuro

Da Favela do Canindé, de onde tirou os dramas que levou para o seu primeiro livro, ela foi morar em Osasco, num barraco. Dali, o salto foi grande: comprou uma bela casa e se transferiu para Santana.

— "Mas o dinheiro rareou, as despesas eram muitas. Sorte que eu tinha comprado esse pedaço de chão aqui em Parelheiros. Se não fosse isso, não sei o que teria acontecido comigo."

No seu "pedaço de chão", Carolina cria porcos e galinhas, mas faz questão de deixar claro que não depende disso para viver:

— "Eu não vendo nenhuma criação, dou de presente para os amigos. Um ou outro porco a gente escolhe para o Natal."

Vera, sua filha mais nova, no entanto, mais consciente da nova realidade da família — ela é obrigada a andar vários quilômetros para pegar um ônibus e estudar em Santo Amaro — desmente a mãe: a criação é vendida sempre que aparecem pessoas interessadas em comprar. João, o outro filho, também sabe que é assim. Ele sustenta a casa.

De seu novo livro, por enquanto, Carolina só tem o título e algumas páginas mal datilografadas pelo pároco de Parelheiros, frei Luís.

— "Ele é italiano e muitas das coisas que eu escrevi não deu para entender. Vou ver se encontro um jornalista amigo que me faça esse trabalho."

Suas lembranças de infância — ela acredita — servirão de exemplo para a gente pobre, com ela foi e voltou a ser.

— "Tem um capítulo em que conto as visitas que fazia à minha tia. Ela só tinha uma panela e punha as mãos na cabeça, sabendo que teria de acordar às três da manhã, para cozinhar o feijão, despejá-lo numa vasilha e colocar couve para refogar."

Sem saudades

Orgulhosa, Carolina jura que não tem saudades dos tempos em que o dinheiro era fácil, da convivência com gente da alta sociedade, das manchetes nos jornais e revistas, das entrevistas na televisão.

— "Estou bem aqui. Cuido das galinhas, dos porcos, e todo sábado e domingo, abro o bar que fica na beira da estrada, que é meu. O pessoal já sabe: chega, toma seus aperitivos e ninguém pergunta nada sobre meus livros ou meu passado. É isso que eu quero."

É possível que seja. Mas a insistência com que nega as "saudades do passado" e com que tenta voltar ao mundo literário parece desmenti-la. E ela volta ao assunto:

— "Minha neta nasceu há uma semana, o nome ainda não escolhi. Agora, além de escrever, cuidar do sítio, da criação e do bar, tenho outra função: a de avó."

CAROLINA MARIA DE JESUS
estará autografando hoje o seu novo livro:
CASA DE ALVENARIA
Às 16 horas: Edifício Av. Central (antiga Galeria Cruzeiro)
A partir das 20,30 hs.: Livraria Eldorado, em Copacabana, Av. N. S. de Copacabana n.° 1.199.

Carolina Lança Hoje Nôvo Livro

SÃO PAULO, 30 (O GLOBO) — Carolina Maria de Jesus lançará hoje, seu nôvo livro, "Pedaços de Fome". O lançamento será às 17 horas, na Galeria Prestes Maia.

A escritora menciona na reportagem seu futuro livro, intitulado *Um Brasil para os brasileiros*

Notas de lançamento de outros livros da escritora: *Casa de alvenaria* e *Pedaços da fome*

Carolina informou que vão filmar seu livro nos Estados Unidos

Carolina Maria de Jesus autografa edição de bolso de seu "Quarto de Despejo"

Carolina Maria de Jesus, 60 anos, que há 16 lançou *Quarto de Despejo* — livro que teve sua primeira edição e as subsequentes esgotadas em tempo recorde e que foi traduzido para 13 idiomas — autografou a edição de bolso ontem, numa banca de jornais na esquina da Avenida Almirante Barroso e Rua México. *Quarto de Despejo* está sendo relançado pela Edibolso.

Com novos planos, ("vou voltar a escrever"), novas esperanças ("os americanos vão editar *Felizarda*, meu novo livro, e vão filmar *Quarto de Despejo*" — que na edição americana se chama *Beyond all Pity*) Carolina diz que recebeu novo animo. "Autografar na rua é bom, é ao ar livre, em contato com o povo. Quem quiser escrever tem que conversar com ele, aprender com ele".

DIREITOS AUTORAIS

Com o lançamento de *Quarto de Despejo*, em 1960, Carolina foi notícia. As edições se esgotaram rapidamente, o livro foi traduzido em 13 idiomas, lido em 40 países, discutido e criticado. Dos direitos autorais no Brasil, Carolina recebeu pouco, mas regularmente. Com parte deste dinheiro comprou, há 11 anos, a Chácara Coração de Jesus, no Interior de São Paulo, onde vive.

"Os filhos me sustentam um pouco e planto mandioca, banana, abacate que eu vendo para uma madame, ela revende e me paga. Tinha galinha também mas, com as viagens, dei para o meu cunhado cuidar. Horta? Tenho mas para o consumo".

As viagens começaram há 15 dias quando ela foi a São Paulo — Capital — para autografar a edição de bolso de *Quarto de Desejo*. No Rio, onde ela está desde quarta-feira, autografou, pela manhã, na Avenida Presidente Wilson e à tarde na Avenida Nossa Senhora de Copacabana. Ontem a tarde esteve na banca da esquina da Avenida Almirante Barroso e Rua México, sentada num banco de madeira, em frente a uma pequena mesa onde autografava: "Com todo o carinho, de Carolina Maria de Jesus", ou "Deus lhe guie".

"Os jovens têm comprado mais o livro — disse ela. Sorrindo, lembra-se da neta de dois anos: "vou ensinar minha neta a ler. Ela vive me pedindo: vovó, me ensina a ler. Meus filhos nunca foram analfabetos. Quando começavam a falar papai e mamãe, eu colocava uma cartilha nas mãos deles."

Dos direitos autorais internacionais, Carolina fala em "muita confusão". Não explica muito mas comenta sobre os intermediários: ("Miller aproveitou muito" e "João Compol, um argentino, sumiu" — João Compol é Jean Compoff, responsável pelo recebimento dos direitos da Alemanha e da Itália).

Dos novos livros, Carolina comenta *Felizarda*: "O moço que ia publicar mudou o livro todo, tirou as expressões bonitas, não gostei. Os americanos querem publicar mas não conseguem encontrar tradutor. Os tradutores brasileiros lá ficam cheios de importancia e não querem traduzir meu livro."

"*Felizarda* é uma moça muito rica e por isso ninguém queria casar com ela. Depois de se casar com um moço pobre, viver na favela, mendigar e ser presa, o pai, um coronelão, a encontra e a leva para casa. Ela senta no piano e, lembrando os tempos de moça rica, toca valsas vienenses. O filho dela, agarrado à sua saia pergunta: ''Mamãe, quem é você?"

Carolina autografou ontem cerca de 100 livros, segundo o coordenador de promoções da Editora Edibolso, Sr Mário Kawal. Os dois voltam hoje para São Paulo e domingo estarão na feira de artesanato na Praça da República autografando, "a pedido dos expositores da feira".

Nota sobre o lançamento da edição de bolso de *Quarto de despejo* em circuito de bancas de jornais no Rio de Janeiro e em São Paulo

Depois do luxo e
do confôrto, novamente
a luta pela vida

CAROLINA MARIA DE JESUS
A POBREZA VOLTOU

Há pouco mais de dez
anos ela surgia como revelação.
Sua vida, talvez até mais que seu livro,
comoveu o público: favela, fome, miséria. Depois a
glória. Hoje, está acabando de escrever
Dr. Sílvio, mas é pobre outra vez,
sem nem saber por quê

Texto de LUIZ ANTÔNIO LUZ • Fotos de CARLOS PICCINO

Reportagem acerca da autora, em momento que se encontra reclusa da vida pública e residindo em Parelheiros. É incluído um trecho do romance *Dr. Silvio*, ainda inédito.

A POBREZA VOLTOU

Só seu nome nas revistas antigas lembra o sucesso passado

Dia 19 de agôsto de 1960 — Livraria Francisco Alves — Centro de S. Paulo

Cercada por centenas de pessoas, Carolina Maria de Jesus está autografando seu primeiro livro, que mais tarde viraria autêntico **best seller** traduzido para várias línguas. Bem vestida, no meio de autoridades, jornalistas e admiradores, Carolina sorri. Sua expressão, diante de tanta gente, de tanto movimento, é de profunda alegria. **Quarto de Despejo** já começava batendo um recorde: no dia do lançamento, Carolina autografou mais livros do que Jorge Amado, Carlos Lacerda e Alzira Vargas. Em apenas três dias, a Livraria Francisco Alves (editôra da obra) vendeu diretamente ao público cêrca de 1.500 exemplares.

A tarde de autógrafos de Carolina parecia um comício, com uma fotografia de seis metros de altura da favelada escritora na fachada da livraria. Houve até paralisação do tráfego, e muitas brigas e discussões na fila de autógrafos. O então ministro do Trabalho, Batista Ramos, também compareceu. Ganhou um livro autografado e, atendendo ao pedido de uma comissão de jornalistas, prometeu o financiamento, através do IAPC, de uma casa própria para Carolina. Ela estava feliz, pois saíra da favela para entrar no mundo das letras. Depois de apanhar papéis nas latas de lixo da cidade, e viver na favela do Canindé, passando fome e dificuldades de tôda natureza, começava nova vida. Uma existência de confôrto e luxo, graças ao seu diário, onde, pacientemente, registrou as angústias, sonhos e desilusões dos favelados do Canindé.

Em São Paulo, o livro foi sucesso imediato, provocando debates na televisão, mesas-redondas e discussões acaloradas entre parlamentares, sociólogos, literatos e jornalistas. Nos primeiros dias de venda **Quarto de Despejo** ocupou o primeiro lugar nas seções especializadas dos jornais e revistas. Em vendagem, na época, até Bertrand Russel perdeu para Carolina, seguido do Marechal Montgomery, de Graham Green e Jean-Paul Sartre.

Os anos começaram a correr. Carolina comprou uma luxuosa casa no Bairro de Santana, passou a usar roupas caras e a aparecer nas colunas dos jornais. Vieram outros livros, e finalmente o silêncio. Não se falou mais da favelada que se transformara em notícia. Ninguém sabia da Carolina que era pobre e ficou rica.

DEZ ANOS DEPOIS: A POBREZA OUTRA VEZ

Março de 1971 — Periferia de São Paulo — A estrada é de terra batida e vai avançando tortuosa entre arbustos e barrancos, em plena região de Parelheiros, localidade agrícola pouco habitada e muito distante da capital. A poeira encobre tudo, colorindo de amarelo-vivo as poucas plantações. Surge ao longe a pequena casa pintada de branco — nova residência de Carolina Maria de Jesus, brasileira, escritora, 55 anos de idade.

Carolina está sentada ao lado de jornais e revistas antigos. Mais envelhecida, os pés descalços, o vestido desbotado remendado em vários lugares. Sua expressão é de seriedade. Não se emociona com a presença de estranhos e acha que nada mais tem a dizer. Sabe que é chocante o contraste entre os anos de fartura que desfrutou logo após o lançamento do **Quarto de Despejo** e a situação de pobreza em que voltou a viver. Ao seu lado estão os filhos: Vera Eunice, de 17 anos, que trabalha numa fábrica como operária, João, de 22, e José Carlos, de 21. Todos calados, quase agressivos. Êles catavam papel e vasculharam lixo ao lado da mãe nos anos de miséria da favela do Canindé, passaram depois a viver num ambiente de confôrto, e novamente voltaram à condição de pobres e humildes. A realidade foi dura para os rapazes e para a menina, e êles não procuram esconder essa revolta.

Carolina não explica como perdeu todo o dinheiro recebido com a vendagem de seus livros. Algumas pessoas dizem que ela foi explorada por elementos desonestos. Outras, que não soube administrar os seus bens, gastando tudo desordenadamente. Sôbre êsses comentários, ela nada diz. Permanece num silêncio profundo, quase constrangedor. Não gosta de falar de direitos autorais e procura mudar de assunto.

— Deixa o passado pra lá. Estou escrevendo outro livro. Chama-se **Dr. Sílvio**. É a história de um homem muito rico que é cercado pela mãe. É revoltado contra ela. Tem mêdo de ficar pobre e, conseqüentemente, ser banido da sociedade. Apesar da riqueza, é casado com uma môça simples, filha de uma dona de pensão. A mãe do dr. Sílvio humilha muito a môça. Por causa disso o dr. Sílvio vi-

112

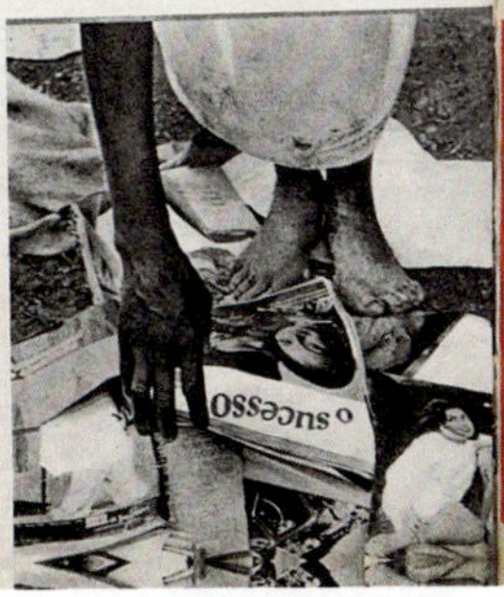

Mais pobre, mais velha, mais triste, ela acha que nada tem a dizer do passado e prefere não falar do dinheiro perdido. Apesar de tudo, parece conformada em sua nova casa em um bairro humilde de São Paulo e até se entusiasma ao explicar que seu próximo livro conta a história de um homem que é dominado pela mãe. Mas sua tristeza volta quando diz que ainda não achou quem o editasse.

DR. SÍLVIO

(Trecho de romance) — Carolina Maria de Jesus

"Sílvio entrou no quarto. Estava contente. Os seus negócios estavam indo bem. Estava despreocupado porque não conhecia as dificuldades que existem na vida, que era igual ao sol que já tinha o seu roteiro certo: Desponta-se no nascente, e reclui-se no poente.

Que prazer quando penetrava em sua casa! Tudo em ordem. Dirigiu-se ao banheiro. Maria Alice estava trocando as roupas na terceira filha que não cessava de mover os pezinhos e churumingar. Ela ficaria satisfeita quando o Sílvio estivesse ao seu lado. Com seis mêses ela já nos conhece e distingue as nossas vozes, e vai dizer: Papai e mamãe. Vamos ver se na próxima vez vem um menino. Mas se vier uma menina ficarei contente e hei de amá-la profundamente. O que espero é que elas sejam corteias e bonzinhas, e que saibam conformar-se com as vicissitudes da vida. Não tolero as pessoas revoltadas e neuróticas. Sòmente com a calma é que conseguimos solucionar os fatos.

O Dr. Sílvio Pôrto quando conversava com a sua espôsa tinha a impressão de estar conversando com uma catedrática. Ouviu com muita atenção tudo que ela dizia como se estivesse recebendo uma aula. Ela não dizia banalidades.

— Amanhã é um dia de festa para nós. E o aniversário de nosso casamento. Vamos cear fora. Você não conhece as casas de diversões. Sílvio sentou-se na cama e segurou-lhe as mãos carinhosamente: Não quero que preocupes demasiadamente com os afazeres. Vou contratar uma criada para auxiliar-lhe.

A campainha tocou. Eram cinco horas. Êle foi atender. Era um mensageiro que vinha entregar-lhe um telegrama de D. Júlia desejando-lhes felicidades e avisando-os que fizera boa viagem. A menina adormeceu. Ela acariciou-a e deitou-a no bêrço. Foi preparar o jantar pensando nos quatro anos de casada. E todos os anos recebia uma visita especial — as filhas que nasciam.

O Sílvio jantou. Estava lendo o jornal quando tocaram a campainha. Êle atendeu. Demorou uns quinze minutos e voltou apressado e disse-lhe que um colono veio avisar-lhe que a sua mãe estava doente. Era para êle ir vê-la. Êle saiu para procurar um taxi. Maria Alice convidou o colono para entrar, e serviu-lhe café. Perguntou-lhe:

— O que tem a minha sogra?

— Ela estêve uns dias na cidade, e quando voltou os colonos haviam se mudado e ela ficou nervosa porque está na época da colheita do café. Há tempos que êles pretendiam fugir.

— E êles sairam sem acertar as contas, sem receber?

O colono deu uma risada estertária:

— Então a senhora não sabe que o colono quando vai para uma fazenda vai de carro, e quando sai vai a pé? Mas êles não reclamam. Em cada fazenda que êles trabalham vão deixando algumas coisas: Um armário, um guarda-roupa, um... Parou de falar bruscamente porque o Sílvio chegou e convidou-lhe: — Vamos depressa. E você prepara um quarto, se ela estiver muito mal ficará conosco. Vestiu o paletó e saiu pensando: Será que a mamãe está mal? E se ela morrer! Terei de voltar para a fazenda, já que sou eu o seu herdeiro. Oh! grande Deus! Perdôa-me. Creio que estou pecando ou delirando. Será que existem filhos que desejam a morte de sua mãe para herdar-lhe os seus haveres?... O meu sonho é vê-la restabelecida. As horas iam passando, e a sua inquietação ia duplificando-se. Exclamou irado: Oh! se eu tivesse asas! O colono sorriu e disse-lhe:

— Antigamente as viagens eram a cavalo, ou de charrete. Agora as viagens são de automóveis, e os homens ainda não estão contentes. Pediu ao motorista para acelerar o carro. A rodovia era asfaltada. Em poucos segundos chegaram. Foi direto ao quarto de sua mãe:

— Oh! mamãe! Há quantos dias! Estais doente?

— São os aborrecimentos diários. Os colonos fugiram e eu vou perder o café. É época da colheita. Fiquei nervosa. É o único juros que a vida nos dá. Já estou esgotada e cansada. E um dia o organismo rebela-se. Ou a doença, ou a loucura.

— Foi o meu casamento que magoou-lhe?

— É uma das cousas. Eu não acato, não aceito as uniões desiguais.

— Oh! mamãe! Se eu pudesse dar-lhe uma nora do teu gôsto juro que não mediria esforços. Mas vai ser difícil porque agora eu sou pai de três filhos.

— Você trouxe médico?

— Não senhora, porque eu vou levá-la para o hospital..."

(N.R.: O original não foi revisado)

113

A POBREZA VOLTOU

Ela analisa os fatos com tristeza, mas não perdeu ainda a coragem

ve revoltado. Êle passa por dramas íntimos que nem sempre sabe explicar ou resolver. Sofre muito por causa disso.

PROCURA-SE UM EDITOR

Carolina ainda não encontrou um editor que queira publicar o seu **Dr. Sílvio.** Nos últimos meses ela tem sido procurada apenas por produtores de televisão interessados em anunciá-la nos programas como **"a escritora que está vivendo na miséria, e voltou à sua condição de catadora de papéis"**. Ela afirma que as coisas não são exatamente assim, mas ao mesmo tempo confessa que o dinheiro dos **cachês** "foi usado para comprar roupas e sapatos para meus filhos".

Depois de **Quarto de Despejo, Pedaços da Fome e Provérbios,** Carolina ganhou muito dinheiro. Chegou a comprar uma linda casa de alvenaria no bairro de Santana e passou a levar uma vida cômoda e confortável. Viajou para a Argentina a negócios e a passeio e comprava vestidos caros. Seus filhos se acostumaram a essa vida. Deixaram a condição miserável da favela por um ambiente luxuoso. Mas Carolina ficou pobre novamente. Seus filhos, que se haviam acomodado à nova situação, hoje não concordam em aparecer ao lado da mãe em fotografias, na pequena casa de Parelheiros. Mesmo assim Carolina os defende, com seu jeito simples, puro, honesto:

— Êles são revoltados porque encontram dificuldade numa nova adaptação social. Sempre que vão procurar emprêgo, as pessoas dizem que êles são ricos e que não precisam trabalhar. Simplesmente porque **Quarto de Despejo** foi traduzido em quase tôdas as línguas, ficou uma espécie de mito de que sou mulher milionária.

QUE FEZ COM O DINHEIRO?

Carolina não encarrega ninguém de seus interêsses nos países onde circula seu primeiro livro. Diz que apenas no comêço um argentino cuidava de seus negócios. Agora, o responsável por tudo é João, o filho mais velho. Ela confessa que não sabe exatamente como andam as coisas.

— Recentemente, a França pagou-me os direitos. Recebi também uma carta dos italianos dizendo que estão tomando providências.

A favelada que conheceu o sucesso também gostava de cantar. No auge de sua fama gravou um LP na RCA, durante a gestão de Douglas Reid, chefe da Divisão de Discos. A gravação foi feita com o melhor diretor artístico da gravadora: Alberto Dias. O LP continha músicas de sua autoria e foi bem vendido. Carolina conta que recebeu os direitos sôbre o disco "até quando saiu de circulação. Depois perdi o contrato com a gravadora e não soube de mais nada".

"LANCEI UMA SEMENTE. ACHO QUE DEU FRUTOS"

Carolina pintou a fome com perfeição. Foi a que ela mesma sentiu. Embora êsse quadro não seja agradável aos olhos do mundo, seu livro fêz sucesso em todos os países onde foi traduzido. Em suas histórias da favela, os problemas, as angústias e as frustrações dos humildes surgiam com intensidade real. **Quarto de Despejo** serviu na época como denúncia, não sòmente no Brasil, como nos Estados Unidos, França e Israel.

— Acho que a semente lançada pelo meu livro deu alguns frutos. Pelo menos aqui entre nós o pobre já não é mais banido com a mesma brutalidade do passado.

Hoje ela analisa sua vida com tristeza mas com coragem. Depois do lançamento de sua obra, Carolina voltou a passar fome. É a lembrança mais dolorosa para a escritora:

— Para dizer a verdade, nós passamos mais fome depois que escrevi o livro, do que durante a vida na favela. E essa fome foi a mais angustiante de tôdas, porque foi uma fome nascida do sucesso.

Quando sentiu que não lhe era mais possível viver na cidade, Carolina abandonou tudo e foi viver num barraco de uma zona rural.

— Aqui no mato vivemos sem burocracia e longe da maldade de muita gente.

Seus dois filhos homens trabalham num boteco que a mãe instalou para êles na beira da estrada. Enquanto isso, ela escreve o seu **Dr. Sílvio.** Está confiante, mas ao mesmo tempo afirma, pensativa, que se fôr necessário voltará a apanhar papel nas ruas da cidade. Apenas um fato nôvo quebra a tristeza de sua vida: **Quarto de Despejo** vai ser tema do filme de Gérson Tavares. Quando fala sôbre isso, Carolina Sorri. Até parece que está feliz...

Está feliz com o nôvo livro e mais ainda com o filme que Gérson Tavares vai fazer do Quarto de Despejo.

O CRUZEIRO, 21-4-1971

SÃO PAULO (O GLOBO) — Carol[ina] Maria de Jesus, a ex-favelada que ganh[ou] notoriedade internacional como escrito[ra] com o seu livro "Quarto de Despejo", m[or]reu ontem de madrugada em São Paulo, a[os] 62 anos de idade, dentro de um carro q[ue] a conduzia ao pronto-socorro, após um a[ta]que de bronquite asmática aguda.

Seu corpo será sepultado hoje às 9 [ho]ras no Cemitério de Vila Cipó, a cerca de [x] quilômetros do Centro de São Paulo, q[ue fica] se no limite com o município de Embu-G[ua]çu. A morte interrompeu seus planos de v[ia]gem aos Estados Unidos, a convite de u[ma] empresa cinematográfica que pretende ad[ap]tar "Quarto de Despejo" para o cinema [e] a queria como protagonista. Interromp[eu] também seu trabalho de coleta e sele[ção] de contos, poesias e provérbios para pub[li]cação de novo livro.

Último suspiro

Desde terça-feira passada, Carolina [de] Jesus estava na casa do seu filho José Ca[r]los, 25 anos, brincando com suas três net[as] e ajudando sua nora Joana a lavar rou[pa] e cuidar da limpeza.

Joana, que acompanhou os últimos m[o]mentos de vida de Carolina, amparando[-a] dentro do carro a caminho do pronto-soc[or]ro municipal de Embu-Guaçu, disse ter [a] impressão de que sua sogra pressentia [a] morte:

— Quando ela chegou em casa na t[er]ça-feira, sozinha, vindo de ônibus, fal[ou] assim para o meu marido: "Olha, José Ca[r]los, vim aqui para morrer perto de voc[ê,] que é o meu filho mais querido."

Entretanto, ela se recusava a atende[r] aos conselhos dos filhos para ir ao médi[co.] Toda a vez em que se queixava de dor de cabeça, dizia:

— Isso passa logo, eu estou bem.

Foi isso que ela respondeu à Joana [no] sábado à tarde, ao sentir dor de cabeça. [E] por volta das 10 horas da noite, foi para [a] cama.

— A meia-noite — contou Joana — e[la] começou a sentir falta de ar. Mas não r[e]clamou e, sem chamar ninguém, pegou um[a] cadeira e saiu para o terreiro. Logo d[e]pois, ouvimos ela gritar: "José Carlos, p[or] favor, venha até aqui, estou sentindo fa[lta] de ar de novo".

— Começamos a abaná-la, mas ela n[ão] melhorava. Então o meu marido saiu pa[ra] ver se encontrava um carro. Ele enco[n]trou um médico, que depois de examiná[-la] disse que precisávamos levá-la para u[m] pronto-socorro. Quando o José Carlos vo[l]tou com o carro do Dr. Antônio, um' a[d]vogado que mora perto de casa, ela esta[va] bem pior.

— Mas quando o José Carlos quis peg[á]-la no colo para levá-la até o carro, e[la] ainda disse que ia melhorar, que aqui[lo] passava logo, que não precisava ir para [...]

Reportagem sobre o falecimento de Carolina, em fevereiro de 1977

Autora de "Quarto de Despejo" deixa livro inédito

Carolina de Jesus morre em São Paulo aos 62 anos

...pital. Mas a gente insistiu tanto que concordou.

— Quando ela entrou no carro, deu um ...ido forte. Na estrada, enquanto o car- ...seguia para o pronto-socorro de Embu- ...çu, ela continuava dando gemidos de ... em quando. Mas não chegou viva: na ...ade do caminho, ouvi ela dar o último ...iro e ficar quieta. Encostei o ouvido no ... peito e não ouvi a batida do cora-...

— O médico que estava junto pegou o ... pulso e disse que ela tinha morrido. ... pronto-socorro, o médico de plantão ...irmou: estava morta mesmo.

...sítio e suas obras

...om o dinheiro que ganhou com os ...os que escreveu, Carolina de Jesus com- ... um pequeno sítio no bairro de Pa- ...eitos, no extremo sul da cidade de São ...lo, com 7.500 metros quadrados, onde ...dou construir uma modesta casa de ... quartos, sala, cozinha e banheiro, há ... anos.

Nos últimos anos, ela ocupava a casa ...o ao lado somente o seu filho mais ve-... João José de Jesus, de 28 anos, escri-...rio, o único ainda solteiro. Os outros ...s, "hóspedes do pensamento materno" ...segundo um de seus provérbios — estão ...dos: José Carlos, com três filhas; Vera ...ice, de 23 anos, com um filho, que está ...vida.

João contou que embora Carolina se ...xasse de cansaço ultimamente, ainda ca-...va o mato em volta da casa, além de ...car-se ao novo livro que pretendia pu-...r através da Bolsilivro. "O resto do ... passava ouvindo rádio e assistindo à ...visão."

— João queria vender o sítio para po-... comprar uma casa mais próxima do ...ro da cidade, onde trabalha, mas Ca-...a não admitia discussão em torno disso.

— Ela dizia que aqui se sentia bem, ...ada, dessa gente simples daqui e longe ...oucura do Centro — diz João.

...Com a sua morte, seus três filhos não ...perderam quem pudesse ampará-los, in-...ve financeiramente, nos momentos di-...s, como disse Joana, sua nora:

— Nós morávamos num barraco, e ...do ela ia nos visitar, ficava horroriza-...om isso e dizia: "José Carlos, você não ... continuar vivendo aqui. E' preciso ... um jeito."

Entretanto, o baixo salário que José Car-... recebe trabalhando numa oficina mecâ-... em Vila Cipó não permitia que ele pu-...e dar um jeito. Em seu socorro, veio ... mãe:

— Logo depois que ela recebeu o di-...ro da editora que relançou o livro "Quar-...e Despejo", deu uma boa parte dele ... que nós pudéssemos comprar o mate-...para construir nossa casa e pagar al-... prestações do terreno, que estavam ...adas — disse Joana.

Em 1960, a fama: Carolina autografa o seu livro no lançamento no Rio.

Crônica pouco conhecida da escritora, publicada na revista *Quatro Rodas*

A PRIMEIRA VEZ QUE FUI A SANTOS

Dia 2 de setembro fui a Santos. Fomos de ônibus. Os filhos iam sorrindo, contemplando as paisagens que vão mudando de aspecto a cada minuto. Como é gostoso andar de ônibus.

A Vera perguntou-me:
— A senhora vai comprar um carro?

Eu disse:
— Não sei, Vera. Não sei.
— Compra, mãe. E' gostoso andar de automóvel. O automóvel é a asa da gente, não é mamãe?
— E' quase igual.

O olhar de Vera circulava pelo interior do ônibus.
— O que a senhora notou no ônibus?
— Que saímos de São Paulo e vamos a Santos. Vou trabalhar longe de casa. Mas o ônibus proporciona-me retornar e dormir em nossa casa. Você tem razão, Vera. O ônibus é uma asa que nos transporta para onde desejamos. E' um veículo excelente.

Agora que a minha vida transformou-se, tendo andado nos carros. Começo a ser fã dos carros.

Os filhos não desviavam o olhar das janelas. Mostrei-lhes o monumento do Ipiranga, o museu e a casinha do Dom Pedro Primeiro, que era palacete no passado e é miniatura na atualidade.

O José Carlos disse:
— Credo! O Dom Pedro morava numa casinha assim?
— Naquele tempo o Brasil era primitivo. Estava despovoado. Um país desenvolve-se é com o correr dos anos. Naquele tempo as viagens eram a cavalo ou nos carros de bois. Quem tinha cavalo era importante. Os bons cavalos custavam quarenta cruzeiros.
— Só isto? Por quarenta cruzeiros até eu comprava um cavalo.

Eu disse:
— Quarenta cruzeiros naquele tempo representava dez mil cruzeiros atualmente. Dom Pedro ia a Santos com dois dias e meio de viagem. E agora, com o automóvel, vamos a Santos num dia e retornamos descansados. Com a transformação da minha vida, os meus filhos estão aspirando um automóvel. Êles, que não esperavam uma transformação assim, têm mesmo que sorrir, porque os veículos que estão ao alcance dos favelados são só bondes e a Rádio-Patrulha. O automóvel de duas côres. Com a transformação da minha vida até eu fico deslumbrada quando estou dentro de um automóvel, nas estradas asfaltadas que nos conduzem ao litoral, onde contemplamos as belezas milenares que foram citadas pelos nossos historiadores que tiveram a desventura de nascer numa época em que as conduções eram deficientes.

Os filhos aconselharam-me que eu, sendo escritora, devo ter um carro para viajar e conhecer as belíssimas paisagens que apreciamos quando viajamos de automóvel.

Êles são fanáticos por automóveis e ficam contentes quando estão dentro de um carro. A sensação é diferente das viagens nos carros de prêso.

Nos carros de prêso êles choravam.

Agora vão sorrindo.

CAROLINA MARIA DE JESUS, AMPLA PALAVRA

FERNANDA MIRANDA

FLÁVIO CERQUEIRA
São Paulo, SP, 1983 – Vive em São Paulo, SP.
Uma palavra que não seja esperar, 2018

Carolina Maria de Jesus é um nome próprio que traduz, no Brasil, inúmeras questões complexas. Assim que se tornou conhecido no território das letras nacionais, esse nome inicialmente qualificou a exceção, o incomum, pois destoava fortemente em um cenário literário homogêneo, fechado, monocromático – isto é, branco. Atualmente, seis décadas depois do lançamento de seu primeiro livro, o nome Carolina Maria de Jesus ressoa e é celebrado como uma face fundamental do pensamento social e estético negro brasileiro, crítico, brilhante, inaudito. Um nome que conecta corpo e voz de uma mulher que a muitos representa, porque inspira resiliência, autodeterminação, inteligência e força. Em todo o tempo, seu nome é qualificado também como adjetivo de caminho – encruzilhada –, circulação, posto que Carolina Maria de Jesus é uma das autoras brasileiras mais conhecidas no mundo; dado que seu nome inscreveu no discurso e na nossa sociedade um território autoral que reflete, sobretudo, a autonomia de ser e criar.

Carolina Maria de Jesus é um dos maiores nomes da escrita em língua portuguesa. Sua produção e trajetória constam no arquivo de inúmeros leitores ao redor do mundo desde a década de 1960, quando se deu seu lançamento emblemático. *Quarto de despejo: diário de uma favelada* (1960), seu primeiro livro publicado, permanece paradigmático para a história editorial no Brasil, para a história da cultura e da expressão artística e para o nosso próprio tempo contemporâneo.

Um livro central para pensarmos problemáticas amplas, que, no Brasil, só adquiriram contornos apreensíveis graças a sua publicação. Questões variadas e estruturais, como, entre outras, a centralidade do binômio literatura e poder; a enunciação e o silenciamento da autoria negra; a escrita em primeira pessoa (não branca) autobiográfica; a rasura do cânone; o direito à voz, à escrita e à literatura; a faceta perversa do mercado editorial – em um país no qual a literatura permanece sendo uma das formas mais desiguais de expressão, no sentido da presença de pessoas negras em todas as instâncias que atravessam o texto.

Seu primeiro livro publicado também tem o mérito de ter sido a primeira obra de uma autora negra brasileira traduzida. As traduções começaram a circular menos de um ano depois da publicação, em edições produzidas na Dinamarca, Holanda e Argentina, França, Alemanha (Ocidental e Oriental), Suécia, Itália, Checoslováquia, Romênia, Inglaterra, Estados Unidos, Japão, Polônia, Hungria, Cuba, na então União Soviética e, mais recentemente, na Turquia, no Irã e em Portugal – que publicou pela primeira vez a obra em 2020, décadas após ser vetada por Salazar.

No Brasil, as posicionalidades raciais e de gênero e as condições socioeconômicas demarcavam – e ainda demarcam – o direito à literatura, à representação, à imaginação e à circulação. Todos esses aspectos foram atingidos em profundidade depois que Carolina publicou seu primeiro livro. Acima de tudo que a tentou silenciar, ela seguia escrevendo, e, nesse ato, uma nova condição para se pensar o sistema literário ganhou corpo no Brasil, evidenciado em seu caráter classista e etnocêntrico.

> ...Parei para conversar com uma senhora que reside na esquina na rua Araguaia e mostrei-lhe a reportagem. Ela admirou – disse-me que ouviu dizer que escrevo mas, não acreditou porque eles pensam que quem escreve é só as pessoas bem vestidas. Na minha opinião, escreve quem quer.

Carolina Maria de Jesus foi uma mulher da escrita. Esse foi sempre o seu território de predileção, conforto e destino. A escrita era seu lugar de elaboração do íntimo, do político, do passado, do cotidiano. Era o seu chão, seu teto seguro, sua morada. Sua escrita é performática: no mesmo ato de artífice, ela ficcionaliza suas verdades e suas memórias. Contudo, ainda que esse caráter performático seja patente, ideias de autenticidade e de tradução literal e documental da experiência percorrem a recepção de sua obra desde seu surgimento, nos anos 1960, até hoje; por isso, sua narrativa em diários interessou ao mercado editorial e a sua escrita poética e ficcional, não.

Carolina foi uma autora múltipla, é impróprio reduzi-la a um lugar ou a uma dicção delimitada. Além de ter praticado a escrita em domínios formais diversos – como a dramaturgia, o romance, o poema, o conto, o provérbio, a canção, o diário, o texto memorialístico –, ela também apresentava muitas facetas na composição: por vezes, irônica; muito poética; com doses frequentes de humor; estrategicamente ácida; em muitos momentos sarcástica; altamente debochada; sempre reflexiva; fortemente atenta aos políticos e ao povo; nunca enquadrada num ritmo estanque.

Uma *mulher negra, pobre e mãe,* escritora. Sua escrita a revela e compõe. Contornos soberanos dessa mulher altiva e aguerrida erguem-se nas suas palavras: era, sobretudo, atenta. À política, à sociedade, à sua própria vida e experiência. Sujeito altamente reflexivo e observador: nos diários, é do seu fluxo de pensamento constante e muito vivo que a narrativa – da realidade – é elaborada no texto.

Esse acento reflexivo permeia a sua escrita da experiência (os diários) em toda a sua extensão, configurando-a como uma *escrita da interioridade*, subjetivada, ao mesmo passo que nela se inscrevia também seu olhar particular sobre o real, o cotidiano e os acontecimentos. Entre uma ou outra das incessantes tarefas que ela precisava desempenhar em seu cotidiano de mãe e escritora, nos manuscritos destaca-se sua cadência vibrante, de quem não cessava de refletir um só momento. À noite escrevia, acordava às três, quatro horas da manhã para escrever. Dispunha sempre de lápis e papel consigo durante o dia, para não deixar escapar suas ideias literárias, errantes como ela.

A tessitura de seu texto é inteiramente alinhavada por meio desse tom de reflexão, orbitando da escrita que muitas vezes declina para a dicção proverbial (tendo sido o provérbio uma de suas formas mais visitadas[1]) à escrita que elabora sínteses por meio da metáfora. Com efeito, sua linguagem solicitava amiúde a metáfora, uma figura costumeira e elástica, através da qual criava e compartilhava suas compreensões da vida, do mundo, de si.

---

1   Em 1963, Carolina Maria de Jesus publicou uma edição de *Provérbios*, mas a maior parte de seus escritos proverbiais ainda permanece inédita.

> Para mim um político é igual uma nuvem no espaço. Pode ser que desabe como chuva como tempestade, ou furacão.
>
> A noite está tépida. O céu já está salpicando de estrelas. Eu que sou exótica gostaria de recortar um pedaço do céu para fazer um vestido.
>
> A coisa pior para mim, é conversar com uma pessoa depois de perder a simpatia. A Dona Theresinha para mim é igual o dia de ontem, que passou.

A inflexão reflexiva, o tempo todo a subscrever *uma mulher negra pensando*, é a maior das caraterísticas de sua narrativa diarística. Em *Quarto de despejo*, *Casa de alvenaria* (1961) e nos diversos cadernos manuscritos inéditos, notamos a frequência da expressão "fiquei pensando", após a narração de um episódio ou diálogo. É recorrente também a elipse desse aviso, em passagens nas quais somos levados pelo seu discurso indireto livre e pelo seu fluxo de pensamento retido como narrativa. Na plataforma diário, ela problematizava, perscrutava as aparências, debatia consigo, antevendo os leitores.

> ...Ouvi uns xingatórios, fui ver. As crianças haviam saltado um balão, e o balão entrou no quarto de uma senhora. Contei onze meninos, mas, ela xingava só os meus filhos. Favelados desgraçados! Ordinários! A tua mãe não te dá educação?!
>
> Ela não compreende que a favela é obra do rico. Os pobres não podem pagar os preços exorbitantes que os ricos exigem pelo aluguel de um quartinho. E não pode ficar ao relento. A condição do pobre no Brasil está piorando a cada dia. Os infaustos comem em dias alternados – fico pensando nesta desorganização.

O leitor, diga-se de passagem, é uma instância norteadora do texto de Carolina – como é próprio da escrita literária. Mesmo nos diários, gênero que a princípio não demanda a presença do leitor, por se tratar de uma escrita do domínio íntimo de quem escreve, e mesmo antes do encontro com seu editor Audálio Dantas, que passou a ser o primeiro leitor de seus textos, observa-se em seus escritos a dimensão dessa virtualidade-leitor assegurada, inclusive na potencialidade do debate. "Eu já disse: que quem predomina é o branco. Quem predomina deve ter mais senso de humanidade do que os predominados."

Por tudo que representa, Carolina Maria de Jesus é hoje uma grande instauradora de textualidades, formaliza uma tradição presente e viva em muitas texturas daquilo que se entende hoje como literatura contemporânea.

Processo criativo e projeto literário

Por muito tempo, o *Diário de uma favelada* de Carolina foi tomado como a única referência do seu trabalho. Mas, para além de todos os índices que tornam essa obra um dos maiores clássicos já escritos no Brasil, existe uma outra dimensão, particularmente cara para o tempo presente, quando se busca em Carolina a densidade profunda: em seus diários – principalmente naqueles ainda inéditos –, para além de elaborar sua experiência cotidiana e as acontecências de todo dia, Carolina também registrou diversos índices de seu *processo criativo* e, sobretudo, *a autoconsciência de seu projeto estético literário.*

Em primeiro lugar, é notável seu empenho em dar à sua obra condições possíveis de circulação. Embora a autora tenha se tornado efetivamente um acontecimento no universo de circulação de discursos por intermédio do encontro com seu editor, o jornalista Audálio Dantas, em 1958, ela já havia publicado seu poema "O colono e o fazendeiro" no jornal *Folha da Manhã* em 1940, em reportagem de Willy Aureli. A essa altura com 26 anos e vivendo na cidade de São Paulo havia apenas três, a jovem mineira já era conhecida nas redações de jornais pelo seu costume de frequentá-las em busca de acesso e interlocução. Assim, convém salientar que Carolina mantinha-se sempre atenta às possibilidades de aproximação do universo das letras e de publicação para seu trabalho, de modo que, quando Audálio Dantas foi atraído por sua palavra arrebatadora, *ele encontrou uma autora pronta, que o tornou editor.*

> Falavam que eu tenho sorte. Eu disse-lhes que eu tenho audácia. Eu tenho dois anos de grupo mas se eu sei escrever igual doutor, eu procuro competir com o doutor. Contei as dificuldades que eu encontrei para editar o meu livro, que enviei o meu livro aos Estados Unidos para ver se havia a possibilidade de ser impresso lá, que a vida é cheia de confusões.

A autora também tinha bem definido um percurso para publicação, que privilegiava a escrita ficcional. Em seu único romance publicado (por iniciativa própria), *Pedaços da fome* (1963), está impressa uma pequena nota de abertura em que se cartografa seu desejo de sequência, nesta ordem:

> – Publicadas:
> *Quarto de despejo*
> *Casa de alvenaria*
> – A publicar:
> *Dr. Sílvio*
> Reminiscências

Em uma anotação do seu diário do dia 27 de outubro de 1960, ela registra uma conversa com um transeunte que lhe perguntara quantos livros tinha, ao que responde, sem titubear: "10, para ser publicado".

Já na fase final de sua vida, vivendo em Parelheiros, periferia da região Sul da cidade de São Paulo, àquela altura pouco habitada, Carolina escreveu uma carta a Gerson Tavares, em 1976,[2] na qual refletia com lucidez e assertividade sobre a dinâmica editorial em que se viu inserida após sua entrada no mundo das letras como a "escritora favelada". Um rótulo que resultou em enquadramentos limitadores, e que geraram derivados, perceptíveis, por exemplo, na mudança alheia à sua vontade do título do romance. Assim como ocorre em passagens dos seus diários, a carta também subscreve sua visão crítica sobre sua própria obra: aquilo que ela valorava. Muito desse valor desaguava na ficção e na escrita poética.

> Quando eu escrevi este livro *Pedaços da fome*, o título era *A felizarda*. Mas o ilustrador Suzuki – muito antipático, trocou o nome do livro para *Pedaços da fome*. E enfraqueceram a estória. A editora não pagou a gráfica, e o dono da tipografia deu-me os livros. Mas está tão fraco que eu não tenho coragem de pô-los a venda. Quando puder, quero mandar imprimi-lo do jeito que escrevi. O livro é mais forte do que o *Quarto de despejo*. Tem mais críticas e mais desajustes, para debates.

---

2 Disponível no *site* da Biblioteca Nacional. (Biblioteca Nacional, rolo microfilmado denominado *Miscelânea*. FTG 524 [Sinalética]. Carta 2 [Ao Sr. Gerson Tavares, Parelheiros, em 31.12.1976]).

Uma das principais marcas da escritora Carolina Maria de Jesus é a sua maleabilidade para recolher e inscrever formas literárias diversas e traduzi-las no seu universo experiencial e reflexivo. A poesia, sobretudo, fora seu território de predileção, para ela, a mais elevada das formas, e era como poetisa que ela se definia e se apresentava. À escrita de romances, por outro lado, a autora se dedicou com afinco, e produziu ao menos sete, seis ainda inéditos. Como romancista, Carolina construiu narrativas muito diversas, todas contornando o círculo de poder que atravessa as temporalidades da nação: os arredores senhoriais e os seus agregados.

Trata-se de uma autora que escrevia e pensava sobre o ofício. Dessa forma, no mesmo compasso que criava poesias, romances e teatro, ela registrava em seus diários passos do processo criativo dessa escrita, sempre colhida no fragmento dos dias, entre um tempo de espera e outro que nunca bastava:

> Os filhos são as sombras das mães. Filho é o hóspede predileto do pensamento materno. Passei o dia lendo e relendo o que escrevi, vou finalizar o meu romance *A mulher diabólica*. Se eu pudesse viver só escrevendo... mas a minha vida é derivada.

Por meio de seu ideal de poeta, ela se orientava segundo um código de ética todo seu, livremente inspirado naquilo que ela apreendera de seu percurso de leitora. Por meio de uma poética simples, a autora errante operava sínteses de eventos, experiências, entendimentos, pois os versos vinham acompanhados, muitas vezes, de um certo acento de conclusão – sinapses poéticas a transcrever um conteúdo burilado, inclusive, mas não apenas, formalizando contornos estéticos para sua própria trajetória e biografia.

> 1.
> Deus! Tenha de mim clemência
> Protegei a infausta poetisa
> Deste-me tanta inteligência
> Que... me martiriza.
>
> 2.
> Lembro, quando mamãe dizia:
> Aprende corte e costura
> E eu... alegre respondia
> Não. O meu ideal, é literatura.

3.
Um dia, apoderou-se de mim um desejo de escrever:
– escrevi –

Adeus dias de venturas!
Adeus mundo de ilusão
Vou recluir-me na Sepultura
Debaixo do frio chão.

Vou satisfeita, risonha,
Contente por não voltar
A minha vida tristonha.
Morrendo... vou descansar.

Trabalho, não tenho conforto.
Levando a vida a lutar.
Somente depois de morta.
Não mais tenho em que pensar.

Como linguagem-síntese, o poema restituía a Carolina o tempo, sempre fugidio, a lhe escapar entre os dedos, entre os filhos, entre as urgências de todo dia. Mas o tempo também repousa no seu tecido narrativo, e, enquanto narradora, ela nos permitiu compreensões muito caras, compreensões que fortalecem uma historiografia (memória e narrativa) constituída pela enunciação negra.

A narradora

Se as textualidades de Carolina Maria de Jesus abrem caminhos preciosos para nossa reflexão sobre o direito à escrita, subjaz a seu fazer literário também a reflexão sobre o direito à História, tomada por ela como um território para a vida comum, coletiva, invisível.

Pensar em Carolina Maria de Jesus e em sua escrita é pensar em qual é o poder da narrativa, o que requer pensar em qual é o poder da História, pois a História, como narrativa organizada em arquivos visíveis, possui a grande função de guardar não apenas eventos, mas experiências, significados que conectam territórios, que nos conectam no tempo e com os pertencimentos que partilhamos enquanto sociedade. Principalmente em

Um Brasil para os brasileiros, editado, traduzido e publicado como *Diário de Bitita*, a autora nos ajuda a perceber a potência da História como uma instância primordial da vida.

Nesse livro, a narrativa de Carolina alcança a enunciação da memória coletiva, porque narra a condição dos negros na sociedade rural nas primeiras décadas do pós-abolição. E subscreve também o índice autobiográfico, pelo qual ela compõe sua genealogia, começando por aquele que é o princípio formador de sua identidade – inclusive, de narradora –, o avô, um contador de histórias muito respeitado na sua comunidade. O avô de Carolina, apelidado Sócrates Africano, foi escravizado e lhe contou muitas histórias da escravidão.

Em sua escrita de ficção, o universo de representação atravessa diversos cenários e atores sociais. Nos leva pelo salão dos senhores, das senhoras, donos de propriedades rurais, profissionais liberais, sociabilidades, dramas, núcleos familiares, hipocrisias, desarranjos. Textos que ela escrevia, repensava, reelaborava. "Resolvi escrever um pouco e ler uns trechos do romance que estou escrevendo. Já estou finalizando-o, parece que excedi nas cenas amorosas."

Entre ficção, texto memorialístico e os cadernos de diário, persiste na narrativa caroliniana uma dimensão particularmente cara ao nosso tempo contemporâneo: muitas vezes sugerida, outras em franco debate, mas sempre presente e visível, plasma a *presença da alteridade* na palavra.

Esse procedimento, em termos da obra de Carolina Maria de Jesus como um todo, orienta a voz que narra, configurando o mundo e o universo representado de forma encruzilhada e multifocal. Disso resulta uma dissidência fulcral que a autora empreende na literatura brasileira. Pois se a literatura dita canônica é marcada no Brasil pelo apagamento e silenciamento da presença negra, a literatura de Carolina não apaga universo algum, ao contrário, em todos ela tece sua letra – qual fios tecidos numa longa corda, cujo sentido cabe ao leitor deslindar.

*

Carolina Maria de Jesus é, antes de tudo, uma autora a ser lida, a partir da qual se aprende a ler.

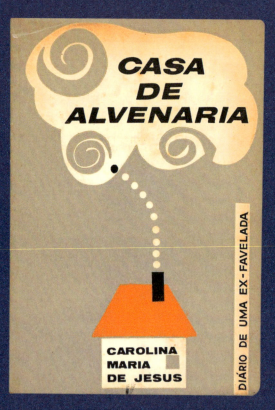

Estes foram os quatro livros que a escritora publicou em vida: *Quarto de despejo* (1960); *Casa de alvenaria* (1961); *Pedaços da fome* (título original dado pela autora: *A felizarda*, 1963); e *Provérbios* (1963)

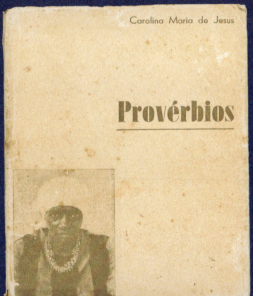

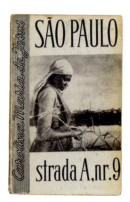 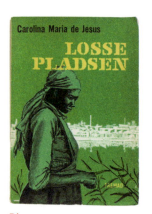 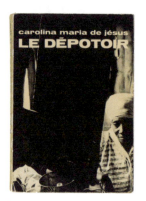 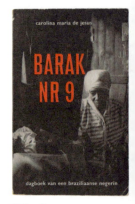

Romênia Dinamarca França Holanda

 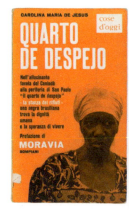

Japão Itália

Turquia Polônia

As traduções de *Quarto de despejo* foram quase imediatas; até hoje, milhares de cópias seguem sendo vendidas ao redor do mundo. Apresentamos aqui algumas dessas publicações.

108

Irã

Argentina

Alemanha

Estados Unidos

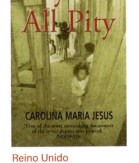
Reino Unido

Catalunha

Tchecoslováquia

Hungria

Portugal

Suécia

109

"[...] parei para conversar com uma senhora que resside na esquina na rua Araguaia e mostrei-lhe a reportagem do Audálio e a reportagem do senhor Moacir górge no Diario Ela admirou – Disse-me que ouviu dizer que escrevo mas, não acreditou pórque êles pensam que quem escreve e so as pessôas bem vistidas. Na minha opinião, escreve quem quer"

JESUS, Carolina Maria de. Caderno de 21-27.10.1959 a 24.12.1959, entrada do dia 14.11.1959. Publicado originalmente como anexo em: PERPÉTUA, Elzira Divina. *Traços de Carolina de Jesus: gênese, tradução e recepção de Quarto de despejo*. Tese de doutorado, Programa de Pós-Graduação em Literatura Comparada, Universidade Federal de Minas Gerais, 2000, p. 328.

JANAINA VIEIRA
Macambira, SE, 1997 – Vive em Jacareí, SP.
Conhecimento é a única coisa que ninguém tira de nóis, 2020

DALTON PAULA
Brasília, DF, 1982 – Vive em Goiânia, GO.
Retrata Rosana, 2015

EUSTÁQUIO NEVES
Juatuba, MG, 1955 – Vive em Diamantina, MG.
Aberto pela aduana, 2019

ROSANA PAULINO
São Paulo, SP, 1967 – Vive em São Paulo, SP.
¿História Natural?, 2016

SÔNIA GOMES
Caetanópolis, MG, 1948 – Vive em São Paulo, SP.
Enciclopédia da fantasia volume 1 (em processo)

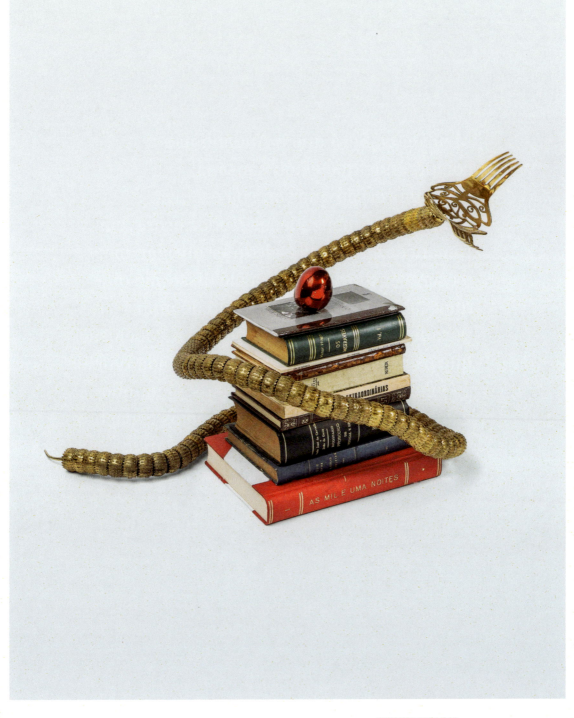

SIDNEY AMARAL
São Paulo, SP, 1973 – São Paulo, SP, 2017.
Estudo sobre a cegueira, 2015

"Meu Deus! Será que o Audálio não
compreende que estóu cansada!
Dá a impressão que sóu sua escrava.
Ele anula os meus ideaes. Todos escrevem
romançes e dramas e ele quer obrigar-me
a escrever diario. Um dia êle disse-me que
quer fazer o povo tómar mêdo de mim.
pórque? Isto é maldade, cheguei a conclusão
que os pretos não devem aspirar nada na vida
_ O mundo não é para os pretós. O mundo
é dós brancos. Nós os pretos somos capachos
que êles pizam e nos esmagam. Quando
o preto grita igualdade êles põe mórdaça."

JESUS, Carolina Maria de. Diário de 10.03.1961 a 06.04.1961. Manuscrito. Local desconhecido, data desconhecida, p. 0048 e 0049. Arquivo Público Municipal de Sacramento/APMS 02.01.09.

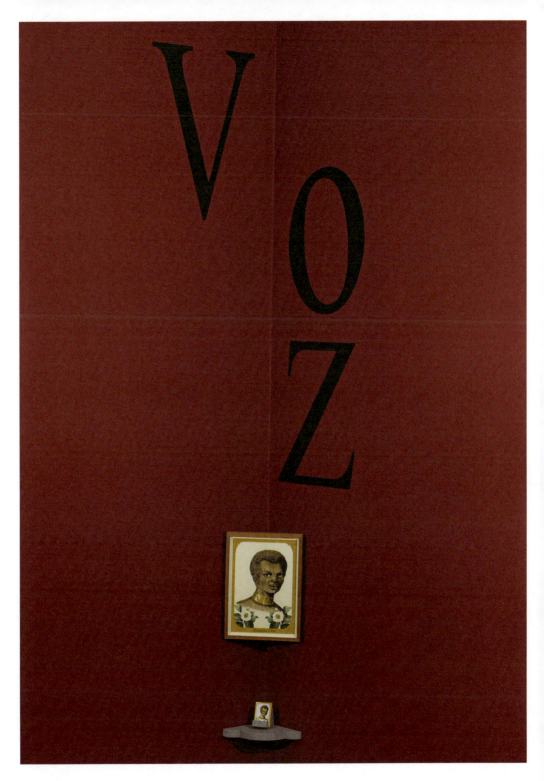

YHURI CRUZ
Rio de Janeiro, RJ, 1991 – Vive no Rio de Janeiro, RJ.
Monumento à voz de Anastácia, 2019

THIAGO ORTIZ
Rio de Janeiro, RJ, 1986 – Vive no Rio de Janeiro, RJ.
PERIFERISMO ESTÉTICO – Série *Faixas de rua*, 2017

ZÉ PRETINHO
Quatá, SP, 1952 – Vive em Diadema, SP.
Um Brasil para os brasileiros, 2021
*Senhor perdoai eles não sabem o que é arte, Zé Pretinho,
Sou um artista e filósofo. Entre pode entrar seja bem-vindo,*
data desconhecida

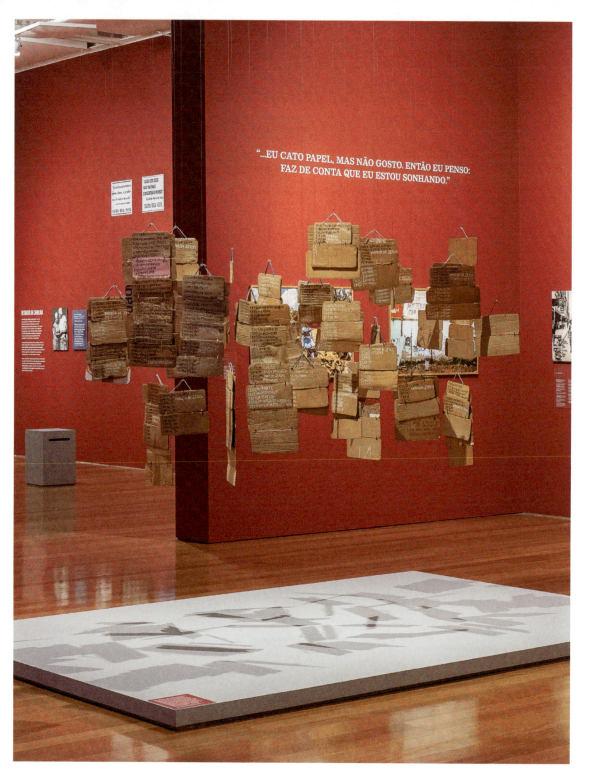

ARTHUR BISPO DO ROSÁRIO
Japaratuba, SE, 1909 – Rio de Janeiro, RJ, 1989.
Fragmento (Título atribuído), data desconhecida

MARCEL DIOGO
Belo Horizonte, MG, 1983 – Vive em
Belo Horizonte, MG.
Recado da rua, 2017

ANDRÉ VARGAS
Cabo Frio, RJ, 1986 – Vive no Rio de Janeiro, RJ.
Preta porta poema, 2018

"A democracia está perdendo os seus adeptos.
No nosso paiz tudo está enfraquecendo.
O dinheiro é fraco. A democracia é fraca e os
políticos fraquissimos. E tudo que está fraco,
morre um dia.

...Os políticos sabem que eu sou poetisa.
E que o poeta enfrenta a morte quando vê
o seu povo oprimido."

JESUS, Carolina Maria de. *Quarto de despejo: diário de uma favelada*. São Paulo: Ática, 2014, p. 39. Acervo Instituto Moreira Salles.

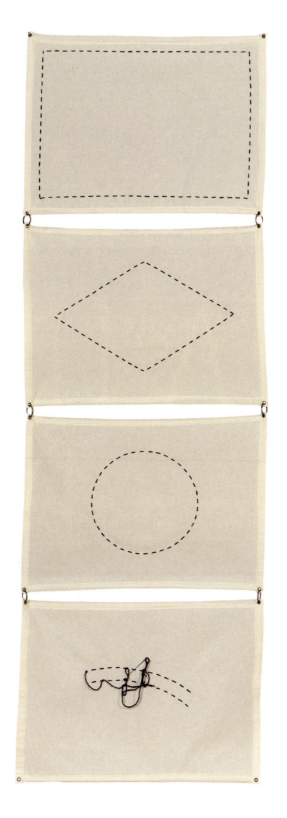

THIAGO COSTA
Bananeiras, PB, 1992 – Vive em João Pessoa, PB.
Notas de falecimento, 2018

MARÉ DE MATOS
Governador Valadares, MG, 1987 – Vive em São Paulo, SP.
A emoção é um direito, 2020

RICARDO ALEIXO E ALINE MOTTA
Ricardo Aleixo: Belo Horizonte, MG, 1960 – Vive em Belo Horizonte, MG.
Aline Motta: Niterói, RJ, 1974 – Vive em São Paulo, SP.
Versão intermídia do poema "Meu negro", 2021

YHURI CRUZ
Rio de Janeiro, RJ, 1991 – Vive no Rio de Janeiro, RJ.
Cripta n. 4 – Trair a linguagem, emancipar movimentos, 2018-2020

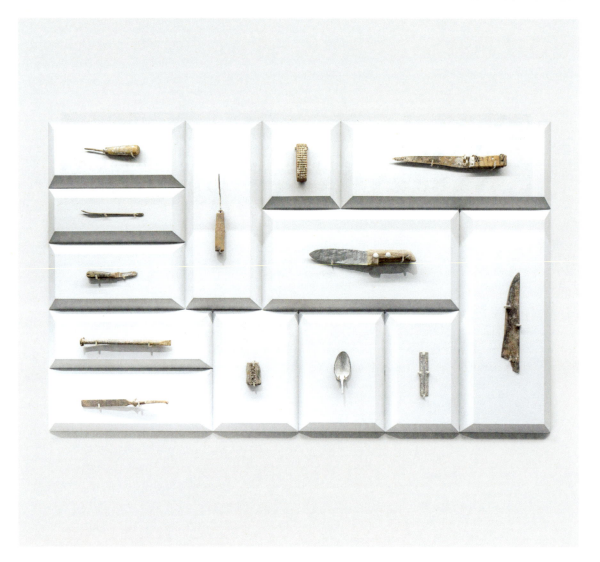

ARTHUR BISPO DO ROSÁRIO
Japaratuba, SE, 1909 – Rio de Janeiro, RJ, 1989.
Alfabético morse (título atribuído), data desconhecida
Conjunto de ferramentas (título atribuído), data desconhecida
Uma obra tão importante que levou 1986 anos para ser feita (título atribuído), data desconhecida

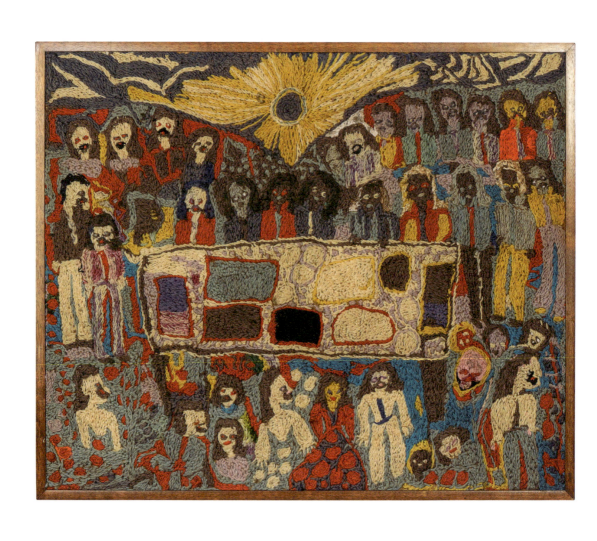

MADALENA DOS SANTOS REINBOLT
Vitória da Conquista, BA, 1919 – Petrópolis, RJ, 1977.
Sem título, data desconhecida

MARIA AUXILIADORA
Campo Belo, MG, 1935 – São Paulo, SP, 1974.
Refeição, 1970

I'm Carolina and I've been working since I was a girl.

During my childhood, I washed, ironed, shined,

TULA PILAR
Leopoldina, MG, 1970 – Taboão da Serra, SP, 2019.
"Sou uma Carolina", 2016

SÔNIA GOMES
Caetanópolis, MG, 1948 – Vive em São Paulo, SP.
Sem título – Série *Torção de chão*, 2004-2021

ANA CLARA TITO
Bom Jardim, RJ, 1993 – Vive no Rio de Janeiro, RJ.
Os usos da raiva – Momento 6, 2019

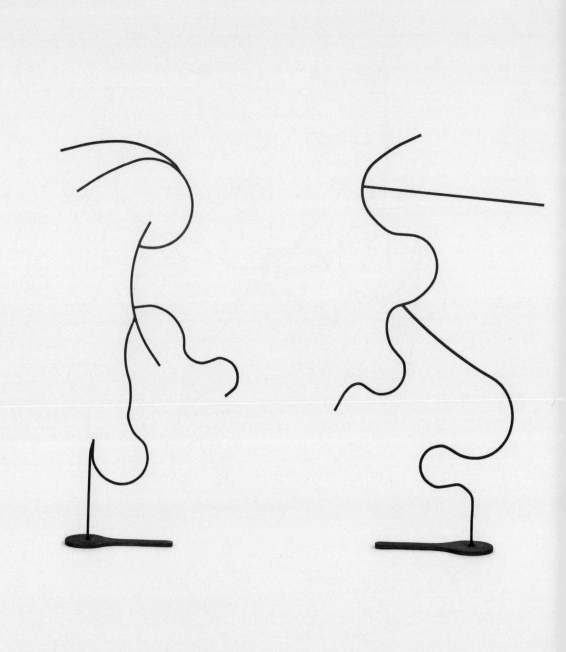

REBECA CARAPIÁ
Salvador, BA, 1988 – Vive em Salvador, BA.
Palavras de ferro e ar – Escultura 8, 12 e 9
(da série *Como colocar ar nas palavras*), 2020

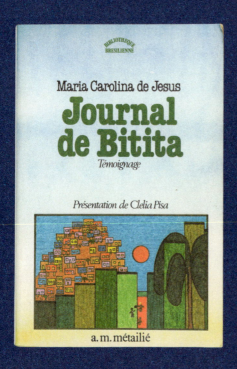
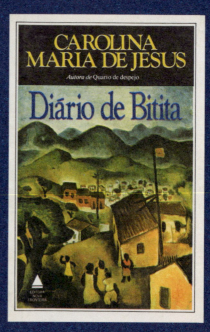

REESCRITURA EM *DIÁRIO DE BITITA*, ARTIMANHAS DE UM PROCESSO INTRIGANTE DE EDIÇÃO

RAQUEL ALVES

Journal de Bitita, publicado na França em 1982, e *Diário de Bitita*, lançado em 1986 no Brasil, traduzido a partir da edição francesa

Diário de Bitita, de Carolina Maria de Jesus, é um livro póstumo que mescla autobiografia e narrativa histórica de um Brasil pós-abolição. Em seus 22 capítulos na versão editada, é possível visitar as memórias da escritora em uma temporalidade linear, que vai de sua infância em Sacramento (MG), passa por sua juventude errante em cidades de Minas Gerais e outras fronteiriças do interior paulista e chega às vésperas de sua ida para a capital de São Paulo, em 1937. Tudo isso através dos olhos curiosos da menina Carolina, ou melhor, de Bitita, como a autora gostava de ser chamada na infância. Esses olhos curiosos e perguntadores, que tudo viam, narraram ora de maneira cômica, ora de maneira sentida, aspectos da infância e juventude de Carolina, enquanto nos permitem experienciar fatos do pós-abolição brasileiro, seu sistema de colonato, o acolhimento da mão de obra europeia livre e a negligência em relação aos ex-escravizados.

A narrativa nos permite rir, quando, por exemplo, presenciamos a inocência de Bitita ao acreditar no irmão que a aconselhou a enterrar as moedas que ela havia ganhado para fazer crescer uma árvore de dinheiro; nos permite entristecer, quando ela tem que deixar a escola depois de aprender a ler para ir com a mãe a uma fazenda onde tinha conseguido trabalho; e também nos indignar, como quando a "vemos" ser presa injustamente. O contexto é marcado por uma peregrinação motivada pela fuga da miséria por Bitita e sua família, refletindo a condição de muitas famílias negras do interior mineiro nesse período. Estamos diante, portanto, de um livro que nos expõe faces da história do Brasil sob uma perspectiva negra, ainda pouco vislumbrada na literatura brasileira. Faces de uma Carolina ainda pouco conhecida.

Para fazer um paralelo, Machado de Assis (1839-1908), um dos maiores escritores brasileiros, produz, nos primeiros anos que se seguiram à abolição da escravatura, contos e crônicas que problematizaram a situação vigente, muitas vezes sob pseudônimos, a partir de uma "poética da dissimulação". De 1890 a 1900, os textos publicados na *Gazeta de Notícias* traziam reflexões acerca do pós-abolição. Segundo Daniela Magalhães Silveira, "Machado de Assis usava o seu espaço na *Gazeta de Notícias*, tanto ao escrever contos como com a publicação de crônicas, para refletir sobre esse momento imediatamente posterior à assinatura da Lei Áurea".[2] Indo ao encontro do projeto de representar a escravidão como um pesadelo longínquo,[3] os textos de Machado de Assis da série "A semana", publicada por esse jornal no mesmo período, são marcados pela presença de aparelhos da escravidão – como, por exemplo, quando o narrador se dedica à temática de telegramas e narra:

> Dizem telegramas de S. Paulo que foi ali achado, em certa casa que se demolia, *um esqueleto algemado*. Não tenho amor a esqueletos; mas este esqueleto algemado diz-me alguma cousa, e é difícil que eu o mandasse embora, sem três ou quatro perguntas. Talvez ele me *contasse uma história grave, longa e naturalmente triste,* porque as algemas não são alegres. Alegres eram umas *máscaras de lata* que vi em pequeno na cara de escravos dados à cachaça; alegres ou grotescas, não sei bem, porque lá vão muitos anos, e eu era tão criança, que não distinguia bem. A verdade é que as máscaras faziam rir, mais que

---

1 DUARTE, Eduardo de Assis. *Machado de Assis afrodescendente*. 3. ed. Rio de Janeiro: Malê, 2020.
2 SILVEIRA, Daniela Magalhães. "Literatura no pós-abolição: Machado de Assis e a construção de uma memória sobre a escravidão brasileira". In: Anais do 7º Encontro Escravidão e Liberdade no Brasil Meridional, Curitiba, 2015. Disponível em: www.escravidaoeliberdade.com.br/congresso/index.php/E-X/7/paper/viewFile/23/7. Acesso em: 15.07.2020.
3 "Quatro séculos quase dominou a escravidão sobre o Brasil. Não há mais de quatro anos que dela ficamos livres. Entretanto, parece que a liberdade data por séculos e que a escravidão não passou de um pesadelo e de um eclipse." *Gazeta de Notícias*, 13.05.1892. *Apud* SILVEIRA, Daniela Magalhães. *Op. cit.*

as do recente carnaval. *O ferro das algemas, sendo mais duro que a lata, a história devia ser mais sombria.*[4]

Vemos, portanto, pela descrição de elementos próprios da escravidão, um empenho, nesses primeiros anos de pós-abolição, para que essa história, que "devia ser mais sombria", não fosse esquecida.

Já em *Diário de Bitita*, vemos a perspectiva de uma menina negra, nascida no contexto do pós-abolição, que não vivenciou na pele as agruras da escravidão. O que sabe é pelas histórias do avô, sua referência maior. Iniciando por volta dos anos 1920 e finalizando em 1937, período que marca o início de um outro ciclo de experiências, o olhar de Bitita narra um cotidiano que ainda refletia um aprisionamento, um sistema de sujeição das pessoas de pele preta que ela não vivenciara. E, observadora como era, examina e reflete sobre a relação das pessoas negras com pessoas brancas, pessoas negras com pessoas negras, pessoas negras com elas mesmas e suas condições. E questiona as injustiças. Sofre quando presencia a morte de um homem negro por um policial branco; quando percebe que meninas negras poderiam ser abusadas pelo filho do juiz, e as brancas eram respeitadas; quando vê a bebida alcoólica destruindo as famílias negras, e a violência se tornando quase um membro da família; quando experiencia colonos sendo usados pelos fazendeiros e o enriquecimento da mão de obra europeia trazida para trabalhar nas lavouras. O descaso do Estado e da sociedade em fazer de homens e mulheres livres cidadãos e, mais do que isso, seres humanos.

Ao protagonizar a vivência, as reflexões, alegrias, tristezas e decepções da menina Bitita e dos familiares em seu entorno, Carolina sublinha a existência de um ser negro agente, que reflete, questiona sua condição de vida no mundo. Nesse sentido, parece que, se num primeiro momento era caro a Machado de Assis não deixar que a escravidão e seus mecanismos desumanos caíssem no esquecimento, é caro a Carolina, enquanto fruto do pós-abolição, fazer com que o mundo não se esqueça de que os ex-escravizados são seres humanos e merecem ser tratados como tais. Essa perspectiva de protagonismo da figura negra que questiona o *status quo* é ainda rara na literatura, mas vem sendo cada vez mais reconstituída nas literaturas de autoria negra contemporâneas.

---

4   ASSIS, Machado. "A Semana". *Gazeta de Notícias*, 26.06.1892 (grifos meus). *Apud* SILVEIRA, Daniela Magalhães. *Op. cit.*

Ademais, é preciso considerar que *Diário de Bitita*, originalmente intitulado por Carolina Maria de Jesus *Minha vida ou Um Brasil para brasileiros*, apresenta em relação aos originais não somente uma alteração no título, mas em sua estrutura, seu fluxo narrativo e sua memória. Segundo Fernanda Miranda, a mudança de título não é somente uma tradução da edição francesa, mas também "uma tradução tendenciosa, que aciona um modo de ler a autora a partir do horizonte interpretativo gerado com o diário de uma favelada". Ao passo que o título dado por Carolina evoca "tanto a dimensão da escrita de si como a perspectiva da escrita da História, marcada por um sentido de reivindicação da nação por parte do sujeito negro marginalizado".[5]

O sujeito marginalizado faria sentido somente enquanto permanecesse objeto/personagem de uma narrativa que acionasse os sentidos voyeuristas da elite brasileira, europeia e dos mais de 40 países que a consumiram. Uma narrativa que, devido ao direcionamento sociológico de leitura de seus diários, é reduzida ao testemunho de uma voz favelada de denúncia. Uma voz que parece responder às demandas dos anos 1960, marcados por movimentos sociais, civis e feministas, e que se torna ainda mais instigante por ser uma voz que vem de dentro de um mundo de miséria tão peculiar para o olhar estrangeiro, que parte de um lugar em que tematizar a pobreza e o negro naquele momento começa a se tornar lucrativo.

Diário de Bitita não é diário, mas foi vendido, divulgado e apresentado como tal. Primeiramente na França, para que a referência ao sucesso de vendas *de Le Dépotoir* (*Quarto de despejo*) despertasse o interesse pelo novo livro da autora. E depois no Brasil, seguindo o mesmo fluxo. Dessa forma, intermediados pela tradução, uma vez que a edição brasileira é a tradução direta da edição francesa, *Journal de Bitita*, os textos (manuscrito e versão publicada no Brasil) têm, apesar do distanciamento causado por esse processo particular de edição por meio da tradução, pontos de identificação e estão em um movimento de constante comunicação.

Como primeira obra póstuma, que seria mais tarde seguida por outras, como *Meu estranho diário* (1996), *Antologia pessoal* (1996), *Onde estaes felicidade?* (2014) e *Meu sonho é escrever* (2018), *Diário de Bitita*, ou melhor, a tradução de *Journal de Bitita*, foi editado três vezes no Brasil, primeiro pela editora Nova Fronteira (1986), depois pela Bertolucci (2007) e, por

---

5 MIRANDA, Fernanda R. "*Diário De Bitita ou Um Brasil para os brasileiros*: pós-abolição e narrativa em Carolina Maria De Jesus". *Revista Athena*, v. 17, n. 2, 2019, pp. 26-42. Disponível em: periodicos.unemat.br/index.php/athena/article/view/4408. Acesso em: 15.07.2020.

fim, pela editora Sesi-SP (2014), contando com uma tiragem pequena se comparada às tiragens de *Quarto de despejo*. Ainda assim, configurou-se e vem se configurando como uma obra de extrema relevância para os estudos sobre a autora, além de preconizar na história da literatura brasileira uma voz de memória que narra o pós-abolição sob uma perspectiva outra da do colonizador.

Sendo assim, *Diário de Bitita* tem conclamado muitos pesquisadores a refletirem sobre o livro e a autora por vertentes diversas, explorando aspectos como: identidade e memória;[6] reconhecimento e direito;[7] espaço e deslocamento;[8] autobiografia;[9] processo de edição;[10] pós-abolição e narrativa;[11] para citar alguns.

É diante desse contexto e do histórico de edição singular desse livro publicado *post mortem* que se faz pertinente perguntar: o que de *Um Brasil para brasileiros* permanece em *Diário de Bitita*? A observação dos cadernos manuscritos juntamente com o texto publicado, ainda em uma perspectiva preliminar por se configurar um dos primeiros olhares sob esse viés para a obra,[12] parece ser um caminho para sanar tal dúvida.

---

6 Cf. NEVES JUNIOR, Romildo Rodrigues. *Identidade e memória em* Diário de Bitita, *de Carolina Maria de Jesus: uma "história contada" acerca dos anos de 1920 a 1940, no interior do Brasil*. Dissertação de mestrado em história, Universidade Federal de Goiás, Catalão, 2019; TAMBOSI, Michelle Cerqueira César. "Carolina de Jesus em O diário De Bitita: memórias em diáspora, sob uma ótica feminista e pós-colonial". *Travessias Interativas*, v. 9, n. 19, 2019. Disponível em: seer.ufs.br/index.php/Travessias/article/view/12686. Acesso em: 15.07.2020; SILVEIRA, Daniela Magalhães. *Op. cit.*

7 LIMA, Lucas Ferreira Mazete e CALLEGARI, Milena Caetano Cunha. "Memórias, reconhecimento e direitos: interlocuções com Diário de Bitita". *Anais do VII CIDIL – Colóquio Internacional de Direito e Literatura*, 2019. Disponível em: rdl.org.br/seer/index.php/anacidil/article/view/557. Acesso em: 15.07.2020.

8 SÁ, Janaína da Silva e VIANNA, Vera Lúcia Lenz. "Espaço, deslocamento e acomodações culturais em Diário de Bitita de Carolina Maria de Jesus". *Literatura e Autoritarismo*, n. 26, pp. 129-140. Disponível em: periodicos.ufsm.br/LA/article/view/20541. Acesso em: 15.07.2020; SÁ, Janaína da Silva e SILVA, Vera Lúcia Lenz Vianna da. "Dos itinerários de Carolina Maria de Jesus: de Diário de Bitita a Quarto de despejo e as fronteiras da permissividade da polis". *Itinerários – Revista de Literatura*, Araraquara, n. 44, 2017, pp. 97-112. Disponível em: periodicos.fclar.unesp.br/itinerarios/article/view/8995. Acesso em: 15.07.2020.

9 PEREIRA, Deise Quintiliano. "*Diário de Bitita*: a autobiografia ensaística de Carolina Maria de Jesus". *Estudos de Literatura Brasileira Contemporânea*, Brasília, n. 58, 2019. Disponível em: www.scielo.br/scielo.php?script=sci_arttext&pid=S2316-40182019000300402&lng=en&nrm=iso>. Acesso em: 10.07.2020.

10 FERNANDEZ, Rafaella Andréa. "Vários 'prólogos' para um *Journal de Bitita/Diário de Bitita* ou Por que editar Carolina?" *Scripta*, v. 18, n. 35, dez. 2014, pp. 285-292. Disponível em: periodicos.pucminas.br/index.php/scripta/article/view/8819. Acesso em: 10.07.2020.

11 MIRANDA, Fernanda R. *Op. cit.*

12 É importante salientar que este artigo/ensaio é uma primeira tentativa de observar de forma comparativa o manuscrito e os livros editados na França e no Brasil. Há ainda muitas outras possibilidades de análise e estudos. Quando redigi este texto, em agosto de 2020, não foi encontrada nenhuma pesquisa/artigo que explorasse o tema.

Antes, porém, de seguir com alguns exemplos e considerações a respeito dessa observação contrastiva, é interessante considerar como a própria autora anuncia sua nova produção literária e demonstra que, a despeito da trajetória de ascensão e queda após o sucesso de *Quarto de despejo*, ela dá seguimento a seu projeto literário.

Em 1972, entrevistada pelo jornal *O Globo*, Carolina se recusa a falar do "depois de *Quarto de despejo*", anuncia a escrita de *Um Brasil para brasileiros* e comenta que o conteúdo revela "coisas do meu tempo de menina, lá em Sacramento, mas esse vai ser um livro humorístico, que quase nada tem de dramático. Fatos pitorescos que vivi, lembranças do meu avô – ele punha ordem na casa, de sua morte, da família se dissolvendo."[13] Mais adiante na reportagem, ela dá alguns outros detalhes do novo livro e diz: "Tem um capítulo que eu conto as visitas que eu fazia à minha tia. Ela só tinha uma panela e punha as mãos na cabeça sabendo que teria que acordar às três da manhã para cozinhar o feijão, despejá-lo numa vasilha e colocar couve para refogar."[14] O manuscrito desse livro seria mais tarde entregue às jornalistas Clelia Pisa[15] e Maryvonne Lapouge em 1975, traduzido para o francês por Régine Valbert, alterado pela editora francesa Anne-Marie Métailié, publicado na França em 1982 e editado no Brasil em 1986.

Sobre o encontro, marcado pela entrega dos cadernos manuscritos, Clelia Pisa conta, em entrevista à pesquisadora Raffaella Fernandez, que elas saíram da França e foram parar no fim do mundo em tempos de ditadura, em que, para fazer livros, tinha polícia nas casas. Foram recebidas de forma simpática, apesar de terem a impressão de que Carolina "odiava

---

13 "Carolina Maria de Jesus prepara um novo livro". *O Globo*, Rio de Janeiro, 24.10.1972, p. 17.
14 Em outra reportagem no jornal *Última Hora* do Rio de Janeiro, em 1962, parece haver um prenúncio da escrita de *Um Brasil para os brasileiros*, mas sob o título de *Reminiscências*. A proximidade entre os dois conteúdos nos leva a crer que se trata talvez do mesmo livro. Diante de tantos desencontros de informações que cercam a história de manutenção e arquivamento dos documentos e manuscritos da autora, não se pode afirmar. Na reportagem, temos assim anunciado: "Pretendendo reeditar o sucesso de *Quarto de despejo*, Carolina Maria de Jesus tem pronto um novo livro. Seus originais devem ser entregues na próxima semana ao editor da Francisco Alves, e reúne recordações da escritora-favelada desde sua infância, passada em Sacramento, cidadezinha de Minas Gerais, onde nasceu." Fonte: memoria.bn.br/docreader/DocReader.aspx?bib=386030&pesq=%22carolina%20maria%20de%20jesus%22&pagfis=79626.
15 Segundo informações fornecidas por Jane Leite Conceição Silva, bibliotecária do Instituto Moreira Salles, os dois cadernos que iniciariam o Acervo Carolina no IMS chegaram "em 2006, transferidos por Clelia Pisa e recebidos por Antonio Fernando De Franceschi. Clelia Pisa era casada com Arthur Luiz Piza, artista plástico brasileiro, cujas obras foram expostas no IMS entre 1995 e 2005. Inicialmente depositado na unidade da rua Piauí, 844, 1º andar, Higienópolis, foi transferido, no primeiro semestre de 2009, para o prédio da Reserva Técnica de Acervos, no Rio de Janeiro." Fonte: Guia de Acervos Internos do IMS.

o mundo inteiro" e estava abandonada, em meio à pobreza de uma casinha sem muitos móveis. No relato, Carolina capinava quando chegaram até a casa dela e, quando ela entregou os cadernos em suas mãos, teria dito: "Veja se vocês podem fazer alguma coisa com isso!". Pisa tomou para si um dever moral de defender a memória do Brasil. Um Brasil que, em suas palavras, "não tem respeito pela memória".[16]

Parece, portanto, ter sido importante que o livro fosse preparado para o público francês e, no decorrer da entrevista, ela afirma: "Eu li tudo. Tiramos o que tiramos e o que podíamos tirar. Teve que ser traduzido, e o importante no *Journal de Bitita* é que fosse um testemunho que pudesse ser lido por um francês que não tivesse nenhuma referência da Carolina. Porque este livro não é o original."[17]

Anne-Marie Métailié, também em entrevista à mesma pesquisadora, confirmou ter recebido o texto já com os recortes feitos por Pisa e Lapouge e efetuado recortes e alterações na tradução de Valbert por considerá-la muito literal e "ininteligível para o francês".[18]

Dessa forma, o que vemos sendo publicado em português é uma reconfiguração do texto da autora feita a quatro mãos, somada à afirmação de que o livro compilado para o público francês "não é original". A leitura dos cadernos manuscritos *Um Brasil I e II* e *Um Brasil para os brasileiros*,[19] juntamente com a versão publicada pela Nova Fronteira em 1986, é alarmante, por não trazer paralelos imediatos e, principalmente, pela falta de qualquer tipo de informação sobre o processo de edição do livro na primeira versão em português. Essa observação comparativa introdutória fez com que emergissem outras Bititas, outro texto e recriações outras de memórias e personagens.

Para ilustrar um pouco esse processo de leitura contrastiva, veremos um exemplo sobre um dos temas mais emblemáticos que cercam a vida e a obra da autora: a escola. Uma pequena amostra diante do número de reflexões que poderiam emergir da leitura pareada de manuscritos e a edição brasileira.

---

16 FERNANDEZ, Rafaella Andréa. "Entrevista com Clelia Pisa". *Scripta*, Belo Horizonte, v. 18, n. 35, dez. 2014, pp. 297-304, dez. 2014. Disponível em: periodicos.pucminas.br/index.php/scripta/article/view/8821/pdf. Acesso em: 10.07.2020.
17 *Ibidem*.
18 *Idem*. "Entrevista com Anne-Marie Métailié". *Scripta*, Belo Horizonte, v. 18, n. 35, dez. 2014, pp. 297-304, dez. 2014. Disponível em: periodicos.pucminas.br/index.php/scripta/article/view/8820/pdf. Acesso em: 10.07.2020.
19 O caderno "001518_Um Brasil para os brasileiros" teve sua parte em prosa totalmente transcrita pela Coordenadora de Literatura do IMS, a professora Rachel Valença. Essa transcrição feita para a fase de pesquisa da exposição e ainda não disponibilizada para o público em geral, além de trazer notas importantíssimas sobre aspectos regionais da escrita de Carolina Maria de Jesus, facilita o cotejo com a edição publicada.

Nos trechos do "Prólogo" (caderno *Um Brasil para os brasileiros*) que servirão de base para o capítulo "A escola" (*Diário de Bitita*), é possível perceber um constante zigue-zague, como que montando, com as mesmas peças do manuscrito, um quebra-cabeça diferente. Dessa forma, encontramos parte da composição de um parágrafo recompondo outro, e assim por diante. Isso dificultou o estabelecimento das equivalências e revelou uma alteração da narrativa e da memória, seja por acréscimos enfáticos, supressões ou deslocamento de trechos. Um exemplo disso é quando a narradora nos conta sobre a pessoa que insiste com sua mãe para que a coloque na escola. No prólogo do manuscrito, lemos: "Quem insistiu com a minha mãe para enviar-me à escola foi a utilitaríssima D. Maria leite. Ela era branca" (pp. 1-4). O trecho vai reaparecer na edição brasileira no capítulo 11, "A escola", da seguinte forma: "Minha mãe era pobre. Dona Maria Leite insistiu com a mamãe para enviar-me à escola." No entanto, intrigantemente após: "Minha mãe foi lavar roupa na residência do senhor José Saturnino, e a sua esposa dona Mariquita disse para a minha mãe me pôr na escola" (p. 122). A referência de dona Mariquita não aparece nesse contexto na versão do manuscrito a que tivemos acesso.

No entanto, é difícil precisar se houve uma recriação de fato, uma vez que há algumas versões do "Prólogo" manuscrito[20] e, segundo Rachel Valença, coordenadora de Literatura do Instituto Moreira Salles, que transcreveu os cadernos manuscritos, é muito provável que haja um terceiro caderno que também serviu como base para a reconfiguração do texto. De toda sorte, verificamos na leitura da edição da Nova Fronteira uma recomposição de memória de uma autora que nem mesmo pôde ter acesso ao livro pronto.

Um outro exemplo de recomposição está na fala de dona Maria Leite, que exemplifica o porquê da admiração de Bitita por ela. No manuscrito, aparece:

> O que eu admirava era a D. Maria Leite auxiliar somente os pretos e dizia: — Nós que fomos escravocratas, temos os nossos compromissos morais com vocês. Quem saber se agora, que Rui Barbosa nos aconselhou a educá-los, vocês se ajustam no país? (pp. 2-3)

---

20 FERNANDEZ, Rafaella Andréa. "Vários 'prólogos' para um *Journal de Bitita/Diário de Bitita* ou Por que editar Carolina?". *Op. cit.*

O livro editado traz o seguinte:

> O que eu admirava é que dona Maria Leite não auxiliava os brancos, só os pretos, e nos dizia: – *Eu sou francesa*. Não tenho culpa da odisseia de vocês, mas eu sou muito rica, auxilio vocês porque tenho dó. Vamos alfabetizá-los para ver o que é que vocês nos revelam; se vão ser tipos sociáveis e tendo conhecimento poderão desviar-se da delinquência e acatar a retidão. (p. 123)

Continuando a leitura em busca dos equivalentes, é possível encontrar a frase "eu sou francesa" no seguinte trecho do manuscrito, quando Bitita continua a narração de quando dona Maria Leite pedia para as crianças lerem: "Ouvia a leitura com interesse profundo. Ela era francesa." (p. 4)

Para além das recomposições nas estruturas no texto, há nesse trecho uma alteração da personagem dona Maria Leite. Se, num primeiro momento, vemos marcada pela letra de Carolina a imagem de uma dona Maria Leite que assume ter sido escravocrata, mesmo sendo francesa, e pretender seguir os conselhos de Rui Barbosa, temos, na versão editada, uma dona Maria Leite que lava as mãos diante da "odisseia" dos negros por ser francesa e se presta à caridade por ser rica. A primeira dona Maria Leite soa atenciosa, e a segunda, arrogante por ser francesa.

No que diz respeito à geração de novas imagens e memórias por meio de acréscimo, temos nos manuscritos o seguinte exemplo, ainda nas descrições de dona Maria Leite, que tenta aproximação com as crianças: "Eu gosto dos pretos! Sabem, eu queria ser preta." (p. 3) Na edição publicada, o trecho aparece da seguinte forma: "Eu gosto dos pretos. Eu queria ser preta. E queria ter o nariz bem chato." (p. 123)

É passível de análises e reflexões o acréscimo da fala "Eu queria ter o nariz bem chato". A evidenciação de traços negroides faz com que, ao invés de conferir certa credibilidade à afirmação de querer ser preta, haja, no mínimo, um distanciamento por parte de dona Maria Leite verificado no manuscrito.

Para além desses exemplos, que demonstram um pouco da recomposição do texto, consideramos também interessante ilustrar como a alteração de alguns diálogos é capaz de evidenciar a priorização da interpretação da narrativa diante da transposição propriamente dita. Mais uma vez, é preciso considerar que o processo de tradução agravou algumas discrepâncias no resultado da edição brasileira em relação ao que lemos no manuscrito. O trecho em que Bitita finalmente aprende a ler e descreve com entusiasmo como tudo isso se passou e narra sobre a leitura do primeiro livro mostra-se ilustrativo. O destaque em análise na versão editada da Nova Fronteira ressalta partes em que o distanciamento é mais marcado:

> Vasculhei as gavetas procurando alguma coisa para ler. *A nossa casa não tinha livros. Era uma casa pobre. O livro enriquece o espírito.* Uma vizinha emprestou-me um livro, o romance Escrava Isaura. *Eu que estava farta de ouvir sobre a nefasta escravidão, decidi que deveria ler tudo o que mencionasse o que foi a escravidão./* Era uma época de tête-à-tête porque *uma pessoa culta prevê* as consequências dos seus atos. Os brancos retirando os negros da África não previam que iam criar o racismo no mundo *que é problema e dilema. Eu lia o livro, retirava a síntese.* E assim foi duplicando o meu interesse pelos livros. Não mais deixei de ler. (Grifos meus, pp. 126-127)

No entanto, o que sai das canetas de Carolina Maria de Jesus é:

> Vasculhei as gavetas, procurando qualquer coisa para eu ler. Uma vizinha emprestou-me um romance Escrava Isaura. *Compreendi tão bem o romance que chorei com dó da escrava e agradeci a Deus por não ter nascido escrava. Compreendi que naquela época os escravos e os escravizadores eram ignorantes, tipos de homens que viam apenas o presente e não viam o futuro, porque quem é culto não escraviza e quem é culto não aceita ser escravizado.* Era uma época de *tête-à-tête* porque *os cultos analisam* as consequências dos seus atos. Os brancos retirando os pretos da África não previam que iriam criar o racismo no mundo e assim foi duplicando o meu interesse pelos livros. Não mais deixei de ler. (Grifos meus, p. 11)

Os acréscimos na edição editada enfatizam e interpretam uma afirmação da autora que não aparece compondo o mesmo trecho. As partes acrescentadas apresentam correlação com outros trechos no manuscrito, mas, quando colocadas em posição diferente da narrativa, evocam outros significados e interpretações. Omitir as impressões sensíveis de Bitita à leitura e o quanto esta é capaz de emocionar e fazê-la pensar em sua própria condição é omitir um importante traço da personagem na narrativa. O que vemos na edição é uma Bitita que racionaliza, "decidi ler tudo que mencionasse o que foi a nefasta escravidão", e não que se sensibiliza, "chorei com dó da escrava e agradeci a Deus por não ter nascido escrava", como no manuscrito.

O último exemplo traz a renomeação dos títulos dos livros que a professora dava aos alunos para lerem em casa. Na edição editada, temos: "Ela nos emprestava livros para nós lermos em casa: *História sagrada, História universal*, a *Bíblia*, e os livros iam transferindo-se *de um para outro*". (p. 127) Pois o que encontramos no caderno manuscrito da autora é: "A professora nos emprestava bons livros para lermos, a *Bíblia, A vida de Santa Terezinha* e os livros escolares iam transferindo-se *de irmãos para irmãos*". (p. 14) O motivo da alteração dos títulos dos livros pode ter sua origem na tradução também, uma vez que, para um público francês, pudesse fazer mais sentido falar de uma *História universal* do que da *Vida de Santa Terezinha* (ainda que isso também seja questionável). A alteração de "irmãos para irmãos" para "de um para outro" é outro caso que instaura uma determinação do sentido que no manuscrito não há, uma vez que "de irmãos para irmãos" pode significar realmente irmão para irmão, algo muito comum nas famílias pobres, não só no que diz respeito aos livros, mas também de aluno para aluno. Quando se coloca "de um para outro", deixamos disponível somente um sentido: o de que os livros circulavam entre os alunos da classe.

Diante dessa amostra, vemos mais uma vez a urgência de conhecer Carolina Maria de Jesus desde a fonte, desde seus manuscritos, uma vez que ler a autora fora das lentes da edição é experienciar suas memórias na sua maneira mais íntegra e genuína. É acompanhar o que tem de mais humano nas personagens de sua vida. É ver em seu avô, o Sócrates Africano,[21] não somente a sapiência que intrigava os brancos e a encantava, mas também a sutileza do olhar dele para sua namorada, companheira no momento de seu casamento, quando, sob a égide das memórias de Carolina, Bitita narra: "Ele olhava a Siá Maruca e disse-lhe: sempre gostei de olhar o seu rosto. O rosto de minha namorada e agora o rosto da minha esposa." Uma fala que, ao revelar o subjetivo, a admiração e o amor entre eles, confere a humanidade tão negada a corpos negros, e mais ainda em idade avançada, e negada aos leitores da versão editada. Certamente, os

---

[21] Existe um conto de mesmo nome publicado no número 11 da revista *Escrita*, datado de 1976 e disponível *online* no *site* do Literafro: www.letras.ufmg.br/literafro/autoras/24-textos-das-autoras/65-carolina-maria-de-jesus-o-socrates-africano. Acesso em: 15.09.2020.

manuscritos são a melhor fonte para conhecer o projeto literário da autora e revelam sempre algo que vai muito além da imagem veiculada a partir de *Quarto de despejo*.

Os estudos sobre os processos de edição que os textos de Carolina Maria de Jesus têm sofrido todos esses anos mostram o quão pouco foi permitido vislumbrar da autora a partir de suas obras editadas. Obras que tiveram, no entanto, um papel fundamental para que ela pudesse ser vista, lida e conhecida.

Todavia, o que acontece em *Diário de Bitita* supera os processos de edição. A partir do texto publicado na França, a edição faz com que algumas conexões relevantes para o público leitor brasileiro se percam. Referências a políticos como Rui Barbosa, a livros como o de Santa Terezinha, que poderiam não ter feito sentido para um leitor francês, voltariam a fazer sentido na edição brasileira, talvez mais do que interpretações das narrativas ou o livro *História universal*, por exemplo. O enxugamento dos níveis sensíveis da narrativa, que exploram os sentimentos humanos, e a alteração das falas fazem emergir outros personagens e uma Bitita racional, ao mesmo tempo que, por vezes, apagam a humanidade que Carolina Maria de Jesus conferiu a elas.

Esse panorama preliminar de informações acerca das condições de publicação de *Diário de Bitita* nos permite ver que a mulher abandonada que recebe as jornalistas, para quem entrega os manuscritos capinando a grama, não havia perdido suas esperanças de levar seu projeto literário adiante. E lança mão de uma estratégia para sua publicação, entregando aqueles manuscritos, gerenciando da forma que lhe é permitido, dentro de suas condições, seu projeto desde a escrita até a publicação. Cabe a nós, realizando o estudo contrastivo dessas edições publicadas e recorrendo aos manuscritos, fazer emergir as dimensões e complexidades dessa autora, apagadas nesse processo. Dado que estamos diante de uma reescritura que, embora ilumine parte do projeto literário da autora, restringe e nos impede de conhecer o todo, o novo, a revolução. Há uma autorização à apropriação dos textos de Carolina vigente nos processos de edição a que eles são submetidos que permite que estes sejam moldados de acordo com a imagem de uma autora plausível, adequada aos padrões estabelecidos para o que supostamente poderia o grupo étnico-racial ao qual ela pertence. É nos manuscritos que temos a dimensão do quanto essa possibilidade ditada é extrapolada. Do quanto precisamos conhecê-la mais.

"Eu ódiava o senhor José Afónso pôr dizer que o Vovô seria o Sócrates Africano, se sóubesse ler. Mas, não podia xingá-lo, pórque, êle, era o presidente de Sacramento e os que xingavam o presidente iam prêsos, e apanhavam. Pensava: se o vovô fôsse branco e rico o senhor José Afonso havia de considerá-lo. Mas o Vovô era prêto, e o preto não é o dono do mundo. [...]

Fiquei feliz em saber que o meu avô mórreu ilibado. O seu nome Benedito José da Silva. E tenho orgulho de acresçentar que êle foi, o Sócrates, analfabeto. Era imprecionante, a sapiência daquêle hómem."

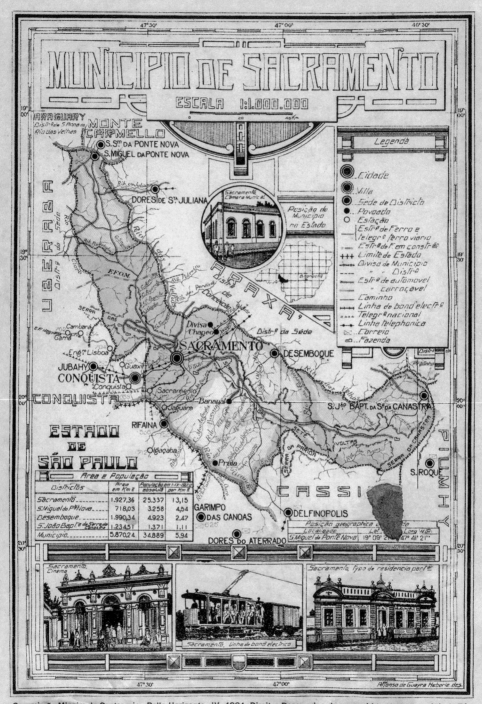

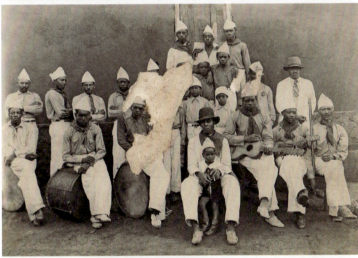

Página anterior: *Mapa histórico-geográfico da cidade de Sacramento*, data não identificada. Arquivo Público Municipal de Sacramento.

Bianchi (fotógrafo), Bloco carnavalesco dos anos 1930, fotografia tirada no Clube Primavera. Publicada em *Destaque – Revista Cultural de Sacramento e região*, n. 9, ano 9, jan./fev. 2003. Fotografia original pertencente à Coleção de Irene Antonia Ferreira. Arquivo Público Municipal de Sacramento.

Autoria não identificada, Grupo carnavalesco em Sacramento, 1961. Coleção particular Júlio César, Sacramento.

Autoria não identificada, Grupo de Congada Guarda de São Benedito e Nossa Senhora do Rosário, 1961. Arquivo Público Municipal de Sacramento.

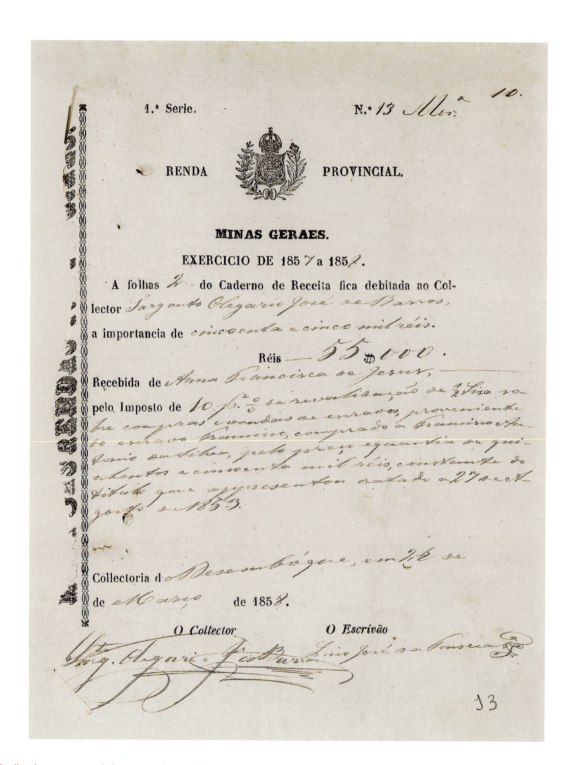

Recibo de pagamento de imposto sobre venda de escravizado, 1958. Arquivo Público Municipal de Sacramento.

10.

1ª série N° 13 Mês:

Renda Provincial.

Minas Geraes.

Exercicio de 1857 a 1858.

A folhas 2 do Caderno de Receita fica debitada ao Collector Sargento Olegário José de Barros, a importancia de cincoenta e cinco mil réis.

Réis — 55$000.

Recebida de Anna Francisca de Jesus, — pelo Imposto de 10, 6% de revalidação de ½ Siza sobre compras e vendas de escravos, proveniente do escravo Francisco, comprado a Francisco Antonio da Silva, pelo preço e quantia de quinhentos e cincoenta mil réis, constante do titulo que appresentou datado a 27 de Agosto de 1853.

Collectoria do Desembóque, em 24 de de Março de 1858.

O Collector

Sarg.to Olegário J. de Barros

O Escrivão

Enio José da Fonseca []

13

— Abreviatura ••• Palavra de leitura muito difícil, podendo se tratar de outra palavra [ ] Rasgado ou ilegível

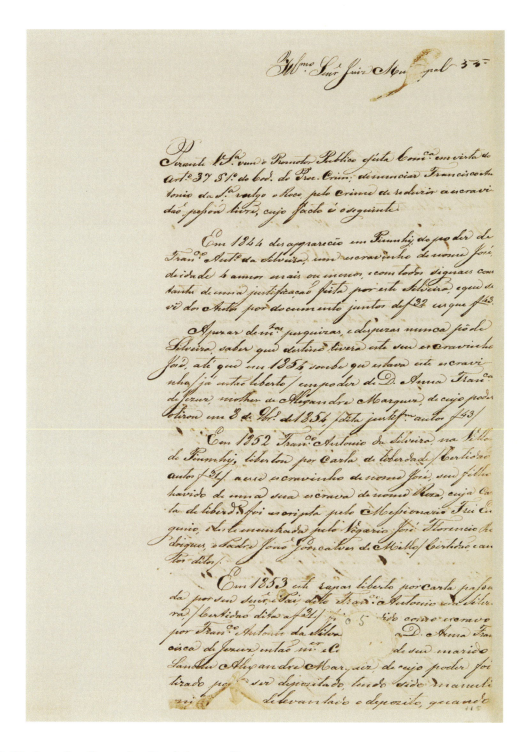

Pedido de condenação por crime de reduzir pessoa livre à escravidão, data não identificada. Arquivo Público Municipal de Sacramento.

Exl.mo Senr e Juiz Mu[ ]pal 55

Perante V. Sª vem o Promotor Publico desta Com.ca em vista do art.º 37 S1º do Cod. do Proc. Crim; denunciar Francisco Antonio da Sª; vulgo o Roco, pelo crime de reduzir a escravidão e pe[?]soa livre, cujo facto é o seguinte.

Em 1844 desappareceô em Pinnhy do poder de Fran.co Ant.º da Silveira, um escravinho de nome José, de idade 4 annos mais ou menos, e com todos signaes constantes de uma justificação feita por este Silveira, e que se vê dos Autos por documento juntos de f 32 [?]que f 43.

Apezar de m.tas pesquizas, e despezas nunca pôde Silveira saber que destino tivera este seu escravinho José, até que em 1854, soube que estava este escravinho/ já então liberto/ em poder de D. Anna Fran.ca de Jezuz, mulher de Alexandre Marquez, de cujo poder o tirou em 8 de Abr. de 1854,/ dita justifm. autos f 43/

Em 1852 Fran.co Antonio da Silveira, na Villa de Pinnhy, libertou por carta de liberdade/ Certidão autos f 31/ a esse escravinho de nome José, seu filho havido de uma sua escrava de nome [Roza?], cuja Carta de liberd.e foi escripta pelo Messionario Frei Eugenio, e testemunhada pelo Vigario José Florencio Rodrigues, o Padre Joao e Goncalves de Millo/ Certidão e autos ditos/.

Em 1853 este rapas liberto por carta [passada?] por seu senr e Pai, dito Fran.co Antonio da Silveira, / Certidão dita a f 31/ f []ido como escravo por Fran.co Antonio da Silve[ira] [] a D. Anna Francisca de Jezuz então m.er e C[ ] de seu marido [Sandro?] Alexandre Marquez de cujo poder foi tirado po[] ser depozitado, tendo sido mannti[] de levantado o depozito, quando

115

o dito Silveira, Pai libertante do rapaz, foi vendido com o nome de Francisco/ veio a Juizo com a justificação a f_, justificando o verdadeiro nome, signaes, e padrinhos do libertado, em vista do que recebeu elevou comsigo o dito rapaz para a Villa de Piumhy.

Quando por Ordem de V. S.ª retirou do poder de D. Anna Fran.ᶜᵃ o referido escravinho, que estava com o supposto nome de Fran.ᶜᵒ foi aquelle vendedor Fran.ᶜᵒ Ant.º da Silva, chamado á Autoria por uma Precatoria/ Autos a f. 2 p.ᵉ/ onde consta haver sido citado para vir a Juizo fazer boa a venda do referido escravo —— elle não compareceu, e em data de 11 de Abril de 1859 foi julgada por sent.ª de V. S.ª a Comminação/ Autos a f. 31/

Resumindo pois a materia da prezente Denuncia vê-se que Fran.ᶜᵒ Ant.º da t.ª reduzira á escravidão, e vendera em 27 de Agosto de 1853 um individuo que se achava liberto, desde 1º de 9bro de 1852/ Certidão autos a f. 31/ e não real foi esta venda, que se vê o titulo della a f. 2 dos Autos junto, cujo titulo foi firmado pelo punho do dito Francisco Antonio da Silva em áas tut.ᵃ que se protesta aprezentar a bem da Justiça se for mister. Este escravo figurou no Inventario do finado Alexandre Marquez, onde foi descripto, avaliado e partilhado, tendo tocado em partilha ao Orphão José filho daquelle finado, cujo tutor é o Tenente Antonio Gonçalves Borges;

Eis a hystoria do facto Criminoso, praticado por Francisco Antonio [da] Silva o Roca, morador no termo do Araçá [...] vecino sendo o delicto commettido na fazenda [...] Vista, Districto do Sacramento Termo do [Desemboque], o que tudo melhor consta dos Autos por documento juntos.

o dito Silveira, Pai libertante do rapaz José/ vendido — com o nome de Francisco/ veio a Juizo com a justificação af, justificando o verdadeiro nome, signaes e padrinhos do libertado, em vista do que recebeo; e levou com sigo o dito rapaz para a Villa de Punichy.

Quando por Ordem de V. Sª se tirou do poder de D. Anna Fran.ca; o refferido escravinho, que estava com o supposto nome de Fran.co, foi aquelle vendedor Fran.co Ant.o da Silva, chamado a autoria por uma Precatoria/ autos af. 20/ d'onde consta haver sido citado para vir a Juizo fazer boa a venda do refferido escravo — elle não compareceô e em daeta de 11 de Abril de 1859, foi julgada por sent.a de V. Sª a Comminação/ autos af 51/.

Resumindo pois a materia da prezente Denuncia, vê-se que Fran.co Ant.o da S.a reduzira a escravidão, e vendera em 27 de Agosto de 1853 um individuo que se achava liberto, desde 1º de Abr. de 1852/ Certidão autos af 31/ e tão real foi esta venda, que se vê o titulo délla af 9 dos autos juntos, cujo titulo foi firmado pello punho do dito Francisco Antonio da Silva e mais test.as, que se protesta aprezentar a bem da Justiça se for mistér. Este escravo figurou no inventario do finado Alexandre Marquez, onde foi descripto, avalliado e partilhado, tendo tocado em partilha ao Orphão José, filho daquelle finado, cujo tutor é o Tenente Antonio Gonçalves Borjes;

Eis a hystoria do faeto criminoso, praticado por Francisco Antoni[o da] Silva o Roco, morador no Termo do Aragá[] sendo o deleito committido na fazenda []a Vista, Destrieto do Sacramento Termo do Desemboque, o que tudo melhor consta dos autos por documento juntos. []

AYRSON HERÁCLITO
Macaúbas, BA, 1968 – Vive em Cachoeira, BA.
Carta de liberdade da cabrinha Francisca, Carta de liberdade do mulatinho Izidro, Carta de liberdade da escrava Caetana e Carta de liberdade da parda Maria
(da série *Desenhos da liberdade*), 2019

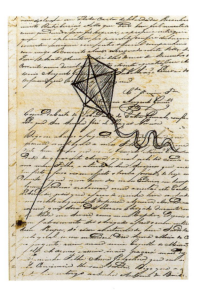

GUILHERME ALMEIDA
Salvador, BA, 2000 – Vive em Salvador, BA.
Destruição dos mercados (Carolina Maria de Jesus), 2021
Destruição dos mercados (Conceição Evaristo), 2021

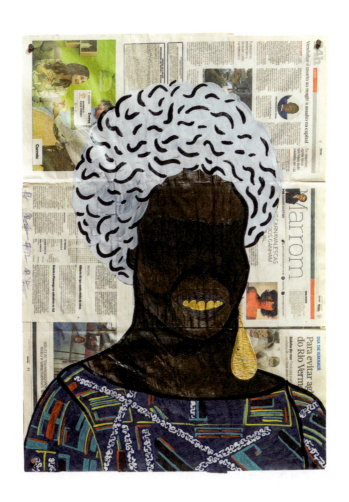

GUILHERME ALMEIDA
Salvador, BA, 2000 – Vive em Salvador, BA.
Destruição dos mercados (Mano Brown), 2021
Destruição dos mercados (Abdias Nascimento), 2021

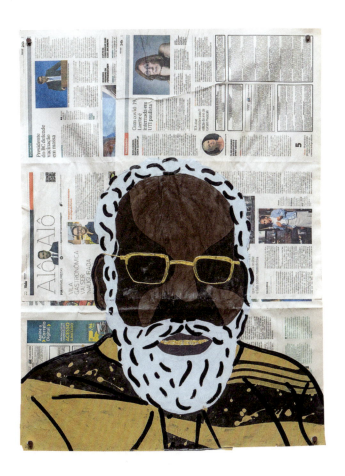

HELÔ SANVOY
Goiânia, GO, 1985 – Vive em Goiânia, GO.
Minuto de silêncio, 2018

"Eu cato papel, mas não gosto. Então eu penso: Faz de conta que eu estou sonhando."

JESUS, Carolina Maria de. *Quarto de despejo: diário de uma favelada*. São Paulo: Ática, 2014, p. 29. Acervo Instituto Moreira Salles.

RAFAEL BQUEER
Belém, PA, 1992 – Vive em São Paulo, SP.
Foto andando sobre as caixas – Série Alice e o chá através do espelho, 2014
Foto em frente ao paredão – Série Alice e o chá através do espelho, 2014

MAXWELL ALEXANDRE
Rio de Janeiro, RJ, 1990 – Vive no Rio de Janeiro, RJ.
Série *Patrimônio – Isso até você faria*, 2017

TOLENTINO FERRAZ
Medina, MG, 1989 – Vive em Belo Horizonte, MG.
Estojo Carolina Maria de Jesus, 2021

QUARTO DE DESPEJO: UM GESTO REFLEXIVO E URGENTE SOBRE A CIDADE

GABRIELA LEANDRO PEREIRA

Autoria não identificada, "Carolina Maria de Jesus com Vera Eunice", O Estado de S. Paulo, São Paulo, abril de 1961. Fotografia analógica impressa em formato digital. Acervo O Estado de São Paulo, ©Estadão Conteúdo.

Quarto de despejo, publicado por Carolina Maria de Jesus em 1960, é um marco na narrativa urbana produzida no Brasil por uma miríade de razões, embora seja frequentemente fixado, de forma precipitada, como relato de uma vida de pobreza na favela brasileira. O caminho que sigo neste texto parte de perspectivas menos imediatistas, visando a desencorajar uma leitura apressada e fragmentada do quadro que nos presenteia a escritora com suas obras. O forte enunciado "a favela é o quarto de despejo da cidade", do qual deriva o título do seu primeiro livro, é a pequena parte visível de um gesto reflexivo bem maior. Gestado ainda antes da favela do Canindé, o enunciado informa sobre um desejo de cidade não correspondido, projetado desde Sacramento (MG), de onde Carolina partiu em migração para São Paulo, apelidada por ela de "Sucursal do Céu". Generosamente, a sua obra nos guia pelo desconcertante intervalo entre o mundo vislumbrado e o mundo habitado. É nesse intervalo que reside toda a potência e complexidade de seu enunciado.

Forjadas pela modernidade, pelo escravismo transatlântico e pelas violências coloniais que são atualizadas em consonância com as inovações da sociedade capitalista, as cidades brasileiras são marcadas e construídas pelo acúmulo desses processos. Sobre elas, incide o dispositivo da racialidade, que, historicamente, elege, produz e promove mortes e vidas, nas quais a negritude é inscrita sob o signo da morte, e a branquitude, sob o signo da vida.[1]

Nascida em 1914, a escritora acompanhou de perto a intensidade das transformações ocorridas nas cidades por onde passou. Suas criações literárias carregam esses traços. "Quarto de despejo" e "Sala de visitas", como nomeia a favela e a parte urbanizada das casas de alvenaria, são menos metáforas ou figuras de linguagem, mas possibilidades e modos de acessar processos constitutivos de condições de vida urbana, nos quais ela se inspira. A radicalidade de sua escrita poética posicionada expande estética, teórica e empiricamente os enunciados nada previsíveis, sem desvios ou interesses em propiciar conforto. A experiência urbana racializada e generificada presente em sua narrativa apresenta a cidade interditada pelo duplo fenômeno do racismo e do sexismo.[2]

Em texto intitulado "Favela" – manuscrito escrito por Carolina que precede *Quarto de despejo*, mas só publicado em 2014 –, a cidade "Sucursal do céu" perde espaço para sua faceta menos doce: "São Paulo modernisava-se. Estava destruindo as casas antigas para construir arranha céus. Não havia mais porões para o proletario. Os favelados falavam, e pensavam. E vice-versa."[3] A São Paulo narrada nesse fragmento decorre das vorazes transformações ocorridas em pouco mais de um século, período em que passou de núcleo provinciano, no início do XIX, para "capital do café", no final dos 1800. Despontou no século XX como centro fabril e rapidamente se alçou à posição de metrópole industrial. Concomitantemente, proliferaram legislações criadas para regular a vida na cidade, como o Código de Posturas Municipais (1886), que continha uma compilação de diretrizes propriamente urbanísticas, ou o Código Sanitário (1893), que exigia a demolição dos cortiços e proibia a criação de novos.

Esse crescimento acelerado, que demandava urgência em intervenções que viabilizassem a expansão e o urbanismo, foi uma ferramenta ideológica e operacional fundamental para elaborar e respaldar as mudanças almejadas. Se voltarmos para os elementos da modernização citados anteriormente na passagem do texto de Carolina, perceberemos que, para além de estruturar o crescimento urbanizado, as transformações da cidade

---

[1] CARNEIRO, Aparecida Sueli. *A construção do outro como não-ser como fundamento do ser*. Tese de doutorado em filosofia da educação, Faculdade de Educação, Universidade de São Paulo, 2005.
[2] GONZALEZ, Lélia. "Racismo e sexismo na cultura brasileira". *Ciências Sociais Hoje*, Anpocs, 1984, pp. 223-244.
[3] JESUS, Carolina Maria de. "Favela". In: *Onde estaes felicidade?*. Organização de Dinha e Raffaella Fernandez. São Paulo: Me Parió Revoluções, 2014, p. 39.

reforçaram e mesmo produziram novas assimetrias. Seletividade e negligência articulam-se, reinscrevendo as fraturas da estrutura de dominação herdada do sistema colonial, pautado no escravismo e nos latifúndios.

Atender aos interesses imobiliários urbanos da elite exigiu desvios ideológicos e distanciamentos da ideia de cidade moderna. A racionalização do espaço e as intervenções de embelezamento foram comprometidas em suas qualidades estéticas e funcionais quando direcionadas com maior atenção aos espaços de maior relevância simbólica ou importância econômica[4] nessa modernização periférica.

Contínuas e distintas gestões municipais preocuparam-se em prover soluções para a expansão urbana. O Plano de Avenidas, elaborado em 1930 pelo então engenheiro da Secretaria de Obras e Viação da Prefeitura de São Paulo, Francisco Prestes Maia, propunha um sistema radial perimetral estruturado pelo anel viário em torno do centro e pelo conjunto de avenidas radiais que partiria dessa centralidade em direção a todos os quadrantes da cidade. Uma segunda via perimetral seria traçada sobre o leito da linha férrea, e um terceiro sistema, chamado de *parkways*, seria composto pelas marginais Tietê e Pinheiros, seguindo pelas cabeceiras do Ipiranga até o vale do Tamanduateí.[5] Quando foi prefeito (1938-1945), Prestes Maia deu início à canalização do rio Tietê e à execução de terraplenagem das avenidas marginais, possibilitando a expansão da cidade para além dos limites impostos pelo rio. É importante perceber que o processo de periferização relacionado à industrialização e à atração de migrantes para a cidade só foi viável devido à alteração da estrutura viária e ao incremento do transporte coletivo. Merecem destaque também a abertura de loteamentos de classe alta e os melhoramentos relacionados à remodelação de praças, com diminulção de área verde para ampliação de áreas de calçadas e circulação de veículos.

Em 1950, um programa de melhoramento público para a cidade de São Paulo foi encomendado pelo prefeito Lineu Prestes à International Basic Economic Corporation, Ibec, dirigida por Nelson Rockfeller. Robert Moses, conhecido pela modernização e remodelação urbana de Nova York – responsável por grandes obras viárias como a Cross-Bronx e pela destruição de quarteirões "guetificados" –, dirigiu o estudo. O relatório continha recomendações referentes ao planejamento geral de obras públicas municipais,

---

4 CAMPOS, Candido Malta. *Os rumos da cidade: urbanismo e modernização em São Paulo*. São Paulo: Editora Senac São Paulo, 2002, p. 23.
5 LEME, Maria Cristina da Silva (org.). *Urbanismo no Brasil – 1895-1965*. São Paulo: Studio Nobel/FAU-USP/Fupam, 1999.

indicando a compra imediata de 500 ônibus, modificações no sistema viário e no itinerário do transporte público, a criação de vias expressas tipo *parkways*, além da estimativa de custo para a realização de desapropriações para implementação das mesmas.

Já na gestão do prefeito Adhemar de Barros (1957-1961) – período no qual a maior parte de *Quarto de despejo* foi escrito –, o Departamento de Urbanismo apresentou os conceitos e estudos para o plano diretor, a partir das pesquisas elaboradas pela Sociedade para Análise Gráfica e Mecanográfica Aplicada aos Complexos Sociais (Sagmac), vinculada ao Movimento de Economia e Humanismo, dirigido pelo padre dominicano Louis-Joseph Lebret. Tais estudos consistiram em planos para o sistema viário, contemplando abertura de ruas, ampliação de vias, construção de túneis, estudo para o metrô, proposta de zoneamento com regulamentação do parcelamento do solo, usos, índices urbanísticos etc.

Além de trazerem indícios dos projetos e planos produzidos entre as décadas de 1930 e 1960, brevemente apresentados aqui, os textos de Carolina também nos oferecem pistas sobre o modo como opera a transformação urbana de São Paulo. Em *Casa de alvenaria*, livro publicado em 1961, a escritora apresenta uma explicação sobre o título do livro *Quarto de despejo*:

> Em 1948, quando começaram à demolir as casas terreas para construir os edifícios, nós, os pobre que residiamos nas habitações coletivas fomos despejados e ficamos debaixo das pontes. É por isso que eu denomino que à favela é o quarto de despejo de uma cidade. Nós, os pobres, somos os trastes velhos.[6]

A remodelação da área central da cidade, como visto, era uma das frentes de intervenção que conferiam sentido aos ideais de modernização almejados pela elite industrial. Aos poucos, o *skyline* da cidade-selva-de-pedra começava a tomar contornos semelhantes aos da paisagem que nos acostumamos a ver hoje. O despejo, anunciado na narrativa de Carolina, não é outra coisa senão uma das faces desse mesmo processo que transforma descartando. Não há um fora ou uma exclusão real, mas uma inclusão perversa[7] e precária que serve à engrenagem da máquina urbana.

---

6 JESUS, Carolina Maria de. *Casa de alvenaria*. São Paulo: Francisco Alves, 1961, p. 17.
7 SANTOS, Milton. *Por uma outra globalização: do pensamento único à consciência universal*. 13. ed. Rio de Janeiro: Record, 2006.

Nesse sentido, é válido perceber no já mencionado texto "Favela" os movimentos, realizados pelos afetados pelo iminente despejo, de negociação com o poder público, mirando alternativas para a questão. Se até então restava alguma dúvida quanto à intrínseca relação entre modernização e favelização, ela se esvai nos primeiros parágrafos do referido texto. É didática, desconcertante e constrangedora a encenação que leremos a seguir:

> – Vamos falar com o dr Adhemar de Barrós.
>
> – Ele, é um homem bom. E a Leonor, é uma santa mulher. Tem bom coração. Tem dó dós pobres O Dr Adhemar de Barros, não sabe dizer não a pobreza êle é um enviado de Deus [...].
>
> E assim os favelados acalmaram. E durmiram tranquilos. Ainda não tinham ido falar como Dr Adhemar de Barrós. Eles confiavam nêste grande líder [...].
>
> – Dentro de 3 dias eu arranjo lugar para voçeis.
>
> E o Dr. Adhemar que não decepciona que tem noção de responsabilidade das palavras conferenciou com o Dr Paulo Lauro que era o nobre perfeito de S. Paulo. e resolveram instalar os favelados as margens do Rio Tietê, no bairro do Canindé. E ficou ao cargo do patrimônio colocar os favelados. E começou a transferência [...]
>
> Os terrenos eram medido por um fiscal. 6 de frente, 12 de fundós. Uns ficava contente, outros achava que era pouco. O grave problema.[8]

Como dito, não há um fora. "Favelados" e poder público estão, assimetricamente, coimplicados no surgimento da favela do Canindé. De forma hábil, Carolina se antecede aos gestos de culpabilização dos favelados pela existência da favela. Chama pelo nome os homens da política, os benfeitores, os filantropos. Apresenta-os elogiosamente e os inscreve, à

---

8 JESUS, Carolina Maria de. "Favela". *Op. cit.*, pp. 39-40.

revelia, no ato fundante da favela do Canindé. Na narrativa de Carolina, o Estado resolve a "crise da habitação" autorizando a proliferação de lotes que passarão a compor a favela.

> Eu morava na rua Riachuelo. A casa foi demolida eu passei a residir no Hotel todas admirava. Dizia: granfina!
>
> As vêzes eu empregava, dormia nos empregos. Não procurava quartos. Era a crise de habitações. E quando não tinha dinheiro dormia no albergue noturno. Nem sempre os bons ventos me favorecia. Resolvi ir no patrimônio pedir um lugar aqui na favela eu ia ser mãe. E conhecia à vida infausta das mulheres com filhos e sem lar. Vi muitas crianças morrer ao relento nos braços das mães.
>
> Fui feliz. Ganhei.[9]

A escolha do lugar para o "despejo" é um fato que não passa despercebido. Como no Plano de Avenidas, em planos de modernização e relatórios de obras de melhoramentos da cidade de São Paulo, o rio Tietê é objeto de intervenção. Os primeiros projetos de retificação e canalização datam do final do século XIX, motivados pelo agravamento das condições de saneamento das várzeas e pelas enchentes periódicas. Em 1894, a ameaça das pandemias levou ao início das obras de retificação do rio, em projeto do engenheiro João Pereira Ferraz, da Comissão de Saneamento do Estado de São Paulo, a partir de estudos anteriores. Nas primeiras décadas do século XX, foram feitas propostas complementares e também novas, que envolviam retificação, canalização, criação de eclusas, cais para navegação, canais laterais, canal dividido em dois leitos, açude móvel para regularização da vazão, lago artificial para prática de esportes náuticos, drenagens, as já citadas *parkways* e aterros das áreas de várzea visando à entrega das áreas inundáveis à urbanização.[10]

À medida que avançamos na leitura de "Favela" e *Quarto de despejo*, vai ficando evidente que as negociações com o poder público resultam em pactos muito precários. A localização da favela em uma área

---

9 *Ibidem*, p. 41.
10 LEME, Maria Cristina da Silva (org.). *Op. cit.*.

inundável demonstra a provisoriedade do compromisso estabelecido com os moradores.

> Precisava comprar dormentes porque Os barracões tinham que ser construído. Chovia dava enchente. Eu tinha passado uma enchente dentro d'água. O antigo barracão foi construído na terra sem assoalho passei treis dias em cima da cama. Puis o fogareiro nos pes da cama comprei uma lata de carvão e ali naquela posição incomoda eu preparava minhas refeições.[11]

A passagem de Carolina pelo Canindé se encerra meses após o lançamento do livro *Quarto de despejo*, quando ela inaugura sua temporada na "Sala de visitas". No entanto, a década de 1960 vai ser marcada pela contínua chegada de migrantes à capital paulista. Os anos que se seguiram foram marcados pelo agravamento da crise habitacional e pelo surgimento de novos empreendimentos imobiliários.

Em 1961, um ano após o lançamento de *Quarto de despejo*, a Prefeitura Municipal de São Paulo desfaveliza o Canindé. No primeiro parágrafo do documento intitulado *Desfavelamento do Canindé* (1962), que registra o processo e a execução do Plano de Desfavelamento, Carolina e sua obra são mencionadas:

> O impacto causado pela publicação do já famoso *Quarto de despejo*, de Carolina Maria de Jesus, a extinção da favela do Canindé pela Prefeitura, através dum plano pelo qual 60% dos seus moradores adquiriram casa própria, a ampla divulgação e interpretação do problema que vem sendo dada pelo Movimento Universitário de Desfavelamento (MUD), marcaram o despertar da cidade de São Paulo para esse grave problema humano e social – a favela.[12]

Carolina é aqui evocada como cúmplice, respaldando a ação do poder público. Nesse contragolpe, a prefeitura surge como provedora e cuidadora da favela e de seus habitantes. A narrativa da autora tornou-se argumento

---

11 JESUS, Carolina Maria de. *Casa de alvenaria*. Op. cit., p. 49.
12 SÃO PAULO. *Desfavelamento do Canindé*. São Paulo: Prefeitura Municipal de São Paulo, 1961.

mobilizado no aniquilamento das favelas. No entanto, o papel ativo do poder público na existência da favela do Canindé não é sequer mencionado no documento.

O plano é justificado pela ocorrência de fortes chuvas em dezembro de 1960 e, em consequência, pela enchente considerada a pior dos últimos 15 anos. O transbordamento do Tietê era recorrente, e estava em curso a execução do projeto de retificação e canalização do rio. A favela encontrava-se no trecho ainda não alcançado pela obra.

Executado pela Divisão de Serviço Social, o plano foi considerado um sucesso pela administração municipal, que agiu rapidamente, resultando no deslocamento de todas as 230 famílias. Vale destacar que o plano não considerava a possibilidade da permanência das pessoas no local por meio da urbanização da área, que aconteceria nos anos seguintes.

De acordo com os dados levantados, a favela surgiu em 1946, na margem esquerda do rio Tietê, entre as ruas Azurita e Felisberto de Carvalho. Ocupava aproximadamente 34.500 m² de um terreno público de propriedade da prefeitura. Nos 168 barracos, viviam 230 famílias, totalizando 904 pessoas. A tipologia habitacional foi caracterizada como barracos de madeira "precariamente construídos e em péssimo estado de conservação, aglomerados em vielas, dos quais parte apenas possuía luz elétrica".[13] Em "Favela", a narradora revela parte do processo empregado para a aquisição dos materiais que seriam utilizados na construção de sua moradia:

> Eu queria fazer meu barracão e não dinheiro para comprar tabuas. Estavam construindo a igreja Nossa senhora do Brasil. Eu resolvi pedir umas tabuas para monsenhor carvalho. Ou seja o padre João batista de Carvalho. Ele deu-me e eu não tinha dinheiro para pagar condução carreguei as tabuas na cabeça da Avenida Brasil ate o ponto final do Canindé.
>
> Todas as nôistes eu dava duas viagens. Eu ia de bonde, e voltava a pé com as tabuas na cabeça. Treis dias eu carreguei tabuas dando duas viagens. [...] Eu mesma fiz meu barracaozinho. 1 metro e meio por um metro e meio.[14]

---

13 *Ibidem*, p. 21.
14 JESUS, Carolina Maria de. "Favela". *Op. cit.*, p. 42.

Outro dado do plano dá conta de que não havia água encanada nem esgoto na favela do Canindé. Seus moradores serviam-se de poços e duas torneiras públicas. A labuta pela água tirada dos poços e carregada em baldes é tema recorrente em *Quarto de despejo*. O livro começa e termina com passagens nas quais a narradora Carolina relata essa atividade. As águas sempre condicionaram a existência e fixação dos humanos, tornando o território habitado. No tempo da industrialização, do grande investimento financeiro e tecnológico em obras de aterro, retificação, canalização de rios e desfavelamentos, o gesto, repetido infinitas vezes pelos humanos, de movimentar-se em busca de água faz vibrar os contornos civilizatórios constituídos pela modernidade. Nele, a construção de uma ideia de humanidade não oferece garantias, mas limitações às capacidades de invenção, criação, existência e liberdade. Não há primitivismo no gesto ou na tecnologia empregada na tarefa de encontrar água. Existe a lembrança daquilo que é incontornável, apesar de constrangido e precarizado pelo *modus operandi* instaurado pela modernidade. "Por que insistimos tanto e durante tanto tempo em participar desse clube?", interroga Ailton Krenak.[15]

Ainda segundo dados do *Desfavelamento do Canindé*, a maioria de seus moradores era imigrante. A incapacidade por parte do Estado para prover moradia favoreceu a consolidação e o adensamento das favelas na cidade. Ao mesmo tempo, os favelados tornavam-se necessários pelo fornecimento de mão de obra barata para o país em industrialização. Entre 1950 e 1960, o número de moradores nas favelas passou de 170 mil para 335 mil.[16]

Aos moradores da favela do Canindé foram oferecidas passagens de volta para as cidades de origem. Há imbuída nessa oferta uma dose significativa de culpabilização e discriminação dos migrantes, sobretudo nordestinos, que chegavam a São Paulo. Outras opções foram o aluguel de imóvel dentro de um valor estabelecido ou um auxílio financeiro, também limitado, para construção de imóveis próprios ou melhorias habitacionais. Considerando o gesto de demolição dos cortiços e casas térreas dos quais se originou o "despejo" nas margens do Tietê, é importante destacar que, nessa segunda negociação, a resposta do poder público aparenta maior integridade do que a anterior. No entanto, se territorializarmos os novos destinos dos ex-moradores da favela, observaremos sua pulverização distanciada do Canindé.

---

15   KRENAK, Ailton. *Ideias para adiar o fim do mundo*. São Paulo: Companhia das Letras, 2019, p. 13.
16   BRUM, Mario. "Favelas e remocionismo ontem e hoje: da ditadura de 1964 aos grandes eventos". *O Social em Questão*, ano 16, n. 29, 2013.

Levando em consideração as habilidades exuziásticas[17] de Carolina, percebemos que a dinâmica da rua das áreas centrais da cidade foi fundamental para a provisão de sustento, por meio das trocas e vendas que realizava enquanto catadora, em paralelo à sua atividade de escritora, o que nos faz aventar as dificuldades geradas para acesso a trabalho dos moradores espraiados pela capital.

No dia 30 de dezembro de 1960, "*o Sr. Prefeito derrubou simbolicamente o último barraco da Favela do Canindé*".[18]

A interdição da existência plena e do direito à cidade elaborada a partir das implicações da racialidade é um dado que constitui a própria cidade na modernidade. Carolina nos presenteia com contribuições precisas, potentes, para ampliarmos e intensificarmos os esforços direcionados a uma consciência abolicionista nos estudos urbanos. Os pactos que sustentam nossas cidades inviabilizam a efetivação da justiça social e da equidade urbana, sendo coniventes com cada morte de jovem negro que se realiza a cada 23 minutos no Brasil. O gesto reflexivo que *Quarto de despejo* inaugura permanece ativo, ainda hoje, como um movimento inacabado, complexo e revelador.

---

17 "Exuziástica" faz referência à entidade Exu, presente em algumas religiões de matrizes afro-brasileiras, definida por Wanderson Flor do Nascimento como: "Andarilho, mensageiro, comunicador, afeito à política. Exu anda com as palavras, anda nas palavras, anda pelas palavras, anda as palavras. Por viver (n)as palavras, como vive (n)as ruas, (n)as encruzilhadas, (n)os caminhos, Exu as tem como ferramentas para fazer mundos, encontros, memória." NASCIMENTO. Wanderson Flor do. "Prefácio: Exuzilhando a memória". *In:* SILVA, Cidinha da. *Um Exu em Nova York*. Rio de Janeiro: Pallas, 2018.

18 SÃO PAULO. *Op. cit.*, p. 4.

"Eu não tenho complexo de côr, pórque eu gosto de ser preta.. se Deus enviasse-me branca, crêio que ficava revoltada. Quando lêio nós jornaes; Carolina Maria de Jesus a preta da favela fico contente. Favela e o lugar dos pobres. É a mangedoura da atualidade. Cristo nasçeu numa mangedoura.

se renascesce seria numa favela. O recanto dos que não podem acompanhar o custo de vida."

JESUS, Carolina Maria de. Diário de 26.10.1960 a 03.12.1960. Manuscrito. Local desconhecido, data desconhecida, p. 00257-58. Arquivo Público Municipal de Sacramento/APMS 01.01.05.

"Eu queria fazer meu barracão e não dinheiro para comprar tabuas. Estavam construindo a igrêja Nossa senhora do Brasil. Eu resolvi pedir umas tabuas para monsenhor carvalho. Ou sêja o padre João batista de Carvalho. Ele deu-me e eu não tinha dinheiro para pagar condução carreguei as tabuas na cabêça da Avenida Brasil ate o ponto final do Canindé.

Todas as nôistes eu dava duas viagens. Eu ia de bonde, e voltava a pé com as tabuas na cabêça. Treis dias eu carreguei tabuas dando duas viagens. [...] Eu mesma fiz meu barracaozinho. 1 metro e mêio por um metro e mêio."

JESUS, Carolina Maria de. "Favela". *In*: Dinha e Raffaella Fernandez (orgs.). *Onde estaes felicidade?*. São Paulo: Me Parió Revoluções, 2014, p. 25. Acervo Instituto Moreira Salles.

Norberto (fotógrafo), "Casa 9 no Canindé (morada de Carolina Maria de Jesus)". *Última Hora*, 27.05.1952. Coleção Arquivo Público do Estado de São Paulo, Fundo Jornal Última Hora, São Paulo, ©FolhaPress.

NENÊ E STEFANY LIMA
Nenê: Olho D'Água das Flores, AL, 1994 – Vive em SP.
Stefany Lima: São Paulo, SP, 1996 – Vive no Recife, PE.
Nova Canindé, 2021

NENÊ
Olho D'Água das Flores, AL, 1994 – Vive em São Paulo, SP.
Quebradinha 2, 2019-2020
Quebradinha 1, 2019

NENÊ
Olho D'Água das Flores, AL, 1994 – Vive em São Paulo, SP.
Quebradinha 5, 2020
Quebradinha 4, 2020

NENÊ
Olho D'Água das Flores, AL, 1994 – Vive em São Paulo, SP.
Quebradinha 7, 2020-2021
Quebradinha 3, 2020

"Quando eu era menina, eu pensava será que eu viver como desejo? Comprar vestidos bonitos, residir numa casa vermêlha, a minha côr predileta_ Agora que comprei a casa não me foi possivel pinta-la de vermêlho.

porque os padres havia de dizer: a Carolina é cumunista."

NENÊ
Olho D'Água das Flores, AL, 1994 – Vive em São Paulo, SP.
Quebradinha 6, 2020

EVANDRO PRADO
Campo Grande, MS, 1985 – Vive em São Paulo, SP.
Palácio, 2021

"– Eu ouvi dizer que na Brasilia não vae entrar negro.

Tempo chegará que os brancos vão quêimar os negros quando morrer para êles não ter direito de ser sepultado. percebi que a unica coisa que o branco não despresa é o voto do preto. So nas epocas elêitoraes é que o preto, é cidadão. Eu penso que o preto do Brasil devia e deve ser tratado e considerado como pre-histórico. Porque êle relembra um passado de inculturas brancas – As vezes eu penso: – O branco diz com arrogancia que êle, é que é, o super-intelectual – De onde vem esta super intelectualidade?

Quem é intelectual, é sabio. E o sabio não tem orgulho. E o preconçeito é a manifestação do orgulho se os bancos fôssem sabios não comercialisavam os pretos. Dêixa o passado! Eu graças a Deus, não fui escrava. Não conheço o sabôr da Chibata. A unica coisa que me escravisa e o custo de vida."

JESUS, Carolina Maria de. *Meu estranho diário*. Organização de José Carlos Sebe Meihy e Robert Levine. São Paulo: Xamã, 1996, pp. 78 e 79. Acervo Instituto Moreira Salles.

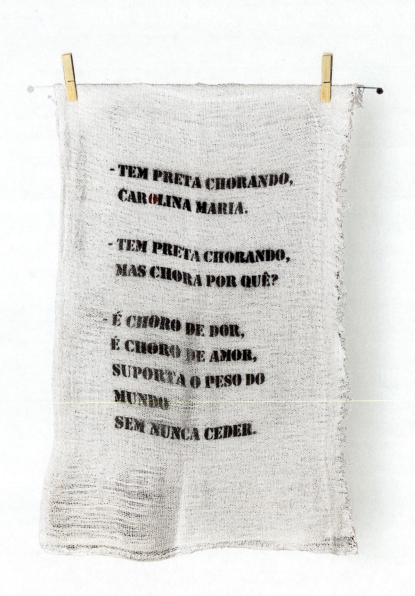

JEFFERSON MEDEIROS
São Gonçalo, RJ, 1989 – Vive no Rio de Janeiro, RJ.
Carolina Maria, 2016

SIDNEY AMARAL
São Paulo, SP, 1973 – São Paulo, SP, 2017.
Sem título, 2015

MULAMBÖ
Saquarema, RJ, 1995 – Vive em São Gonçalo, RJ.
Entre o alvo e o fogo, 2019

JEFFERSON MEDEIROS
São Gonçalo, RJ, 1989 – Vive no Rio de Janeiro, RJ.
Solano Trindade, 2016

SIDNEY AMARAL
São Paulo, SP, 1973 – São Paulo, SP, 2017.
A fome e a vontade de comer, 2016

MARCOS ROBERTO
Bauru, SP, 1989 – Vive em Agudos, SP.
Eu sou negra, a fome é amarela e dói muito, 2020

"O Brasil precisa ser dirigido por uma pessoa que já passou fome. A fome também é professora."

JESUS, Carolina Maria de. *Quarto de despejo: diário de uma favelada*. São Paulo: Ática, 2014, p. 29. Acervo Instituto Moreira Salles.

MARCOS ROBERTO
Bauru, SP, 1989 – Vive em Agudos, SP.
Eu sou negra, a fome é amarela e dói muito, 2020

"15 DE JULHO DE 1955 Aniversário de minha filha Vera Eunice. Eu pretendia comprar um par de sapatos para ela. Mas o custo dos generos alimentícios nos impede a realização dos nossos desejos. Atualmente somos escravos do custo de vida. Eu achei um par de sapatos no lixo, lavei e remendei para ela calçar.

Eu não tinha um tostão para comprar pão. Então eu lavei 3 litros e troquei com o Arnaldo. Ele ficou com os litros e deu-me pão. Fui receber o dinheiro do papel. Recebi 65 cruzeiros. Comprei 20 de carne. 1 quilo de toucinho e 1 quilo de açucar e seis cruzeiros de queijo. E o dinheiro acabou-se."

JESUS, Carolina Maria de. *Quarto de despejo: diário de uma favelada*. São Paulo: Ática, 2014, p. 11. Acervo Instituto Moreira Salles.

LUCAS SOARES
Miracema, RJ, 1996 – Vive em Juiz de Fora, MG.
Flor, Opala, Por conta das pernas inchadas e *Desbica* (da Série *Tô descalço no calçado*), 2020

MARCOS DUTRA
Pequizeiro, TO, 1976 – Vive entre Palmas e Pequizeiro, TO.
O pão nosso de cada dia, 2020

TIAGO SANT'ANA
Santo Antônio de Jesus, BA, 1990 – Vive em Salvador, BA.
Tamancos de forra, 2020

SIDNEY AMARAL
São Paulo, SP, 1973 – São Paulo, SP, 2017.
Sem título, 2001
O pão nosso, 2010

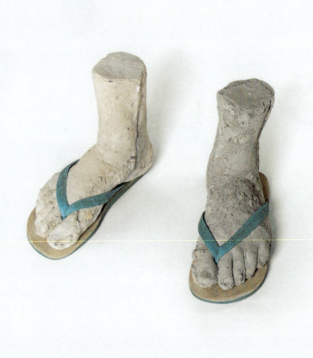

PAULO NAZARETH
Governador Valadares, MG, 1977 – Vive em Santa Luzia, MG.
Sem título (d'obra ou de obra), 2020
ERNESTO BATISTA: _7 TIJOLOS Y UM PAN-O [ou 60 años y 6 dias], 2020

RETRATOS DE CAROLINA

RENATA BITTENCOURT

"O perigo é que Carolina Maria de Jesus queira se tornar uma escritora"

Narrativas e imagens. A exposição sobre Carolina de Jesus, que provoca a publicação deste catálogo, se propõe ao exercício múltiplo de analisar e exibir relatos, reflexões e notícias relacionadas à autora e, ao mesmo tempo, oferecer novos pontos de vista para a observação de sua biografia e obra. Tendo esse objetivo, exibe também imagens em que a escritora aparece em dessemelhantes cenários e situações: carregando bagagens diante de uma aeronave, autografando suas obras ao lado de personagens ilustres, trajada como carnavalesca e junto a familiares. Para fins deste texto, vamos nos deter em alguns retratos específicos e semelhantes da autora, pretextos para desdobrar na representação visual os questionamentos acerca dos estreitos identitários em que Carolina é enquadrada.

É impactante topar com uma frase como a que abre este texto, escrita em 1960, ano de lançamento de *Quarto de despejo*, por um apreciador de literatura que se identificava pelo pseudônimo Casmurro de Assis. A frase formula como ambição a ser frustrada o que naquela altura já era fato consumado. Certamente, a primeira tiragem de dez mil exemplares e a venda de 600 volumes na noite de autógrafos chancelam sua entrada oficial no ofício, e seguramente as

Autoria não identificada, "Carolina Maria de Jesus à beira do Tietê". *Correio da Manhã*, Rio de Janeiro, 02.08.1960. Arquivo Nacional, Fundo Correio da Manhã, Rio de Janeiro.

219

homenagens da Academia Paulista de Letras e da Academia de Letras da Faculdade de Direito de São Paulo funcionaram de sinete. Na verdade, pouco importa, uma vez que o trecho, citado em estudos sobre a autora, é todo precioso pelos termos que elege, que dão transparência à carga de preconceitos mobilizados contra Carolina, exemplificando as dificuldades enfrentadas por ela no campo literário:

> O livro é singelo. Sem amargura. Carolina não tem reivindicações. Ela é criatura como muitas outras e sabe que tudo acontece porque tem que acontecer. Deus fez o pobre e Deus fez o rico. Aí o seu sentido real. Não é Carolina uma intelectual, escrevendo sobre a miséria, para fazer populismo, para fazer literatura. É mesmo uma marginal da favela do Canindé. Escreve seu diário como se estivesse escrevendo uma carta para outra marginal, sua comadre da favela do Esqueleto. Sem qualquer intenção. Sem objetivo. Sem literatura. Com certeza pela primeira vez podemos saber como tais criaturas reagem em face da vida. O perigo é que Carolina Maria de Jesus queira se tornar uma escritora. Que aconteça com ela o que está acontecendo com esses negros que Marcel Camus recolheu nos morros e colocou no *Orfeu do Carnaval* e que andam por aí agora com banca de artistas.[1]

Carolina, mulher de mente aguçada, de energia diuturna, tendo alcançado a conquista espantosa de publicar um livro a partir das condições de vida em que se encontrava, por sua ação e talento, recebe como tratamento redutor "criatura como muitas outras". Conformada com suas condições, estaria ao deus-dará de uma vida que lhe traz o que o destino assim deseja, sem questionar seu pertencimento ao seu lugar social de origem enquanto mulher negra miserável. Essa percepção determinista é herdeira da crença do mito da democracia racial brasileira, contrariada pela própria ação heroica da escrita do livro.

A contundência do texto de Carolina chega a dar náuseas ao leitor, que se confronta com adultos e crianças submetidos a condições sub-humanas

---

[1] ASSIS, Casmurro de. "A voz de São Paulo", 26.08.960. Texto presente nos arquivos de recortes de jornais e revistas microfilmados da Coleção Audálio Dantas. In: ARRUDA, Aline Alves. *Carolina Maria de Jesus: projeto literário e edição crítica de um romance inédito*. Tese de doutorado em letras, Universidade Federal de Minas Gerais, 2015.

de existência, embora esse comentarista adjetive em termos de singeleza o que poderia ser descrito como denúncia. Para ele, Carolina nem sequer pretendia fazer literatura, mas outra identidade lhe caberia de modo certeiro, uma mais afeita àqueles que não se enquadram no corpo social de modo funcional, mas que, ao contrário, lhe significam uma ameaça: uma marginal. A identidade de artista ou de intelectual, portanto, só poderia lhe caber como uma farsa. Quase 60 anos depois, essa crítica que desqualifica Carolina como autora é atualizada, pelas palavras de Ivan Cavalcanti Proença, palestrante convidado do evento em homenagem à escritora na Academia Carioca de Letras, que, em seu discurso, se põe a afirmar que os textos da escritora não são literatura.[2]

O conteúdo de crítica social de *Quarto de despejo* já era dissonante para os anos de ditadura, momento em que a sociedade brasileira não estava pronta para digerir e sustentar a combinação de *personas*: autora e socialmente excluída. Seria, sim, possível consumi-la breve e avidamente como fenômeno. O cultivo no panteão nacional da autora de diversos livros, negra de pele escura, que havia sido catadora e moradora da favela, apresenta até hoje seus desafios, embora um marco de reconhecimento, como o título de doutora *honoris causa* concedido pela Universidade Federal do Rio de Janeiro em 2021, possa prenunciar desejados avanços.

Em 1964, um pouco depois do lançamento de *Quarto de despejo*, Florestan Fernandes publicaria *A integração do negro na sociedade de classes: no limiar de uma nova era*. Considerado texto fundamental para a reflexão sobre os conflitos sociais naquele momento, o livro questiona as expectativas vigentes de que a ascensão social do negro garantiria sua integração à sociedade de classes, sem que o fator raça se constituísse em um obstáculo à mobilidade. Anuncia assim as dificuldades que seriam enfrentadas por Carolina em sua árdua jornada, apesar de seu sucesso inicial. Florestan deixa claro que, para os afrodescendentes, o peso do racismo permaneceria determinante, e que a possibilidade de mobilidade social não significa a inexistência de preconceito e de discriminação raciais: "Será normal que o lodo suba à tona. O que antes podia ser dissimulado ou encoberto precisa vir à luz, para elevar-se à esfera da consciência, da discussão e da crítica."[3]

---

2 GUIMARÃES, Cleo e FORTUNA, Maria. "'Racha' entre intelectuais sobre obra de Carolina de Jesus: clima cada vez mais tenso." *O Globo*, Rio de Janeiro, 22.04.2017. O ocorrido é comentado pela escritora Elisa Lucinda, que estava presente, em: LUCINDA, Elisa. "Carolina de Jesus é literatura sim!". Publishnews, 24.04.2017. Disponível em: www.publishnews.com.br/materias/2017/04/24/carolina-de-jesus-e-literatura-sim.

3 FERNANDES, Florestan. *A integração do negro na sociedade de classes: no limiar de uma nova era*, v. 2. São Paulo: Dominus, 1965, p. 135.

Audálio Dantas, que atuou como editor de Carolina e foi seu incentivador, a aconselhou publicamente a encerrar no segundo livro suas ambições. Lemos no prefácio:

> Agora você está na sala de visitas e continua a contribuir com este novo livro, com o qual você pode dar por encerrada a sua missão. [...] Guarde aquelas "poesias", aqueles "contos" e aqueles "romances" que você escreveu. A verdade que você gritou é muito forte, mais forte do que você imagina, Carolina, ex-favelada do Canindé, minha irmã lá e minha irmã aqui.[4]

Audálio imagina, neste papel de irmão, parceiro e padrinho, poder editar seus textos com grande medida de intervenção, coreografar a constituição de sua imagem fotográfica, estabelecer a largada e o ponto de chegada de sua trajetória profissional como escritora e, portanto, instituir a dimensão de seus sonhos. Sua Pigmaleão já teria chegado aonde poderia, a saber, na sala de visitas, indicador da mobilidade social que previa Florestan, sem a prerrogativa de desenhar seus próprios caminhos e projetar seus anelos, dados seu gênero e sua raça.

O retrato fotográfico de Carolina feito por Audálio na favela do Canindé no mesmo período do lançamento de seu primeiro livro e de sua saída da favela nos serve como uma primeira imagem para análise. Carolina aparece em primeiro plano, tendo ao fundo barracos que aparecem um pouco fora de foco, varais e roupas ao sol, criando um cenário que coloca a autora em meio ao ambiente das cenas que narra. Contemplamos a imagem procurando saber o que ela denuncia efetivamente do *self* da escritora. Ao observar esse retrato, podemos indagar sobre o que se revela desse encontro entre as subjetividades do fotógrafo e da fotografada, mas também o que surge permeado pelas intenções de uso e contextos de circulação da imagem. Vemos que o algodão do vestido é simples, um tanto amarrotado, e os cabelos estão envoltos por um lenço. A cabeça coberta é um indicador importante, porque frequente desde a iconografia da escravidão. Torsos cobrem a cabeça das escravas do eito, das escravas de ganho, das negras muçulmanas e também de mulheres libertas no século XIX. Nos séculos XX e XXI, seguem adornando a cabeça de mães de santo, e lenços na cabeça povoam as

---

4 DANTAS, Audálio. "Prefácio". *In:* JESUS, Carolina Maria de. *Casa de alvenaria*. São Paulo: Francisco Alves, 1961, p. 10.

memórias de muitos ao pensarem em suas mães, tias e avós negras, pelo seu uso em espaços públicos ou domésticos. Funcionando como adorno ou protegendo a cabeça do sol, o lenço é objeto que se atualiza na cultura material feminina negra. Devemos destacar que empregadas domésticas cobrem com frequência a cabeça nos lares de classe média.

No caso de Carolina, a peça é vista como emblemática, e estaria vinculada à estratégia de manipulação de sua imagem para mantê-la aderente mais à personagem do que à autora, contra sua vontade, facilitando a identificação do público e, consequentemente, as vendas da publicação. Exemplo disso é a referência jocosa ao lenço como se fosse apetrecho de *marketing*. O escritor Marcos Rey afirma que Carolina insiste em ser notícia: "Com seu publicitário lenço branco na cabeça [...] vai reagir, vai voltar ao cartaz e a prova disso é que já entregou ao seu editor não mais um, e sim seis romances duma vez. Seis, ouviu, sr. Honoré de Balzac?"[5]

Audálio Dantas, Carolina na favela do Canindé, 1960
Arquivo do Estado de São Paulo

Certamente a imagem de uma escritora negra não constitui um tropo na tradição fotográfica; já a pobreza negra é familiar, para firmar o mínimo. O elemento dissonante na imagem é o livro que Carolina traz nas mãos. Sem ele, a imagem seria um estereótipo representativo da precariedade. Segundo Stuart Hall, os estereótipos teriam uma função auxiliar na manutenção da ordem social, em especial em contextos de grandes desigualdades de poder.[6]

Aqui, no entanto, a introdução do livro rompe com a imagem habitual. O objeto disruptivo se introduz solicitando do observador que mantenha o conjunto na esfera do aceitável, apesar do estranhamento que causa. Interessa notar que os olhos da personagem não se apoiam sobre o livro, estabelecendo a ação da leitura. O quadro, portanto, fica a meio caminho:

---

5 *Apud* SILVA, Mário Augusto Medeiros da. "A descoberta do insólito: Carolina Maria de Jesus e a imprensa brasileira (1960-77)". *Afro-Hispanic Review*, v. 29, n. 2, 2010, p. 119.
6 HALL, Stuart (org.). *Representation: Cultural Representations and Signifying Practices*. Londres/Thousand Oaks/Nova Delhi: Sahe, 1997, p. 258.

Bruce Davidson, *Mulher na cozinha com Madonna* (da série East 100th Street), c. 1966-1968
Impressão em gelatina/prata, 15,8 x 15,875 cm
Phillips Collection, Washington D.C.

Margaret Olley, *Susan com flores*, 1962
Óleo sobre tela, 127,4 x 102,3 cm
Queensland Art Gallery, Queensland

está lá o objeto, mas sem a ação correspondente. A incompletude se dá porque o olhar se desloca para a distância, melancólico.

Em seu livro *Sobre fotografia*, Susan Sontag nomeia um capítulo "Objetos de melancolia". Ali resgata a melancolia do *flâneur* atraído pelos "recantos escuros e sórdidos, suas populações abandonadas – uma realidade marginal por trás da fachada da vida burguesa que o fotógrafo 'captura', como um detetive captura um criminoso".[7] Sontag nomeia Bruce Davidson, entre outros, como exemplo de fotógrafo que produziu documentos sociais numa perspectiva de classe média, "zelosa e meramente tolerante, curiosa e também indiferente, chamada de humanismo – que via os cortiços como o cenário mais atraente".[8] *Mulher na cozinha com Madonna* pertence à série *East 100th Street*, realizada durante um período de dois anos em um quarteirão no bairro do Harlem, em Nova York. Os olhos da mulher capturada no interior de sua casa também evitam a câmera, sem impedir que os nossos perscrutem o ambiente, seus objetos e a santa na parede.

Tratando-se do Harlem ou do Canindé, estamos no campo das condições de existência material de um contingente significativo das comunidades negras da diáspora, que, nas palavras de Lélia Gonzalez, parecem obedecer separações evidentes desde os tempos coloniais: "Das senzalas às favelas, cortiços, porões, invasões, alagados e conjuntos 'habitacionais'

---

7   SONTAG, Susan. *Sobre fotografia*. São Paulo: Companhia das Letras, 2004, p. 36.
8   *Ibidem*, p. 37.

Armando Martins Vianna, *Limpando metais*, 1923
Óleo sobre tela, 99 x 81 cm
Museu Mariano Procópio, Juiz de Fora

[...] dos dias de hoje, o critério tem sido simetricamente o mesmo: a divisão racial do espaço".[9] Carolina será uma das poucas vozes a narrar as transformações urbanas sofridas no período Juscelino Kubitschek.

O olhar desengajado, que se desvia do observador, visível no retrato de Carolina, é encontrado em pinturas e fotografias etnográficas e artísticas desde o século XIX, segundo Sally Butler. A autora trata do que chama de desconexão melancólica dos sujeitos aborígenes representados em obras de arte e a concomitante falta de empatia dos artistas, que seguem produzindo suas obras, o que a autora considera intrigante. A pintura *Susan com flores*, de Margaret Olley, é trazida como exemplo por utilizar uma paleta de cores quentes e alegres para a representação do ambiente, das roupas, toalhas, frutas e pétalas, à expressão facial da personagem, esvaziada de expressão. A subjetividade da mulher retratada não é equacionada no conjunto da pintura, parecendo que o interesse de Olley recai apenas sobre a utilização de sua cor de pele como elemento de composição.

> O pincel funciona como uma câmera, capturando a realidade que está além da consciência da artista. [...] O espectador não pode evitar sentir-se implicado nessa objetificação perturbadora. A representação de seres humanos como natureza-morta é a objetificação final, e, ainda, essas mulheres exalam uma presença poderosa, embora seja patentemente distanciada.[10]

Uma cena semelhante é encontrada na pintura *Limpando metais* (1923), de Armando Martins Vianna, em que a pele negra é contrastada com a

---

9 GONZALEZ, Lélia e HASENBALG, Carlos. *Lugar de negro*. Coleção 2 Pontos, v. 3. Rio de Janeiro: Marco Zero, 1982, p. 55.
10 BUTLER, Sally. "Racial Implications of the Disengaged Gaze". *In:* BUBENIK, Andrea (org.). *The Persistence of Melancholia in Arts and Culture*. Londres/Nova York: Routledge, 2019.

roupa branca, e a ausência psicológica da mulher representada não parece interferir no resultado final da obra, que retrata a cena da boa criada em suas funções, em meio às peças reluzentes.

O indivíduo se deixa ver, mesmo que pareça não estar presente. Não é apenas no retrato de Audálio Dantas que Carolina aparece representada nessa chave melancólica. Há uma outra fotografia em que ela aprece de perfil e cabisbaixa, junto a um rio, tendo ao fundo a outra margem. Outro exemplo interessante é uma das fotos em que aparece com Ruth de Souza[11] como seu duplo, uma vez que a atriz está caracterizada como Carolina, em estágio de estudo da personagem para encenar a peça *Quarto de despejo*. Ambas parecem emular a imagem de Carolina à beira rio pelo rosto apresentado em lateral, no comprimento do lenço e na expressão, embora Carolina marotamente rompa com o espelhamento entre as duas ao erguer o olhar.

Vale refletir que esse corpo que não apenas desvia os olhos, mas que, de certo modo, se acabrunha, é um corpo de mulher. Dentro dos padrões sociais e raciais narcísicos da sociedade brasileira, idealizados a partir dos padrões da branquitude, a leitura plena dessa identidade feminina não se realiza. A escritora está em meio às "criaturas" excluídas e às coisas descartadas, que não encontram lugar na cidade "civilizada", onde não caberia o feminino como desejado ou desejante que vemos, por exemplo, nas fotos da Carolina carnavalesca.[12] A autora descreve seus temores antes do lançamento de *Quarto de despejo*. Teme a incompreensão do possível público leitor e a rejeição do povo da favela, mas revela o valor catártico da escrita dos diários:

> Eu estou anciosa para ver este livro porque eu escrevia no auge do dessespero. Tem pessoas, quando estão nervosas xingam, óu pensam na mórte como solução. E eu screvia o meu Diário porque pretendia suicidar e queria dêixar o Diário relatando as agruras que os pobres passam atualmente.
>
> Mas o Audálio surgiu e eu dessisti de suicidar-me.[13]

---

11 Ver pp. 322-323 deste catálogo. Ruth tem papel fundamental no Teatro Experimental do Negro de Abdias do Nascimento, realizou pesquisas na Universidade de Harvard e foi indicada por sua atuação em *Sinhá moça* no Festival de Veneza (1953)

12 Ver pp. 302-313 deste catálogo.

13 PERPÉTUA, Elzira. "Aquém do *Quarto de despejo*: a palavra de Carolina Maria de Jesus nos manuscritos de seu diário". *Estudos de Literatura Brasileira Contemporânea*, n. 22, 2003, p. 80.

A melancolia tem no banzo uma versão afro-brasileira, e pode se externar de maneira amena ou severa, que em última instância poderia levar o indivíduo ao suicídio. O termo conta sobre os males registrados desde o século XVIII, provocados pela ausência de entes queridos, perda de amores, distância da terra de origem, ou pelos males do próprio cativeiro. Gilberto Freyre escreveu sobre os negros que teriam perdido o gosto pela vida normal.[14] No dicionário Houaiss, "banzo" consta como nostalgia ou apatia,[15] e o conceito se relaciona à ideia europeia de nostalgia como patologia. No entanto, o banzo também serviu historicamente para minimizar a descrição e a análise da real natureza violenta da relação entre escravos e senhores. No decantar dos fatos, era mais frequente o suicídio pelo medo dos castigos do que pela saudade. E se o termo banzo caiu em desuso, o sofrimento psíquico certamente permanece afetando a população afro-brasileira, como afetou Carolina. O conteúdo de sua obra é mais revelador sobre o caráter adoecedor de nossa sociedade do que a estrutura contida e ensaiada de suas fotografias em clima misantropo.

A partir dos retratos disponíveis de Carolina, poderíamos ter caminhado em diferentes direções. A escolha feita desejou chamar o olhar de hoje à dúvida quanto ao agenciamento da autora sobre sua imagem, chamar a atenção para as representações de negros, em especial de mulheres. Desejou também despertar o interesse sobre os limites que foram pesada e dolorosamente impostos a Carolina, e que devem ter tolhido em tantos momentos sua subjetividade e seu talento. Quiseram mantê-la para sempre como a imagem do despejo. Cabe a nós retratá-la em sua riqueza de cores.

---

14 FREYRE, Gilberto. *Casa-grande & senzala: formação da família brasileira sob o regime da economia patriarcal*. 25. ed. Rio de Janeiro: José Olympio, 1987, pp. 464-465.
15 Para Ana Maria Galdini Raimundo Oda, o banzo é uma entidade clínica, uma variação da nostalgia nos trópicos, associada a outras enfermidades dos negros. Se relaciona ao tráfico e sua história, à história da medicina no Brasil e da psicopatologia. ODA, Ana Maria Galdini Raimundo. "Escravidão e nostalgia no Brasil: o banzo". *Revista Latinoamericana de Psicopatologia Fundamental*, v. 11, n. 4, supl., 2008, pp. 735-761.

Autoria não identificada, "Carolina Maria de Jesus em visita à Câmara". *Última Hora*, 22.12.1960. Coleção Arquivo Público do Estado de São Paulo, Fundo Jornal Última Hora, São Paulo, ©FolhaPress.

Autoria não identificada, "Carolina Maria de Jesus". *Correio da Manhã*, 1960. Fotografia analógica em impressão digital. Arquivo Nacional, Fundo Correio da Manhã, Rio de Janeiro.

Gil Passarelli (fotógrafo), "A escritora Carolina Maria de Jesus sobre uma mesinha forrada com jornais escreve o seu drama da favela". *Folha da Noite*, 1958. Acervo da Folha de São Paulo, São Paulo, ©FolhaPress.

Norberto (fotógrafo), "Carolina Maria de Jesus em sua casa no Canindé". *Última Hora*, 27.05.1952. Coleção Arquivo Público do Estado de São Paulo, São Paulo, ©FolhaPress.

Norberto (fotógrafo), "Carolina Maria de Jesus em sua casa no Canindé". *Última Hora*, 27.05.1952. Coleção Arquivo Público do Estado de São Paulo, São Paulo, ©FolhaPress.

Autoria não identificada, "Retrato de Carolina Maria de Jesus junto a sua filha Vera Eunice, o presidente João Goulart e sujeito não identificado". *Correio da Manhã*, 30.09.1961. Arquivo Nacional, Fundo Correio da Manhã, Rio de Janeiro.

Autoria não identificada, "Carolina Maria de Jesus". *Folha de S.Paulo*, 18.11.1960. Acervo UH/Folha de São Paulo, São Paulo, ©FolhaPress.

Autoria não identificada, "Carolina com um dos ganhadores da loteria de Natal de 1960". *Última Hora*, 1960. Arquivo Público do Estado de São Paulo, Fundo Jornal Última Hora, São Paulo, ©FolhaPress.

Autoria não identificada, "Carolina Maria de Jesus". *Última Hora*, 02.09.1963. Coleção Arquivo Público do Estado de São Paulo, Fundo Jornal Última Hora, São Paulo, ©FolhaPress.

Rubens (fotógrafo), "Carolina Maria de Jesus". *Última Hora*, 1961.
Coleção Arquivo Público do Estado de São Paulo, Fundo Jornal
Última Hora, São Paulo, ©FolhaPress.

Nagib Allit (fotógrafo), "Carolina Maria de Jesus visita a Chic". *Revista Chic*, 1960. Acervo Arquivo Público Municipal de Sacramento.

Nascimento (fotógrafo), "Carolina Maria de Jesus". *Última Hora*, 02.03.1963. Arquivo Público do Estado de São Paulo, Fundo Jornal Última Hora, São Paulo, ©FolhaPress.

237

"As vêzes eu ia ao espêlho. fitava o meu rôsto negro e os meus dentes nivios. Achava o meu rôsto bonito! A minha côr preta. E ficava alegre de ser preta. pensava o melhor presente que Deus deu-me. A minha pele escura."

JESUS, Carolina Maria de. Diário de 07.04.1961 a 06.05.1961. Manuscrito. Local desconhecido, data desconhecida, p. 00083. Arquivo Público Municipal de Sacramento/APMS 02.01.10.

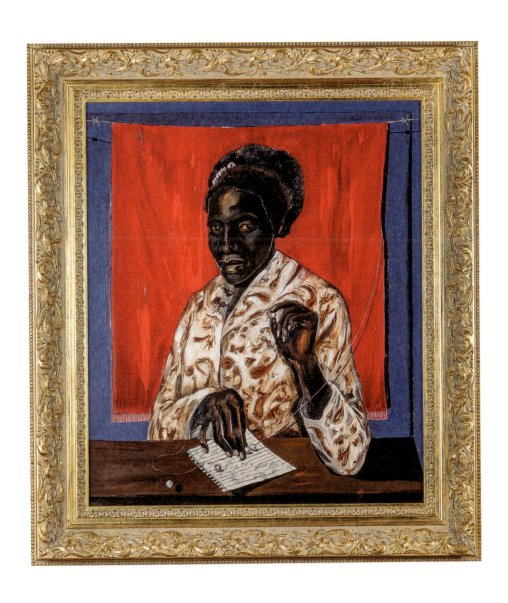

ANTONIO OBÁ
Ceilândia, DF, 1983 – Vive em Taguatinga, DF.
Meada, 2021

Autoria não identificada, "Carolina Maria de Jesus com o seu filho João José, primeiro filho da escritora", possivelmente entre 1950-1951. Fotopintura. Arquivo Público Municipal de Sacramento.

"Tem uma preta velha que vem visitar-me. pedi para passar umas roupas para mim. Mas ela não mais tem agilidade. É lenta. É viuva.

Eu disse-lhe que quero lutar para deixar uma casa a cada filho. Que os pretós devem lutar para os filhós.
Ela comentou: o homem preto sabe amar. Mas não sabe lutar pelós filhós

se as negras não pular, eles não pulam. Achei graça perguntou-me porque e que eu não casei?

– E que eu gosto de ler. E um homem não ha de tolerar."

Autoria não identificada, "José Carlos, segundo filho de Carolina, possivelmente em 1950". Fotopintura. Arquivo Público Municipal de Sacramento.

Autoria não identificada, "João José, primeiro filho de Carolina", possivelmente em 1949. Fotopintura. Arquivo Público Municipal de Sacramento.

Norberto (fotógrafo), "Carolina Maria de Jesus em sua casa no Canindé". *Última Hora*, 27.05.1952. Coleção Arquivo Público do Estado de São Paulo, São Paulo, ©FolhaPress.

Norberto (fotógrafo), "Carolina Maria de Jesus em sua moradia no Canindé". *Última Hora*, 1952. Coleção Arquivo Público do Estado de São Paulo. Fundo Jornal Última Hora, São Paulo, ©FolhaPress.

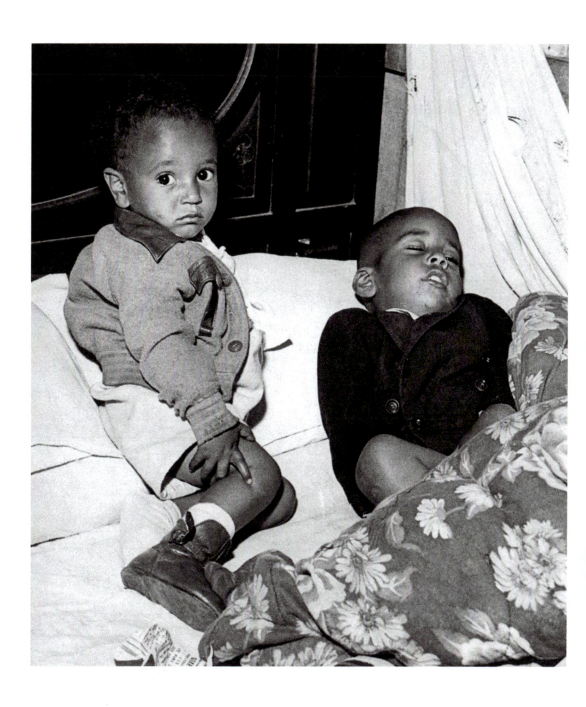

Norberto (fotógrafo), "João José de Jesus e José Carlos de Jesus (filhos de Carolina Maria de Jesus)". *Última Hora*, 27.05.1952. Legenda original: "Ela tem grandes planos para os dois". Arquivo Público do Estado de São Paulo. Fundo Jornal Última Hora, São Paulo, ©FolhaPress.

SÓ PARA MANCHETE

VERA EUNICE DE JESUS ESTÁ ESCREVENDO UM LIVRO, O DIÁRIO DA FILHA CAROLINA

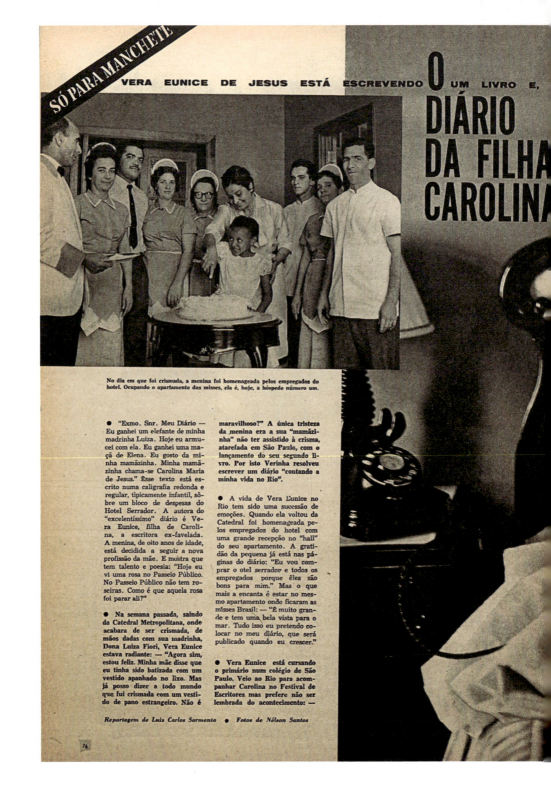

No dia em que foi crismada, a menina foi homenageada pelos empregados do hotel. Ocupando o apartamento das misses, ela é, hoje, a hóspede número um.

● "Exmo. Snr. Meu Diário — Eu ganhei um elefante de minha madrinha Luíza. Hoje eu armucei com ela. Eu ganhei uma maçã de Elena. Eu gosto da minha mamãzinha. Minha mamãzinha chama-se Carolina Maria de Jesus." Êsse texto está escrito numa caligrafia redonda e regular, tipicamente infantil, sôbre um bloco de despesas do Hotel Serrador. A autora do "excelentíssimo" diário é Vera Eunice, filha de Carolina, a escritora ex-favelada. A menina, de oito anos de idade, está decidida a seguir a nova profissão da mãe. E mostra que tem talento e poesia: "Hoje eu vi uma rosa no Passeio Público. No Passeio Público não tem roseiras. Como é que aquela rosa foi parar ali?"

● Na semana passada, saindo da Catedral Metropolitana, onde acabara de ser crismada, de mãos dadas com sua madrinha, Dona Luíza Fiori, Vera Eunice estava radiante: — "Agora sim, estou feliz. Minha mãe disse que eu tinha sido batizada com um vestido apanhado no lixo. Mas já posso dizer a todo mundo que fui crismada com um vestido de pano estrangeiro. Não é maravilhoso?" A única tristeza da menina era a sua "mamãzinha" não ter assistido à crisma, atarefada em São Paulo, com o lançamento do seu segundo livro. Por isto Verinha resolveu escrever um diário "contando a minha vida no Rio".

● A vida de Vera Eunice no Rio tem sido uma sucessão de emoções. Quando ela voltou da Catedral foi homenageada pelos empregados do hotel com uma grande recepção no "hall" do seu apartamento. A gratidão da pequena já está nas páginas do diário: "Eu vou comprar o otel serrador e todos os empregados porque êles são bons para mim." Mas o que mais a encanta é estar no mesmo apartamento onde ficaram as misses Brasil: — "É muito grande e tem uma bela vista para o mar. Tudo isso eu pretendo colocar no meu diário, que será publicado quando eu crescer."

● Vera Eunice está cursando o primário num colégio de São Paulo. Veio ao Rio para acompanhar Carolina no Festival de Escritores mas prefere não ser lembrada do acontecimento:—

Reportagem de Luiz Carlos Sarmento ● *Fotos de Nélson Santos*

"O diário da filha de Carolina". *Manchete*, Rio de Janeiro, 19.08.1961. Reportagem de Luiz Carlos Sarmento, Fotos de Nelson Santos. Acervo Instituto Moreira Salles.

O POETA DRUMMOND, VIU NASCER UMA FLOR NO ASFALTO

Monsenhor Francisco Caruso crisma a futura escritora Vera Eunice de Jesus.

"Acho que a minha mãe foi muito maltratada naquele dia." Também não gosta de ser chamada "a filha da escritora favelada" e replica: — "Um dia eu vou ser bastante conhecida e todos vão me chamar de a escritora Vera Eunice de Jesus."

● Se a menina ainda não é famosa, já cultiva, pelo menos, algumas manias dos grandes escritores. Não mostra o seu diário e guarda para êle as impressões mais sinceras e confidenciais. Enquanto fala abertamente sôbre a bela vista que se descortina do apartamento do hotel, do que gosta, mesmo, só ao diário confessa: "Eu gosto de catar papel e de tomar banho na pia grande."

● A filha de Carolina não é das primeiras da classe. Sua mãe, aliás, não fica nem um pouco triste por causa disso. Está felicíssima porque Vera Eunice é incomparável nas redações e começa a escrever quase sem erros de português. Sua única cisma são as letras maiúsculas, conforme se vê nas mais recentes linhas do diário: "Fui ao cinema assistir um filme mensageiro trapalhão e gostei muito."

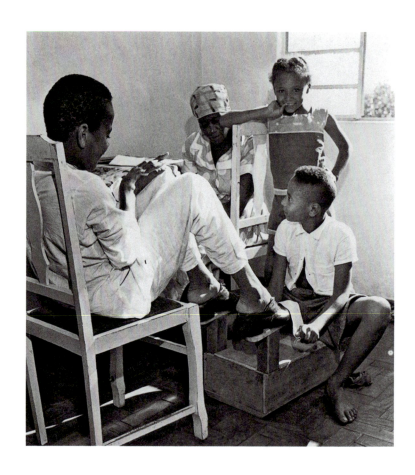

Autoria não identificada, "Carolina Maria de Jesus". *Última Hora*, 1962. Coleção Arquivo Público do Estado de São Paulo. Fundo Jornal Última Hora, São Paulo, ©FolhaPress.

Rubens (fotógrafo), "Retrato de Carolina Maria de Jesus com filhos em canal não identificado de TV, provavelmente por ocasião do lançamento de seu livro". *Última Hora*, 1962. Coleção Arquivo Público do Estado de São Paulo, Fundo Jornal Última Hora, São Paulo, ©FolhaPress.

Depoimentos dos filhos de Carolina Maria de Jesus durante o velório da escritora, TV Cultura, 1977.

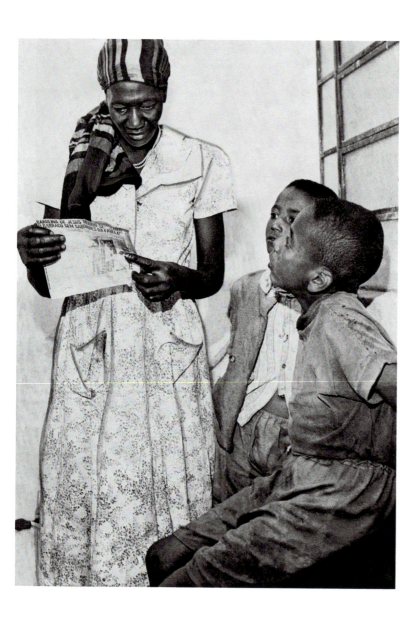

Ramirez (fotógrafo), "Carolina Maria de Jesus". *Última Hora*, 1960.
Coleção Arquivo Público do Estado de São Paulo. Fundo Jornal
Última Hora, São Paulo, ©FolhaPress.

Autoria não identificada, "Mudança de Carolina do Canindé". *Folha de S.Paulo*, 31.08.1960. Acervo Folha de São Paulo, ©FolhaPress.

"AGORA EU SEI QUE A TERRA ME PERTENCE": CAROLINA MARIA DE JESUS, O ASSOCIATIVISMO NEGRO DE SEU TEMPO E ALÉM

MÁRIO AUGUSTO MEDEIROS DA SILVA

"Agora sei que a terra me pertence/ como pertence ao branco e a descoberta/ do que é meu por fim me arrebata/ e a minha velha alma está liberta/ Agora está liberta a minha alma.../ e cresce em mim o ardor de sonhos novos:/ Ah, todo negro é homem entre os homens/ e pode, irmãos, erguer-se entre os povos/ Festejais minha entrada entre as faces risonhas,/ aplaudi o findar do meu longo lamento,/ este se esvai ao longe, leva-o o vento.../ Derrubei as estátuas de faces tristonhas/ que choravam meu ser, ah, irmãos, festejai!/ É primavera e o inverno longe vai!"

Oswaldo de Camargo, "Poema da descoberta (a Carolina Maria de Jesus)"[1]

Carolina Maria de Jesus era conhecida por uma parte do associativismo negro paulistano desde o começo dos anos 1940. Tendo se mudado para a capital paulista no final da década de 1930,[2] depois de sua estada no interior de São Paulo, ela chega à cidade no momento em que as manifestações conhecidas de clubes e jornais negros e as radicalizações de ativismo mais agudas, como a Frente Negra Brasileira (1931-1937), estão temporariamente suspensas pelo golpe do Estado Novo, de novembro de 1937.

Pode-se inferir que, dado o clima de desmanche geral, as condições do encontro não seriam as ideais para

MULAMBÖ
Saquarema, RJ, 1995 – Vive em São Gonçalo, RJ.
Bandeira Mulamba de Ouro, 2021

1 *Níger*. Associação Cultural do Negro, São Paulo, set. 1960.
2 CASTRO, Eliana de Moura e MACHADO, Marília Novais de Mata. *Muito bem, Carolina! Biografia de Carolina Maria de Jesus*. Belo Horizonte: C/Arte, 2007.

impulsionar ou conscientizar algum tipo de veleidade literária. As memórias do histórico militante negro José Correia Leite (1900-1989) relatam, nessa perspectiva, aquele que pode ter sido o primeiro encontro dela com os intelectuais negros paulistanos, ligados a associações de solidariedade cultural e política:

> Paralisado o Movimento Negro na cidade, a minha casa passou a ser uma espécie de quartel-general dos assuntos de negro. Qualquer coisa que acontecia no meio negro estourava na rua Augusta. [...] Um dia [por volta de 1937/38] apareceu em casa [na rua Augusta] um poeta negro, com o nome de Emílio Silva Araújo. [...] Um dia ele apareceu de braços dados com uma negra.
>
> — Está aqui uma poetisa que descobri. Eu encontrei com ela na porta da igreja da Consolação e trouxe pra cá, para vocês ficarem conhecendo o trabalho dela — disse o Emílio.
>
> E ela abriu um caderninho e mostrou umas poesias. [...] Nós tínhamos lá sempre uns grandes almoços. Aos domingos, se reuniam o [Fernando] Góis e aquela moçada toda para bater papo, já que não se podia fazer nada. E nós ficamos, naquele dia, ouvindo a declamadora, a poetisa que o Silva Araújo tinha levado. Quando perguntamos o nome dela, ela respondeu que se chamava Carolina de Jesus, a mesma que mais tarde escreveu o *Quarto de despejo*. Ela já era nossa conhecida desde aquela época. Só que ela não fazia poesia que falasse de negro, ela nem tinha essa consciência, nem mesmo quando fez o *Quarto de despejo*. Nunca teve consciência de negra. A poesia dela, na época, era muito colorida, mas sem nenhuma conotação de origem, de raça.[3]

---

[3] LEITE, José Correia e CUTI. *...E disse o velho militante José Correia Leite*. São Paulo: Secretaria Municipal da Cultura, 1992.

Será mesmo? Correia Leite foi um intelectual importante, e entre suas ações admiráveis encontram-se suas memórias, organizadas pelo escritor Cuti. Contudo, é necessário discordar e ponderar sobre suas impressões a respeito de Carolina. Que tipo de consciência serviria ao meio negro naquele momento? Aquela já *pronta*, experimentada e cônscia dos desafios correntes? Mas não a de uma recém-chegada poetisa que nem mesmo sabia o que o termo *poetisa* significava, como ela lembrou em *Diário de Bitita*? Contudo, *como nasce uma consciência*? Da condição do explorado, subalterno e menorizado? Trata-se de um processo, por vezes, de longa duração ou fruto de um evento de impacto marcante e trágico.

Carolina poderia não ter expressado sua visão de mundo ainda sob esta óptica, no grau de maturidade que lhe cobraria alguém, à ocasião, com militância antirracista desde os anos 1920, como José Correia Leite. Entretanto, se acreditarmos na racionalização de sua memória infantojuvenil, em *Bitita*, pode-se dizer que os dados já estavam lançados, desde os primeiros momentos de entendimento de suas condições sociais adversas e de sua família, negra, pobre, extensa e orgulhosa. E é fato que se possa incorrer na armadilha de encontrar a escritora Carolina de Jesus na sua personagem infantil, criando-se assim uma falsa linearidade de uma história de vida justificante.

> Quando chegamos o dia estava despontando e estava chovendo. Fiquei atônita com a afluência das pessoas na Estação da Luz [...] Nunca havia visto tantas pessoas reunidas. Pensei: 'Será que hoje é dia festa?'

Em suas memórias, aos 23 anos, em 31 de janeiro de 1937, são essas as primeiras impressões que a jovem Carolina tem da cidade de São Paulo, lugar que a fascinava desde a saída de Sacramento e sua chegada ao interior do estado paulista. Indo por caminho diferente daquele de Correia Leite e adotando-se o intervalo de 1940 a 1947 como parte dos anos de formação de *Quarto de despejo*,[4] pois, em 1947-1948, ela será moradora da favela do Canindé, que se erguia às margens do rio Tietê, onde escreveria

---

4 Sugiro esses anos *como os de formação*, pois será neles que a escritora experimentará viver na cidade de São Paulo de forma mais intensa, em diferentes espaços até, finalmente, chegar à favela do Canindé. Sobre isso, ver o capítulo 6 de SILVA, Mário Augusto Medeiros da. *A descoberta do insólito: literatura negra e literatura marginal periférica no Brasil (1960-2000)*. Rio de Janeiro: Aeroplano, 2013. E também BOM MEIHY, José Carlos Sebe e LEVINE, Robert M. *Cinderela negra: a saga de Carolina Maria de Jesus*. Rio de Janeiro: UFRJ, 1994, p. 185.

os cadernos que dariam origem ao *Quarto de despejo*, pode-se demonstrar que a potência da expressão pela qual Carolina seria posteriormente conhecida lhe permitira chegar ao ponto requerido por Correia Leite e seus companheiros, mas não exatamente como eles gostariam. A vontade sistemática da escrita e da produção literária de Carolina Maria de Jesus atravessa as décadas de 1940 e 1950, com as já conhecidas incursões da autora na imprensa e também seus encontros com os jornalistas Willy Aureli e, finalmente, Audálio Dantas, responsável por apresentá-la à Livraria Francisco Alves e selecionar seus materiais para publicação.

É uma história importante a das homenagens recebidas pela escritora no meio negro e das disputas em torno de sua figura que envolverão duas associações, a Associação Cultural do Negro e o Club 220, sediadas no mesmo prédio, o edifício Martinelli. A mais conhecida delas é a Associação Cultural do Negro (1954-1976), fundada por antigos militantes da imprensa negra e de outras associações negras paulistas, alguns deles oriundos da Frente Negra Brasileira (1931-1937), no ano do quarto centenário de São Paulo, como uma resposta ao apagamento do negro nas comemorações. Entre seus membros estavam José Correia Leite, José Assis Barbosa, Geraldo Campos de Oliveira, Nair Theodora de Araújo, Jacira Sampaio, Teda Pellegrini, Pedrina Alvarenga, Oswaldo de Camargo, Carlos de Assumpção, entre muitos outros. Era dividida em departamentos, como os de Esportes, Cultura, Social, Feminino etc.

A ela esteve ligado o Teatro Experimental do Negro de São Paulo. Publicou jornais como o *Níger, Mutirão* e a série de cinco livros Cadernos de Cultura Negra. Participou e organizou atos públicos como o do Ano 70 da Abolição, homenagens a intelectuais negros na cidade de São Paulo, como Cruz e Sousa, Luiz Gama e Carolina Maria de Jesus, entre outros. Tudo às próprias expensas. Foi capaz de manter interlocução com movimentos negros no país e fora dele, com destaque para a articulação com organizações ligadas às lutas anticoloniais e pela libertação nacional de países africanos lusófonos. E, como diferentes associações negras e não negras, teve alguns de seus militantes atingidos pelo golpe de estado civil-militar de 1964, afetando consideravelmente suas atividades. Um terceiro momento de sua história se dá, justamente, sob a presidência do sociólogo Eduardo de Oliveira e Oliveira, na rua Jaboatão, no bairro da Casa Verde, em São Paulo, onde encerrou suas atividades, em 1976.

O ano de 1960 marca a edição de *Quarto de despejo: diário de uma favelada*, de Carolina Maria de Jesus. Lançado em agosto, a Associação Cultural do Negro promove homenagem à autora no seu salão em 28 de setembro, Dia da Mãe Negra.

Para a homenagem, a ACN convidou diferentes entidades civis, como a Academia Paulista de Letras e o Grêmio da Faculdade de Filosofia, Ciências e Letras da USP.[5] Nesse mesmo ano, a associação passa a editar, desde julho, um jornal mensal chamado *Níger*. O terceiro número (setembro de 1960) traz a escritora na capa.

Níger – Publicação a Serviço da Coletividade Negra presta homenagem à autora que seria o sucesso literário de vendas do ano, bem como a grande expressão de um autor negro nacional, e sem precedentes, evocando-a como um fato de extrema importância cultural e social para o grupo que aquele jornal e a associação buscava representar. Nessa edição, publicam-se um editorial (sobre a figura de Carolina de Jesus e a mulher negra), o poema apócrifo de Oswaldo de Camargo e um samba em deferência à escritora, de autoria de B. Lôbo. O editorial da publicação é uma exaltação, com ressalvas, à figura da mãe negra atribuída à escritora, bem como uma tentativa de construir sua imagem como síntese dos propósitos do meio negro organizado:

> *Carolina Maria de Jesus é a expressiva figura, por nós escolhida, para simbolizar a homenagem que hoje rendemos à "Mãe Negra"*, num ato de nosso civismo, pelo transcurso da data de 28 de setembro, e do 89º aniversário da Lei do Ventre Livre. [...] *A nossa homenageada – a "Mãe Negra"* - é uma imagem emotiva que vive em nossa recordação, e por isso mesmo não podemos jamais olvidá-la pelos feitos que no passado ela concretizou [...] *deu ao Brasil suas melhores tradições e soube encher os velhos solares das famílias de tantas ternuras e poesias* [...]. *Carolina Maria de Jesus é uma contradição histórica de tudo isso. Ela vem malsinada, tal qual uma sombra errante, do submundo da sociedade moderna, para contar uma história, a sua história, que galvanizou os sentidos de toda opinião pública, pelas suas revelações estarrecedoras.* [...] *O diário da favelada Carolina é um depoimento* que não só retrata, em seu

---

5   Embora convidadas, ambas não estiveram presentes. Cf. a carta de Aristêo Seixas, presidente da Academia Paulista de Letras, que se desculpa porque "meu estado de saúde não me permite sair à noite, razão porque deixo de comparecer a essa reunião"; e Ofício n. 273/60, de Fred Lane, presidente do Grêmio da Faculdade de Filosofia, Ciências e Letras da USP, datadas, respectivamente, de 28.09.1960 e 05.10.1960. Coleção Associação Cultural do Negro, Acervo UEIM-Ufscar.

> triste conteúdo, as nossas mazelas sociais do momento, como *remontam* [sic] *aos erros políticos – em matéria de justiça social – desde o alvorecer da República.* [...] Pelo menos para nós esse livro foi mais que isso [sucesso de vendas], porque nele encontramos uma advertência fora do comum. [...] *O significado dessa advertência tem suas ressonância nos fundamentos daqueles pontos básicos que são a razão de ser dos anseios de nossa luta.*[6]

Segundo as memórias de Correia Leite, ainda foi feito, na casa dele, "um grande almoço e foi a primeira homenagem que a Carolina de Jesus recebeu por causa de seu livro, *Quarto de despejo*".[7] A figura de Carolina passaria a ser, após a publicação do primeiro livro, alvo de disputa de diferentes interesses e matizes intelectuais ou políticos. No meio negro organizado, embora em menor escala, não ocorreu algo diferente.

Se a ACN promoveu um número de seu recém-lançado jornal e uma homenagem à escritora na casa de um de seus principais líderes, o Clube 220, a partir da publicação de *Quarto de despejo*, passou a promover o Ano Carolina Maria de Jesus (1960-1961). A disputa fica clara na carta-resposta que o 220 remete à ACN por ocasião do convite que esta fizera àquele clube, em razão do evento promovendo o Ano Cruz e Sousa:

> Como já é sabido do conhecimento Vv. Ss., e também do domínio público, esta comissão – supervisionada pela diretoria do Club "220" instituiu o Ano "CAROLINA MARIA DE JESUS", programando para o decorrer do ano em curso uma série de festividades em homenagem ao êxito nacional e internacional conquistado por aquela escritora, com seu livro *Quarto de despejo*, *best-seller* de 1960. [...] Como ponto alto de tais festividades, desejamos comunicar Vv. Ss. que a Câmara Municipal de São Paulo acolheu a nossa iniciativa, aprovando a concessão do título de "CIDADÃO PAULISTANA" àquela escritora, que será entregue no próximo dia 9 de março p. vindouro.[8]

---

6 "O sentido humano da Mãe Negra". *Níger*, São Paulo, Associação Cultural do Negro, set. 1960. Microfilme MR/2714, Arquivo Edgar Leuenroth (AEL-Unicamp). Grifos meus.
7 LEITE, José Correia e CUTI. *Op. cit.*, p. 179.
8 Ofício n. 69/61, do presidente do Clube 220, Frederico Penteado Júnior, a Adélio Alves da Silveira, presidente da ACN, datado de 24.02.1961. Coleção Associação Cultural do Negro, Acervo UEIM-Ufscar.

A ACN exaltava Carolina como um exemplo de afirmação do negro e, particularmente, de mãe negra, talvez inaugurando uma das imagens mais associadas à escritora: a mãe negra, uma espécie de reserva moral e benigna. Simbolicamente, uma homenagem foi realizada no dia 28 de setembro de 1960.[9] Todavia, é importante observar um embate entre essa organização e a autora. A mãe negra em questão é solteira, com três filhos, de três pais diferentes, e dois anos de instrução formal. Causava certo empecilho para os propósitos daquela associação (o *elevamento moral* do negro, que, em grande parte, passava pela valorização/normatização do comportamento mundano). São sintomáticos, nesse sentido, os depoimentos de Correia Leite, referência política e cultural da ACN:

> O Audálio Dantas me chamou de lado e disse: [...] – Leite, você que tem um certo prestígio, vê se dá uns conselhos para a Carolina porque parece que ela está deixando subir na cabeça certas bobagens por causa do sucesso do livro... [...] Eu fui falar com a Carolina e ela me prometeu que ia continuar a mesma, que não ia deixar aquilo acontecer. Só que, não demorou muito tempo, ela se desligou do Audálio Dantas e andou fazendo algumas bobagens, como aparecer no carnaval com roupas excêntricas, querer frequentar certos meios que ela não tinha condições...[10]

Se a ACN possuía resistências à figura e ao tema de Carolina sobre a pobreza – embora ambos lhe tenham sido úteis no princípio, e mesmo como verniz tenha sido simpática aos dois –, o Clube 220 não tinha mesma reserva com a conjugação das imagens. Pelo contrário: é esta associação – autointitulada Entidade Orgulho da Família Negra Brasileira – que, além de promover o Ano Carolina Maria de Jesus, lança a campanha para outorga do título de Cidadã Paulistana à autora. Frederico Penteado Jr., presidente do Clube e também ligado à escola de samba Vai-Vai, afirma em carta à ACN:

---

9 Se quisermos pensar contemporaneamente, a figura da "mãe negra" funciona também como uma *imagem de controle* sobre a mulher negra, como explica Patrícia Hill Collins no livro *Pensamento feminista negro* (São Paulo: Boitempo, 2019).
10 LEITE, José Correia e CUTI. *Op. cit.*, p. 182.

Conforme já é do conhecimento Público, foi esta entidade autora do manifesto Público contendo mais de cinco mil assinaturas, dirigido à Câmara Municipal de São Paulo através do edil Italo Fittipaldi, pelo seu ofício n. 51 datado de 12 de setembro de 1960 o qual solicitava que a autora do livro *Quarto de despejo*, mineira, cor Preta, de 46 anos, mãe solteira de filhos e que foi, há pouco, ocupante do barraco n. 9 da rua A, na favela do Canindé, fosse agraciada por essa Edilidade, como "CIDADÃO PAULISTANA", cuja literatura contemporânea foi revolucionada por um livro, *Quarto de despejo*. [...] Deseja esta entidade contar [...] com sua presença no próximo dia 28, para o seguinte PROGRAMA: [...] Pela manhã na igreja da Irmandade Nossa Senhora do Rosário dos Homens Pretos no largo do Paissandú, missa em homenagem a esta babá, Mãe de duas gerações da Branca e da Preta, às 9,30hs. [...] Em seguida, com a presença da escritora Carolina Maria de Jesus e outros, colocará no Monumento à Mãe Preta diversos ramalhetes de flores como gratidão da família brasileira àquela ilustre personalidade. [...] Às 15h no Plenário da Câmara Municipal de São Paulo quando os edis em sessão especial entregará [*sic*] a Carolina Maria de Jesus o título de "CIDADÃ PAULISTANA", iniciativa deste clube.[11]

Carolina Maria de Jesus, cidadã paulistana pela vontade negra

Outorgamos, hoje, com a pompa necessária, o Título de Cidadã Paulistana à maravilhosa figura da mineira Carolina Maria de Jesus. [...] Ela é cidadã de São Paulo – cidadã do Brasil. [...] Trata-se de uma personalidade invulgar, da mensageira de um protesto assombroso,

---

11 Ofício n. 283/61 de Frederico Penteado Júnior, presidente do Clube 220 ao presidente da ACN, datado de 26.09.1961. Coleção Associação Cultural do Negro, Acervo UEIM-Ufscar.

> de uma alma literária que, como a planta, ressurge do chão, e vive, e respira, e se ramifica, pelos descendentes, no futuro [...]. Da favela obscura, misérrima – quem o poderia supor? – aparece um Shakespeare de cor, um Molière que é mulher, um Dante que descreve o inferno em terra, e a linguagem vibrante, ágil, pura e sonora que indica o verdadeiro poeta, que transporta a carne, o sangue para o papel, na pungente descrição das angústias e decepções dum canto da humanidade.[12]

O projeto de resolução n. 54, arquivado no processo n. 5.480 de 1960, guardado na Câmara Municipal de São Paulo, apresenta os passos efetuados para a outorga do título de Cidadã Paulistana a Carolina de Jesus. A iniciativa partiu do Clube 220, que, em tempo recorde, encaminhou carta e abaixo-assinado, com cerca de 6 mil adesões, subscritas em 46 páginas, à Câmara, em 12 de setembro de 1960. O livro de Carolina havia sido lançado no mês anterior. A carta enviada ao vereador Ítalo Fittipaldi solicitava a aprovação de seus termos em regime de urgência pela edilidade, afirmando:

> Como é do conhecimento público, a literatura contemporânea está sendo revolucionada por um livro, cuja procedência o identifica como uma das mais arrojadas páginas [...]. Trata-se de *Quarto de despejo*, que tem como autora a favelada CAROLINA MARIA DE JESUS [...]. *Quarto de despejo*, pela força do realismo com que foi escrito, consiste, longe de CRÍTICA DESTRUIDORA, um índice do caminho a seguir para exterminar com os focos malignos das sórdidas favelas do nosso País. [...] Ainda em se tratando de regime de urgência [...], seja-nos permitido indicar a data de 28 de setembro corrente para esta solenidade, tendo em vista que transcorre neste dia mais um aniversário da "Mãe Preta", Mãe das gerações de ontem, de hoje e de amanhã.[13]

---

12 Discurso proferido pelo vereador Ítalo Fittipaldi, em 28 de setembro de 1961, em homenagem a Carolina Maria de Jesus. Arquivo da Câmara Municipal de São Paulo, processo n. 5.480, folha 86.
13 Carta de Frederico Penteado Júnior ao vereador Ítalo Fittipaldi, datada de 12.09.1960. Arquivo da Câmara Municipal de São Paulo, n. 5.480/1960, folha n. 4.

A repercussão de *Quarto de despejo* justifica, em partes, a solicitação do Clube. O 220 não queria ficar de fora disso, assim como não o quis a ACN. Ambos elegem o mesmo dia para homenagear a autora, disputando o impacto causado. Todavia, dado o adiantado do tempo e os entraves burocráticos, embora aceita a outorga por mais de dois terços dos vereadores, não seria possível realizar a cerimônia naquele mês de setembro de 1960. O parecer final sobre o pedido foi emitido entre 27 de outubro e 13 de dezembro do mesmo ano, passando por diferentes comissões. Estenderam-se as discussões até 1961.

Isso permite afirmar a estratégia do Clube 220 de construir uma espécie de campanha, criando o Ano Carolina Maria de Jesus como forma de não desaquecer o ímpeto da iniciativa, enredado pela burocracia. A redação final do projeto de resolução só ocorreu em 30 de maio de 1961, e o convite para que Carolina recebesse o título foi enviado a 15 de setembro, como arquivado na folha 78 do processo.

A outorga, efetuada em 28 de setembro de 1961, durante a 38ª Sessão Especial da Câmara Municipal, contou com a presença (anunciada e taquigrafada) do vice-governador de São Paulo, general Porphyrio da Paz, do presidente da Câmara Municipal, Manuel Figueiredo Ferraz, do escritor e teatrólogo Solano Trindade, de membros do 220, além de Fittipaldi, vereadores e da homenageada. O discurso proferido por Fittipaldi (folhas 86-90 do processo) associa Carolina de Jesus, exagerada e retoricamente, a distintas figuras da literatura mundial e/ou suas obras: Shakespeare (*Hamlet*), Zola (*L'Assommoir*), François Villon, Christopher Marlowe, Verdi (*Rigoletto*), Dickens (*Oliver Twist*), Machado de Assis (*Memorial de Aires*). No plano da questão social, relaciona-a a Josué de Castro (*Geografia da fome*). A tudo isso, a autora responde em seu discurso de agradecimento, taquigrafado às folhas 91-93 do processo n. 5.480/60, do qual se extraem os excertos abaixo:

> A transição da minha vida foi impulsionada pelos livros. Tive uma infância atribulada. Não me foi possível concluir o curso primário, mas desde que aprendi a ler passei a venerar os livros fantasticamente, lendo-os todos os dias. [...] Se não fosse por intermédio dos livros que deu-me boa formação, eu teria me transviado, porque passei 23 anos mesclada com os marginais. [...] Devo agradecer aos brancos de São Paulo que deram oportunidade aos pretos, aceitando as nossas criações e acatando-nos no núcleo social. Este gesto contribui para abolir preconceitos raciais.

Não era bem isso que as associações negras gostariam de ouvir, pelo menos não a parte final do discurso. A igualdade deveria ser uma conquista, e não uma concessão, para a maioria daquelas associações. Abre-se espaço para o discurso do presidente da Câmara, Manuel Ferraz, que afirma a falta de preconceito racial em São Paulo e no país. Como devem ter reagido Solano Trindade, os membros do Clube 220 e outros a isso? Das fontes, nada consta. Além disso, Ferraz trata o problema da favela como se Carolina tivesse descortinado uma cena oculta da metrópole emergente. Em verdade, ela o inseriu numa pauta sociopolítica. As favelas estavam à luz dos olhos de todos. Ferraz propõe medidas que vão do assistencialismo à ação direta, fornecendo poucos elementos para a concretização daquele ou desta (folhas 94-96):

> É preciso que este eco tenha ressonância nesta Casa; que não fiquemos, nós outros, indiferentes ao clamor daqueles que menos favorecidos clamam por aqueles que podem acolhê-los ou socorrê-los na sua miséria e no seu abandono. [...] Por isso, escritora Carolina Maria de Jesus, o seu apelo será atendido, por certo. [...] Esta cidade [...] lhe é grata pelos serviços que você prestou a nossa coletividade, chamando a atenção para um problema que sabíamos conhecer mas que preferíamos desconhecer. E agora os nossos olhos estão abertos. É preciso que alertemos os demais para que este problema não constitua um problema mas que seja agora um movimento para a solução desse mal, que é o mal da favela de São Paulo.

Os temas da favela, da marginalidade social e da integração do negro entrarão na ordem do dia, para diferentes setores sociais, no curto espaço de tempo até o começo de 1964, antes do golpe de Estado civil-militar. Carolina estará no centro desses debates até a altura de 1962, com *Casa de alvenaria*, publicado no ano anterior. A mobilização de alguns setores da sociedade em busca de uma *solução* para o problema *descortinado* permite uma análise interessante sobre a forma recorrente de se lidar de maneira precária com problemas sociais, em verdade irresolutos desde muito tempo e ainda hoje.

Infelizmente, as décadas de 1970 e 1980 e a geração de ativistas e intelectuais negros, ao menos em São Paulo, não estabelecerá conexão mais direta com a autora. Mesmo estando entre eles Oswaldo de Camargo (que a conheceu pessoalmente e a ela dedicou um poema) e que seria um dos elos da geração dos Cadernos Negros com os anos anteriores ao golpe de Estado civil-militar de 1964. Haverá um misto de desconhecimento da autora, mudanças nas formas e agenda do ativismo negro, especialmente após 1978, e incompreensão sobre a sua forma de escrever, que não se ligaria com a estética literária negra dessa década, pelo menos não em citações diretas em livros ou menções a influências. Contudo, antes de Carolina falecer, em 1977, foi publicada uma nova edição de *Quarto de despejo*, no ano anterior, pela Edibolso. De acordo com uma entrevista de Hugo Ferreira, um dos criadores da série Cadernos Negros, ao lado de Oswaldo de Camargo, Cuti e Mário Jorge Lescano, a memória de Carolina poderia ter suscitado o nome da série, em atividade desde novembro de 1978: "Em 1977 tinha morrido a Carolina (Maria de Jesus), e ela escrevia em cadernos; a gente também escrevia nossas poesias em cadernos. [...] Uma coisa muito simples se tornou uma coisa muito forte, os cadernos eram algo nosso."[14]

Esse resgate da figura de Carolina ocorreria paulatinamente, para parte das associações negras paulistas nos anos 1980, com maior amadurecimento do pensamento sobre a literatura negra pelos próprios autores e autoras, expresso em publicações a partir de encontros do Quilombhoje Literatura, como *Reflexões sobre a literatura afro-brasileira* (1985) ou o I Encontro de Poetas e Ficcionistas Brasileiros, publicado em 1987 em *Criação crioula, nu elefante branco*, coincidindo temporalmente com a publicação póstuma de *Diário de Bitita* e com a redemocratização do país. Cuti promove um debate crítico sobre o que teria acontecido com Carolina e as armadilhas desse processo para o escritor negro:

> Quando legitimaram Carolina de Jesus, legitimaram um horizonte para o negro na literatura brasileira. Escrever como se fala, cometer erros de ortografia e fazer do naturalismo jornalístico a razão de ser da nossa arte. A própria Carolina chegou a reclamar quando alguém a repreendeu por estar ela perdendo a "autenticidade" com o uso de certas palavras "difíceis". [...] Nenhuma

---

14 COSTA, Aline. "Uma história que está apenas começando". In: RIBEIRO, Esmeralda e BARBOSA, Márcio (orgs.). *Cadernos Negros: três décadas.* São Paulo/Brasília: Quilombhoje/Seppir, 2008, p. 25. Agradeço a Raquel Barreto por ter me recordado de uma das origens do nome dos Cadernos Negros.

legitimação é apenas estética. No mais das vezes é ideológica. [...] O que fizemos (livros autofinanciados) sem depender de paternalismo de ninguém já animou a vida literária entre negros.[15]

Essa discussão crítica sobre a figura literária e os dilemas da legitimação problemática de Carolina foi uma constante nos debates da literatura negra e alcançaria, nos anos 2000, a Literatura Marginal, por meio de um de seus criadores, animadores e defensores: Ferréz. "Pra mim, a rainha da Literatura Marginal é a Carolina de Jesus. Achei a rainha, mano! Quando eu li o *Quarto de despejo*, eu senti na pele o que eu senti aqui, tá ligado? É a mesma situação, tem coisa que é impressionante."[16] O criador das publicações *Caros Amigos: Literatura Marginal* (em que os manifestos da produção literária e estética mais importante dos últimos tempos apareceria, feita por negros e periféricos) e autor de *Capão pecado*, *Manual prático do ódio*, entre outras obras, explicita aqui uma constatação atualizada de continuidade de temas e situações, bem como de um antepassado literário e o uso da referência que sinalizaria uma interessante e importante tendência dessa década e dos dias que vivemos: a redescoberta de Carolina Maria de Jesus em peças de teatro (*Ensaio sobre Carolina*, Cia. Os Crespos); diversos coletivos literários protagonizados por mulheres negras em sua homenagem; variados núcleos de estudantes universitários negros e negras, em espaços de ações afirmativas, que levam seu nome; a releitura de suas obras, reedições e novas edições de seus textos; bem como o trabalho de preservação de sua obra e memória.

Carolina Maria de Jesus, seus livros e sua visão sobre o mundo atravessaram inspiradoramente as barreiras do tempo e espaço, num Brasil que mudou e também não se alterou, tornou-se tão ou mais desigual do que era no momento em que viveu; foi presidido por alguém que já passou fome, como ela desejava, mas também permaneceu sob as asas das "mariposas noturnas", interessadas em ouvir falar da pobreza, e não em resolvê-la. Um país em que a fome continua a ser amarela e vivida na carne negra, com a morte negra ainda mais brutal, explicitado o racismo. Mas também um Brasil em que vida negra deve ser celebrada, apesar de tudo, em que muitas Carolinas se erguem para ver o sol e sentir que a terra lhes pertence, diariamente.

---

15 CUTI. "Fundo de quintal nas umbigadas". In: *Criação crioula, nu elefante branco*: *I Encontro de Poetas e Ficcionistas Negros Brasileiros*. São Paulo: Imprensa Oficial do Estado, 1987, pp. 155-156.
16 Entrevista de Ferréz ao autor. São Paulo, 16.05.2007.

"O sentido humano da Mãe Negra". *Revista Níger – Publicação a serviço da coletividade negra*, São Paulo, set. 1960, n. 3. Associação Cultural do Negro. Coleção particular de Oswaldo de Camargo.

NOSSA CAPA

O SENTIDO HUMANO DA MÃE NEGRA

Carolina Maria de Jesus é a expressiva figura, por nós escolhida, para simbolizar a homenagem que hoje rendemos à "Mãe Negra", num ato de nosso civismo, pelo transcurso da data de 28 de setembro, e do 89º aniversário da "Lei do Ventre Livre".

A nossa homenageada — a "Mãe Negra" — é uma imagem emotiva que vive em nossa recordação e, por isso mesmo, não podemos, jamais, olvidá-la pelos feitos que, no passado, ela cristalizou. No mesmo silêncio da sua humilde condição evocamos aquela que deu ao Brasil as suas melhores tradições, e que soube encher os velhos solares da família brasileira de tantas ternuras e poesias.

Carolina Maria de Jesus é uma contradição histórica de tudo isso. Ela vem malsinada, tal qual uma sombra errante, do submundo da sociedade moderna, para contar uma história, a sua história que galvanizou os sentidos de tôda a opinião pública, pelas suas revelações estarrecedoras.

O diário da favelada Carolina é um depoimento que, não só retrata, em seu triste conteúdo, as nossas mazelas sociais do momento, como remontam aos erros políticos que se vêm cometendo, neste país — em matéria de justiça social — desde o alvorecer da República.

O livro de Carolina Maria de Jesus — "Quarto de Despejo" — não foi apenas um sucesso de livraria, no que diz respeito à curiosidade literária dos demais livros. Pelo menos, para nós, êsse livro foi mais que isso, porque nele encontramos uma advertência fora do comum.

O significado dessa advertência tem suas ressonâncias nos fundamentos daqueles pontos básicos que são a razão de ser dos anseios de nossa luta.

A presença da lendária figura da "Mãe Negra", neste encontro com Carolina Maria de Jesus é mais uma homenagem, por estarmos diante de uma tese que tem um alto sentido humano; é mais do que cívico porque nela refletem os reclamos de soluções sociais, com reflexos políticos, culturais e científicos.

Um Pedido

Na última publicação de NIGER nós sublinhamos a sua acolhida, sua oportunidade em nossos meios.

Já dissemos: receberam-no como se recebe um amigo, ainda que êsse amigo venha dizer duras verdades ou erguer ante a nossa tranquilidade problemas que bem quiséramos fôssem postos de lado. As falhas maiores de NIGER sanaram-se com o 2.º número e mesmo a parte de orientação e comentários das coisas nossas equilibrou-se entre a necessidade de se dizer a verdade e o momento de fazê-lo.

Pensamos que todos têm a desejada lucidez de ver a nossa boa-vontade e, porque assim pensamos, pedimos neste 3.º número de NIGER a gentileza de o prezado leitor nos enviar sua opinião sôbre nossa revista negra.

Muito nos alegrará que o prezado leitor nos dê sugestões construtivas, que permitam à nossa revista cair nas mãos do negro como semente bonançosa.

Desejamos que NIGER seja sincero, idealista e também interessante de se ler.

Pedimos sua valiosa opinião.

JEFFERSON MEDEIROS
São Gonçalo, RJ, 1989 – Vive no
Rio de Janeiro, RJ.
Cobertor, 2020

DESALI
Belo Horizonte, MG, 1983 – Vive em Contagem, MG.
Bandeira nacional, 2021

JAIME LAURIANO
São Paulo, SP, 1985 – Vive entre Porto (Portugal) e São Paulo, SP.
Ordem e progresso, 2015

LYZ PARAYZO
Campo Grande, RJ, 1994 – Vive entre Brasil, Portugal, França e Suíça.
Bandeira #2, 2020

"Cheguei no Corrêio pêsaram os cadernos. 406. pensei: Nem aqui, não há tabela. Hontem era 412. pensei na Ordem e progresso que ostenta a nossa Bandeira mas que não predomina."

JESUS, Carolina Maria de. *Meu estranho diário*. Organização de José Carlos Sebe Bom Meihy e Robert Levine. São Paulo: Xamã, 1996 p. 46. Arquivo Público Municipal de Sacramento. Acervo Instituto Moreira Salles.

JEFFERSON MEDEIROS
São Gonçalo, RJ, 1989 – Vive no Rio de Janeiro, RJ.
Obra embargada, 2020

JAIME LAURIANO
São Paulo, SP, 1985 – Vive entre Porto (Portugal) e São Paulo, SP.
Monumento às bandeiras, 2016

ZÉ TARCÍSIO
Fortaleza, Ceará, 1941 – Vive em Fortaleza, CE.
Golpe, 1974

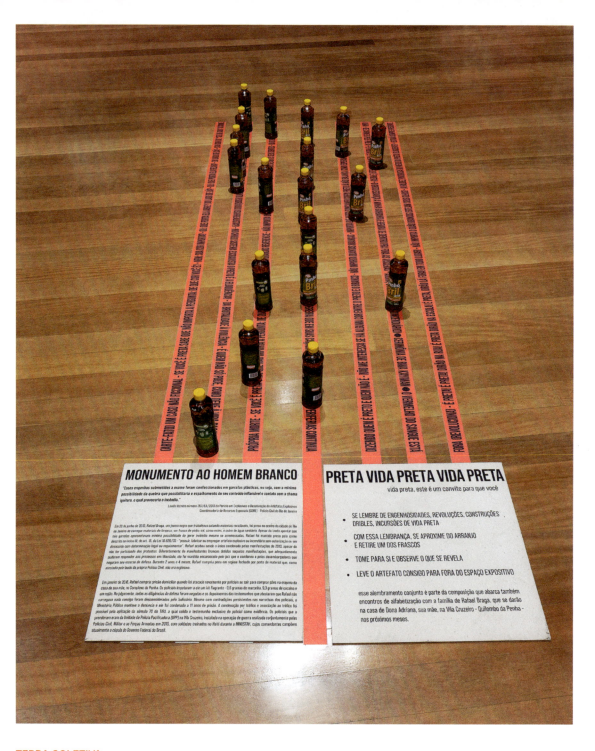

TERRA COLETIVA
Ana Aline Furtado: Crateús, CE, 1985 – Vive em Fortaleza, CE.
Linda Marina: São Paulo, SP, 1995 – Vive no Rio de Janeiro, RJ.
Melke: Brasília, DF, 1987 – Vive entre Londres, Inglaterra e Abya Yala [América do Sul].
Ventura Profana: Salvador, BA, 1993 – Vive no Rio de Janeiro, RJ.
Monumento ao homem branco, 2016-2022

PEDRO CARNEIRO
Rio de Janeiro, RJ, 1988 – Vive no Rio de Janeiro, RJ.
Caixa de segurança, 2021

"A fome é dinamite do corpo humano."

JESUS, Carolina Maria de. *Provérbios*. Manuscrito. Local desconhecido, data desconhecida. Arquivo Público Municipal de Sacramento.

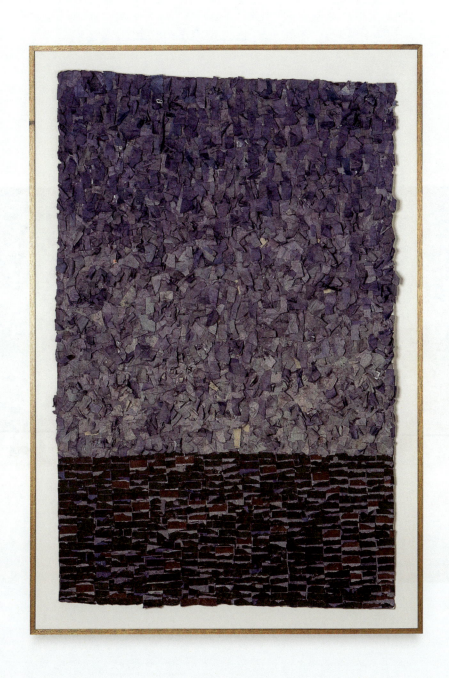

ANTONIO TARSIS, JUNIOR LIMA DE JESUS E GILSA DE CÁSSIA DE JESUS
Antonio Tarsis: Salvador, BA, 1995 – Vive entre Salvador, Rio de Janeiro e Londres (Reino Unido).
Junior Lima de Jesus: Salvador, BA, 1984 – Vive em Salvador, BA.
Gilsa de Cássia de Jesus: Salvador, BA, 1981 – Vive em Salvador, BA.
Linha do horizonte, 2021

DIAMBE DA SILVA
Rio de Janeiro, RJ, 1993 – Vive no Rio de Janeiro, RJ.
Isabel, av. Princesa Isabel, Devolta, 2020

"A Vera começou pedir comida. E eu não tinha. Era a reprise do espetaculo.
Eu estava com dois cruzeiros. Pretendia comprar um pouco de farinha para fazer um virado. Fui pedir um pouco de banha a Dona Alice. Ela deu-me a banha e arroz. Era 9 horas da noite quando comemos.

E assim no dia 13 de maio de 1958 eu lutava contra a escravatura atual – a fome!"

JESUS, Carolina Maria de. *Quarto de despejo: diário de uma favelada*. São Paulo: Ática, 2014, p. 32. Acervo Instituto Moreira Salles.

ROSA GAUDITANO
São Paulo, SP, 1955 – Vive em São Paulo, SP.
*Marcha do Movimento Negro Unificado (MNU), São Paulo,
7 de julho de 1978*

ROGÉRIO SANTOS (ZUMVI ARQUIVO AFRO FOTOGRÁFICO)
Salvador, BA, 1954 – Vive em Salvador, BA.
Passeata contra a farsa da abolição no Brasil, av. Sete, Salvador, 1988

LÁZARO ROBERTO (ZUMVI ARQUIVO AFRO FOTOGRÁFICO)
Salvador, BA, 1958 – Vive em Salvador, BA.
Pixação contra o genocídio do povo negro, 2017

"Não matarás

O fato que hórrorizou-me foi ver um soldado matar um prêto. O policial deu-lhe voz de prisão. êle era da roça. saiu córrendo. assustado. O policial deu-lhe um tiro. A bala penetrou-lhe dentro do ouvido. O policial que lhe deu o tiro, sorria dizendo:

— Que pontaria! que eu tenho. Vóu ser campeão de tiro, com o pé ele mortia o córpo sem vida do infausto e dizia: êle deve ser baiano.

E eu fiquei pensando nos baianos que eram obrigadós a deixar a Bahia pórque lá não chóve e ser mortós pelós policiais sem mótivos.

Será que êle tem mãe. Quem é que vai chorar a sua mórte?

Êle não brigou, não xingou não havia motivos para matá-lo. Êle estava com um pacote que foi desembrulhado. Vêio na cidade para cómprar remédiós. Era casado. pai de dóis filhos. Quando o delegado chegóu olhou o cadáver e mandou sepultá-lo Ninguém sabia o seu nóme. Pensei: leva-se vinte anos para criar um hómem. E êles matam-se com tantas facilidades. Quem mórre, faz falta para alguem.

'Não matarás.' Esta advertência é do todo poderoso, o Deus imortal. Mas o homem, o Deus de barro, o Deus_pó, mata.

Quando sepultavam o prêto, minha mãe dizia: Para êle, tudo acabou-se. pensei: é o nosso dever rezar implorar a Deus para chover no Norte e assim êles terão possibilidades para ficar, no seu torrão natal. pórque os que saem de suas terras não sabem se vão encontrar com Deus, ou com o diabo. Fiquei nervosa e chorei ninguém pergunta a uma criança porque é que está chorando é que eu estava com dó daquêle homem. Êle merecia as minhas lágrimas. O soldado que matou o nórtista era branco. O delegado, era branco. E eu fiquei com mêdo dós brancós. e olhei a minha pele preta. enquanto existir ignórantes, há de existir estas divisas de côres.

Mas continuei pensando pórque será que o branco pode matar o prêto? Será que Deus deu o mundo para êles, e nós os prêtos sómós os invasóres?"

JESUS, Carolina Maria de. *Um Brasil para os brasileiros*. Manuscrito. Local desconhecido, data desconhecida, pp. 193-196. Acervo Instituto Moreira Salles.

"Para mim as privações e a pólvora são idênticas. as privações inrrita o povo e o povo inrritado supera a pólvora e a bomba atômica!"

JESUS, Carolina Maria de. Diário de 21.01.1961 a 26.01.1961. Manuscrito. Local desconhecido, data desconhecida, entrada do dia 25.01.1961. Arquivo Público Municipal de Sacramento/ APMS 10.04.09.

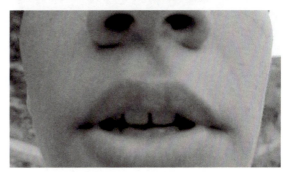

COLETIVO ENCRUZILHADA
Rebeca Gondim: Recife, PE, 1994 – Vive no Recife, PE.
Filipe Gondim: Recife, PE, 1985 – Vive no Recife, PE.
Priscilla Melo: Recife, PE, 1992 – Vive no Recife, PE.
Urtiga, 2018

CAROLINA MARIA DE JESUS: SOLO FÉRTIL PARA UMA TRADIÇÃO DIVERSA

CONCEIÇÃO EVARISTO

LEANDRO VIEIRA
Rio de Janeiro, RJ, 1983 – Vive no Rio de Janeiro, RJ.
Bandeira brasileira, 2019

O reconhecimento da produção de Carolina Maria de Jesus, para além do livro *Quarto de despejo*, no sistema literário brasileiro tem sido uma nova forma de recepção da escritora. Leituras mais atentas ao processo de criação de Carolina perfazem um movimento bastante distinto do modo como a escritora foi recepcionada nos anos 1960. Na época do lançamento do livro, as leituras feitas tanto pelo público em geral como pelas pessoas ligadas ao exercício da escrita, jornalistas, escritoras e escritores etc., reduziram o texto da escritora a um único sentido. Um relato, um desabafo sobre a fome. Essa forma exclusiva e redutora de leitura da primeira obra que veio a público criou um imaginário que cerceou outras produções da escritora. Havia uma expectativa, a começar pela imprensa e o público, que estavam "viciados" na "fome" de Carolina Maria de Jesus. É muito sintomático que, depois de *Quarto de despejo*, a escritora tenha lançado mais três livros, *Casa de alvenaria* (1961), *Pedaços da fome* e *Provérbios*, ambos em 1963, obras que praticamente não fizeram sucesso, enquanto a obra anterior continuava sendo traduzida para diversas línguas. Embora *Casa de alvenaria* trouxesse o cotidiano da escritora, com suas aventuras e desventuras, após a saída da favela, o livro jamais devolveu a Carolina o lugar que ela havia ocupado no ano anterior na cena literária brasileira.

O interesse concentrado na narrativa da fome que Carolina Maria, por experiência, podia relatar produziu leituras que passaram distraídas por outras necessidades vitais da escritora. Faltou a percepção de que a fome ali relatada dizia também de um vazio insaciável, maior que uma urgência física. Outras motivações e padecimentos da escritora parecem não ter sido lidos ou considerados para se pensar a escrita de Carolina.

A nosso ver, o que dá sentido ao livro *Quarto de despejo* não é a narrativa sobre a fome, mas a pulsão pela escrita vivida pela escritora. Escrever parece ter sido para Carolina Maria de Jesus uma pulsão de vida. O movimento vital de luta contra a morte. A luta para poder *ser*. Escrever talvez fosse o fio de prumo de sua vida, como é para grande parte de quem tem no ofício da palavra o caminho de se pensar e pensar o mundo. Escrever era uma necessidade tão visceral para a escritora que é possível contabilizar mais de *70 vezes* a menção ao gesto de escrever ou ler, como algo feito ou desejado e também impedido, em várias passagens do texto que compõe *Quarto de despejo*. A fome de Carolina era também pela escrita. Muitas vezes lemos registros como estes:

> Quando fico nervosa não gosto de discutir. Prefiro escrever. Todos os dias escrevo. Sento no quintal e escrevo.[1]

> O Senhor Manuel apareceu dizendo que quer casar comigo. Mas eu não quero porque já estou na maturidade. E depois, um homem não há de gostar de uma mulher que não pode passar sem ler. E que levanta para escrever. E que deita com lápis e papel debaixo do travesseiro. Por isso é que prefiro viver só para o meu ideal.[2]

E foi o desejo visceral de Carolina Maria de Jesus, não só o desejo, mas a necessidade vital da escrita, que manteve a escritora viva, apesar de todos os reveses. Ela escrevia quase que para cumprir um destino que lhe fora vaticinado quando criança.

Em *Diário de Bitita*, a escritora, relatando recordações de sua infância e juventude, escreveu sobre o que um médico espírita um dia prenunciou sobre o futuro dela. Carolina conta que, em certa ocasião, sua mãe, ao chegar em casa, a encontrou desacordada. Foi levada para uma consulta,

---

[1] JESUS, Carolina Maria de. *Quarto de despejo: diário de uma favelada*. São Paulo: Ática, 2006, p. 19.
[2] *Ibidem*, p. 44.

às pressas. Parece que pessoas tinham-lhe embebedado, segundo a conclusão do médico. Entretanto, a mãe reclamou que Carolina chorava noite e dia. O diagnóstico do médico espírita foi além das causas físicas. O senhor Eurípedes Barsanulfo profetizou para a mãe de Carolina o futuro da menina. Ela "vai adorar tudo que é belo. Tua filha é poetisa."[3]

Ainda no livro *Quarto de despejo*, a escritora escreve sobre a condição do sujeito poeta, como algo que ela experimenta, ao escrever a comoção que as lágrimas dos pobres lhe provocavam.[4]

Se reconhecendo como escritora e reivindicando esse lugar de ser, no livro *O meu sonho é escrever*, Carolina Maria registra como percebeu a "aptidão literária" que trazia em si.[5]

Bendita a determinação de Carolina Maria de Jesus em cumprir o seu destino. Fez-se poeta, escritora, dramaturga, letrista de canções e mais. Foi arguta crítica da política e da sociedade da época. Perspicaz observadora, intelectual formada na prática, na vivência. Uma pensadora a partir da observação da vida.

Carolina Maria de Jesus tinha, segundo o que ela própria dizia, um "cérebro que anotava tudo que ouvia"[6] – seguiu confirmando o que Rui Barbosa, segundo ela, teria dito um dia: a sapiência é inata. O estudo é para esclarecer. O caso de Carolina era o de quem tem uma sapiência inata. Autodidata, foi construindo um aprendizado de várias formas. Lendo sozinha livros de literatura, inclusive *Os lusíadas*, de Camões, com auxílio de dicionário, buscando conhecer livros de história do Brasil, ouvindo discursos políticos, conversando com as pessoas, observando seus parentes, especulando a vida de sua família, ouvindo e relembrando sempre as lições de seu grande mestre, o avô, a quem ela chamava de Sócrates Africano.

Sua escrita abordou criticamente a condição dos descendentes de africanos no Brasil, após a Abolição. Atenta à condição do negro, das mulheres e dos homens, seus textos, desde a época em que foram escritos, fornecem subsídios para pensar a questão de gênero, a dependência das mulheres, o comportamento dos homens negros, a violência da polícia, a ambiência política da época etc. O livro *Diário de Bitita* traz uma pergunta bastante cabível ao momento atual: "Será que vamos ter um governo que preparará o Brasil para os brasileiros?"[7]

---

3   Idem. *Diário de Bitita*. Sacramento: Bertolucci, 2007, p. 85.
4   Idem. *Quarto de despejo. Op. cit.*, p. 47.
5   Idem. *Meu sonho é escrever...* São Paulo: Ciclo Contínuo, 2018, p. 19.
6   Idem. *Diário de Bitita. Op. cit.*, p. 36.
7   *Ibidem*, p. 42.

O *apartheid* geográfico que há nas grandes cidades, os lugares de pobres e os lugares de ricos, aparece repetidamente denunciado na primeira obra da escritora, indicado pelo próprio título do livro, escolhido por Carolina Maria.

E, no que diz respeito à condição inferiorizada colocada para as mulheres, especialmente as pobres e as negras, há passagens em sua escrita em que Carolina Maria de Jesus, ainda criança, revela o desejo de ser homem. Ela observara que só os homens apareciam descritos como heróis, eram fortes, ganhavam dinheiro, e as mulheres gostavam muito deles. No *Diário de Bitita*, vivendo vestígios de uma teogonia de matriz africana no interior de Minas Gerais, a menina Carolina acreditava ter encontrado uma maneira de virar menino, virar homem.[8] Era só ela desafiar a advertência de que menina que passasse por debaixo do arco-íris viraria menino, e vice-versa.

Entretanto, o maior legado de Carolina Maria de Jesus à literatura brasileira é ser a letra fundante de uma tradição. Ou a tocha inaugural, passada de mão em mão em perene movimento, pensando aqui com Antonio Candido.[9] A escritora inaugurou na literatura brasileira uma vertente formada por outras escritoras e outros escritores brasileiros em contínuo movimento de sucessão. A tradição fundada pela escritora deve ser pensada desde a sua matriz, dada a sua originalidade. Carolina Maria de Jesus, sem ser considerada canônica, inaugura e estabelece uma tradição que se dá não somente pela temática, pelos valores estéticos, pelo sentido da obra, mas também pela particularidade da autoria. A escritora tem na sua pessoalidade um chamamento, uma convocação para novas autorias no campo literário brasileiro. Outros agentes de criação, mulheres e homens, oriundos de e postados em lugares fora da cultura hegemônica, sujeitos que, se apossando da escrita, relatam seus cotidianos, criam suas histórias ficcionalizando matérias vindas de suas realidades. E, a partir da própria linguagem, perturbam a histórica autoria/autoridade da literatura brasileira, quebrando um paradigma ocupado notadamente por criação de homens brancos.

Uma das primeiras narrativas, nascida sob o impacto causado pela leitura do livro *Quarto de despejo*, foi uma escrita produzida por uma mulher moradora de uma favela em Belo Horizonte, Joana Josefina Evaristo Vitorino. Após ter lido Carolina Maria de Jesus, nos anos 1960, não tendo esquecido o relato da outra, em 1972, resolveu registrar seu cotidiano, que era

---

8   *Ibidem*, pp. 11-12.
9   CANDIDO, Antonio. *Formação da literatura brasileira: momentos decisivos*. 12. ed. São Paulo/Rio de Janeiro: Fapesp/Ouro sobre Azul, 2009, p. 25.

idêntico ao da escritora de São Paulo. O que se observa é que tanto o conteúdo narrado como o material que recebeu a escrita guardam uma enorme semelhança com os originais de Carolina.[10] E, como Carolina Maria, Joana Josefina também escreveu poesias e um caderno de provérbios, porém esse material se conserva inédito. Se aventurar pela escrita foi uma experimentação feita pela moradora de Belo Horizonte ao descobrir que uma semelhante sua escrevera partes de sua vida. Se a vida de Carolina Maria de Jesus, tão parecida com a sua, merecia e podia ser escrita, se transformando em um livro, a dela também poderia ser.

A inscrição da vida de Carolina Maria de Jesus em um objeto conhecido como livro fertilizou o nascimento de outros textos. Um caminho da tradição vem sendo percorrido, assim como há textos que vêm se colocando na relação de uma intertextualidade. O fato é que, talvez na literatura brasileira, nas últimas três décadas, nenhuma escritora ou nenhum escritor tenha tido mais "seguidores" ou esteja exercendo o papel de "influenciador", digo "influenciadora", no universo da criação literária, como Carolina Maria de Jesus.

Caso exemplar de uma criação fecundada pela escrita e pela vida de Carolina Maria de Jesus se deu com a poetisa Tula Pilar Ferreira. Em um poema significativo, a autora se coloca como sendo Carolina, a partir do título, "Sou uma Carolina". Na construção do poema, a voz autoral se con(funde) com a do eu poético, e tudo se mescla com fatos da vida pessoal da autora e da vida de Carolina Maria, como demonstram os versos:

> Sou uma Carolina
> Trabalhei desde menina
> [...]
> Sou negra escritora que virou notícias nos jornais
> Foi do *Quarto de despejo* aos programas de TV
> Sou uma Carolina
> Escrevo desde menina
> [...]
> Eu sou de Minas Gerais
> Fugi da casa da patroa
> [...]
> A caneta é meu troféu
> [...]
> Sou uma Carolina

---

10 *Ocupação Conceição Evaristo*. Itaú Cultural, São Paulo, 2017.

> Feminino e poesia
> [...]
> É tudo o que quero dizer...
> Carolina...[11]

A singular tradição que Carolina Maria de Jesus introduz na literatura brasileira confirma que a literatura não é um fenômeno explicável só no âmbito da linguagem, mas na sua estreita relação com o social, como explica Antonio Candido.[12] A tradição cunhada pela escritora traz sentidos que extrapolam o texto literário em si, localizando-se no lado de quem lê. Como o sujeito do outro lado do texto, reescreve o texto dentro de si, a ponto de convocá-lo para a escrita também. É experimentando um estado, um sentimento de convocação, que o escritor Allan da Rosa diz: "Carolina Maria de Jesus impacta minha caminhada, minha caneta, com certeza".[13]

Já o escritor Sacolinha, ao ler Carolina Maria em suas viagens de trem para o trabalho, ainda bem jovem foi convocado a escrever sobre os seus, e diz: "Quando eu li o *Diário de uma favelada* pela segunda vez eu disse: 'É isso, eu vou escrever o meu bairro, a minha periferia sob a minha óptica'. E a minha óptica é diferente dessa que passa na televisão."[14]

Carolina Maria de Jesus instaura no sistema literário brasileiro, a partir de *Quarto de despejo*, uma produção específica, cuja autoria se realiza por meio de um olhar de dentro. Escritoras e escritores que trabalham, que burilam a matéria narrada desde uma pertença íntima a lugares sociais, e não somente como meros observadores. A matéria original, por vivência própria ou por experiência histórica de seus familiares, ou ainda por uma memória ancestral, é captada em algum momento e se transforma em matéria narrada, por meio da prosa ou poesia, como fez Carolina Maria.

Romances como *Cidade de Deus*, de autoria de Paulo Lins,[15] *Capão Pecado*, de Ferréz,[16] ao trazerem a ambiência dos lugares chamados de periferia, mesmo que essas narrativas se distanciem em termos estéticos e de linguagem da obra de Carolina Maria de Jesus, oferecem uma *proximidade* no *distanciamento* que cada criação impõe. Lugares, coletividades, sujeitos

---

11 FERREIRA, Tula Pilar. *Pilar futuro presente: uma antologia para Tula*. Organização de Maitê Freitas e Carmen Faustino. 2. ed. São Paulo: Oralituras, 2020, p. 30.
12 CANDIDO, Antonio. *Op. cit.*
13 Trecho retirado de conversa entre a assessoria de Conceição Evaristo e o escritor Allan da Rosa, pelo aplicativo WhatsApp.
14 Trecho retirado de conversa entre a assessoria de Conceição Evaristo e o escritor Sacolinha, pelo aplicativo WhatsApp.
15 LINS, Paulo. *Cidade de Deus*. São Paulo: Companhia das Letras, 1997.
16 FERRÉZ. *Capão pecado*. São Paulo: Objetiva, 2005.

que, ao serem tomados como objeto da literatura pela escritora, são reinventados em outros textos. Sob essa premissa, a favela do Canindé e as suas problemáticas na época estão contidas em outro momento na Cidade de Deus, do Rio de Janeiro, no Capão Redondo, no sudoeste de São Paulo, e no Pindura Saia, em Belo Horizonte, favela que me inspirou a escrever *Becos da memória*.[17] Há, portanto, uma intertextualidade nas criações desses diferentes autores e autoras inspirados por esses espaços *distintos*, mas os *mesmos*.

Pode-se afirmar também que os efeitos da presença de Carolina Maria de Jesus na literatura brasileira provocam um espaço diferenciado em uma tradição literária marcadamente branca e masculina, na medida em que uma autoria negra, principalmente de mulheres, vem se afirmando na cena literária a partir de pequenos círculos. O reconhecimento da escritora gera uma ambiência de recepção, que vai sendo construída aos poucos, diante de cada escrita nova que surge. Quanto mais a instituição literária recepcionar a escritora, maior a possibilidade, como consequência do reconhecimento dado a ela, de criar demandas em torno de novos nomes. Nesse sentido, todas as novas autorias negras, de mulheres e homens, após Carolina Maria, estão inscritas no lastro que a escritora nos deixou.

Maria de Jesus da Silva, ao escrever o livro *Divã de papel*,[18] em que narra sua história de vida de menina vagando pelas ruas da capital mineira, passando pela favela do Pindura Saia, e outras em Belo Horizonte, até a sua vida adulta, se torna também caminhante nos vestígios de Carolina Maria de Jesus, tal qual Carlos Jorge, ao escrever o livro infantojuvenil *Favela, minha morada*,[19] rememoração de sua infância, também em Belo Horizonte.

Entretanto, se torna necessário afirmar sempre que não é somente a escrita no campo da memória, mesmo porque Carolina produziu em outros campos de criação. Há outros fatores que colocam essas e esses escritores nos caminhos abertos por Carolina Maria de Jesus. O lugar social, a condição de gênero e racial, enquanto lugares de pertença, coincidem com as experiências vivenciadas pela escritora.

Mulheres, como Celeste Estrela, amante da poesia, frequentadora de saraus poéticos, moradora da favela da Maré, no Rio de Janeiro, quando entendem que a leitura e a escrita também lhes pertencem como direito, ecoam posturas tomadas por Carolina Maria de Jesus. E, aos 80 anos, Celeste Estrela, ao seu modo, se apossa da palavra escrita como direito e

---

17 EVARISTO, Conceição. *Becos da memória*. 2. ed. Rio de Janeiro: Pallas, 2017.
18 SILVA, Maria de Jesus da. *Divã de papel*. Belo Horizonte: Anome, 2013.
19 JORGE, Carlos. *Favela, minha morada*. Rio de Janeiro: Memórias Futuras, 1985.

investe na publicação de suas poesias e prosas no livro *Coroação preta*.[20] Ali, ela rememora seus sentimentos de dores, alegrias, paixões, amores e lutas pela sobrevivência. Ela, como Carolina Maria lutando contra todas as vicissitudes da vida, se impõe e exercita o direito pleno de revelar sua humanidade por meio da escrita.

Da mesma maneira podemos ler a obra *Escritas femininas em primeira pessoa*,[21] que reúne textos de 44 mulheres negras e indígenas (cis e trans) como lugar de direito que cada autora tem de se apossar da escrita e escrever as suas criações, as suas histórias. Lição que Carolina Maria de Jesus nos ensinou ao insistir no exercício da escrita. E também o gesto de Clarice Fortunato, autora de *Da vida nas ruas ao teto dos livros*,[22] em que conta a sua saga e de sua família, ao destacar uma memória que é dor mas também afirmação de luta. Clarice Fortunato, ao oferecer ao público, como outras escritoras e escritores, as suas vivências transformadas em escrevivências, buriladas como ficções, alinhadas como poesia, continua ao longo do tempo afirmando na literatura brasileira as primeiras pegadas de Carolina Maria de Jesus.

A potência criativa de Carolina Maria permitiu que a escritora fizesse também incursões nas áreas do teatro e da música. Pensando na força da oralidade e na dinâmica do corpo nas apresentações de *rap*, em que se tem uma declamação rápida, como se a palavra em si estivesse ameaçada e, portanto, haveria urgência no querer dizer, e no poder dizer. Por isso é preciso ser ágil no instante do dizer. A concordância entre sujeito e verbo demanda tempo de fala. É preciso economizar nas desinências, a *gramática do cotidiano* se torna salvação. E a dinâmica da linguagem performática, falada no dia a dia, se torna um lugar legítimo de se poder dizer, inclusive no âmbito da literatura.

A força simbólica de Carolina Maria de Jesus e a maneira como ela se constrói como escritora podem ser apreendidas também no campo de criação do *rap* brasileiro. É como se ela permitisse o tema, permitisse a linguagem e conclamasse a autoria, se for levado em consideração o lugar social ao qual a maioria dos *raps* pertence e no qual está postado. E, mais ainda, quando se observa a matéria, quase sempre tomada como mote, para as criações do *rap*. A vida nas "quebradas", nas periferias, nas favelas, como aparece cantada no "Rap da felicidade".[23]

---

20 ESTRELA, Celeste. *Coroação preta*. Rio de Janeiro: publicação individual, 2020.
21 FREITAS, Maitê (org.). *Escritas femininas em primeira pessoa*. São Paulo: Oralituras, 2020.
22 FORTUNATO, Clarice. *Da vida nas ruas ao teto dos livros*. Rio de Janeiro: Pallas, 2020.
23 "Rap da felicidade". In: *Eu só quero é ser feliz*. Canção gravada em 1994 pelos mc's Cidinho e Doca no Rio de Janeiro.

A escrita de Carolina Maria extrapolou as fronteiras nacionais, convocando Françoise Ega, uma martiniquense radicada na França, empregada doméstica, mãe de cinco filhos, ao exercício da escrita. Após a leitura da tradução de *Quarto de despejo*, Ega inicia um processo de escrita de cartas para a escritora brasileira. Cartas que nunca chegaram a Carolina Maria devido à impossibilidade de comunicação entre as duas. Essas cartas foram, depois da morte das duas, transformadas em um livro.[24] Françoise Ega, nesse exercício de escrita, se filia a uma tradição literária, marcada aqui no Brasil pelo gesto fundante de Carolina Maria de Jesus, em que se apossar da escrita é como se fosse o duplo do movimento de se apossar da vida.

A fecundidade do gesto de Carolina Maria de Jesus ao se apossar da escrita e ativamente se pronunciar como escritora, como poetisa, vem orientando mulheres dos extratos populares a compor suas escritas nas mais diversas áreas de atuação. Experiências vividas no âmbito das lutas sociais são narradas exemplificando o protagonismo negro, como no livro *Cria da favela*, de autoria de Renata Souza, em que a autora narra o seu ativismo desde o interior da favela da Maré, como moradora, até sua luta político-partidária.[25]

Também trazendo a atuação, a voz, as lutas sociais, o testemunho de mulheres negras, o livro *Eu, empregada doméstica*, de autoria de Preta-Rara,[26] afirma o direito de empregadas domésticas contarem as suas histórias explicitando os modos de relação entre patroas e empregadas. Podemos ler essa tomada da escrita pelas mulheres negras como desdobramento de um gesto inicial de Carolina Maria de Jesus travando sua luta em campo de batalha marcado pela autoria de homens e mulheres brancos, em que ela afirmava: "Não tenho força física, mas as minhas palavras ferem mais do que a espada."[27]

Um dado bastante significativo na carreira literária de Carolina Maria de Jesus, que precisa ainda ser reconhecido, é o protagonismo da escritora na apresentação de uma prática de escrita, de uma linguagem, que, mesmo não sendo teorizada por ela, pode ser lida em diálogo com o famoso texto de Gloria Anzaldúa. Em uma carta para as mulheres escritoras do terceiro mundo, Anzaldúa conclama as mulheres a escrever e aponta os estigmas

---

24 EGA, Françoise. *Lettres à une noire – Récit antillais*. Paris: Harmattan, 1978.
25 SOUZA, Renata. *Cria da favela*. São Paulo: Boitempo, 2020.
26 PRETA-RARA. *Eu, empregada doméstica: a senzala moderna é o quartinho da empregada*. Belo Horizonte: Letramento, 2020.
27 JESUS, Carolina Maria de. *Quarto de despejo*. Op. cit., p. 43.

que acompanham as escritoras negras, o diferencial da linguagem. Embora Gloria Anzaldúa fale de um contexto particular, de escritora *chicana* radicada e produzindo nos Estados Unidos, Carolina Maria de Jesus, com um histórico diferente do de Anzaldúa, com uma dicção própria, enfrentou e enfrenta "os donos" da língua, sem deixar de escrever, sem deixar de criar uma semântica própria, fertilizante para novas e outras escritas vindas notadamente de mulheres. Mas cabe ainda ressaltar que Carolina Maria de Jesus antecipou na prática, ainda nos anos 1960, as exortações que Anzaldúa nos faria em 1980.[28]

E assim temos Carolina Maria de Jesus, a nossa "vedete". Ela, escritora, poetisa, compositora e muito mais, ao compor o samba "Vedete da favela", talvez nem imaginasse que, sim, seria a "vedete". A estrela que se distinguiria e que um dia seria reconhecida como aquela que, construindo a sua própria luz, haveria de ser lúmen para tantas escritoras e tantos escritores e, mais ainda, abriria um espaço, fertilizaria uma tradição muito peculiar na amplitude da literatura brasileira.

---

[28] ANZALDÚA, Gloria. "Falando em línguas: uma carta para as mulheres escritoras do terceiro mundo". *Estudos Feministas*, v. 8, n. 1, 2000, pp. 229-236.

"As mulheres que sentavam na minha mêsa falavam de refórma social_ Não é justo dêixarmos, os favelados relegados no quarto de despejo_ você fez bem nos alertar para êste problema. Temos que amparar os infaustós. Os cultós devem velar e orientar os incultós Voce demonstrou coragem lutando para sair daquêle antro. Eu pensava, elas são filantropicas nas palavras, mas não agem. são falastrónas papagaiós noturnos. Quando avistam-me é que recórdam que ha favelas no Brasil. Quando eu mórrer o problema será olvidado como decreto de politico. que vão para as gavêtas. será que surge outras Carolinas? Vamos ver!"

JESUS, Carolina Maria de. Diário de 26.10.1960 a 03.12.1960. Manuscrito. Local desconhecido, data desconhecida, p. 00324. Arquivo Público Municipal de Sacramento/APMS 01.01.05.

"A outra Carolina tem nome feito de lantejoulas". *Joia*, maio 1961. Texto e foto de Zélia Gattai. Fac-símile, impressão digital. Acervo Casa de Jorge Amado e Zélia Gattai.

CAROLINA TEM JEITO DE LANTEJOULAS

gente nasceu, chorou, está vivo. Vamos viver!"
Vestida com uma roupa feita por ela mesma, tôda de penas de galinha carijó, Carolina Maria de Jesus, ex-favelada, autora de "Quarto de Despejo", um dos maiores "best-seller" dos últimos tempos, canta e dança músicas de sua autoria.
Quando chegamos à casa de Carolina, no alto de Santana, ela ainda não envergava seu espetacular vestido de penas. Trajava-se simplesmente, com seu inseparável lenço branco na cabeça.
Logo à nossa chegada, ela nos apresenta dona Argentina:
— Aqui está Argentina. Ela me ajuda na cozinha e na arrumação. É afônica — uma gargalhada das boas ajuda a explicação —, posso reclamar à vontade e ela não me responde... é afônica — repete.
A Argentina, tímida, vestida de prêto, prepara o almôço. Esboça um sorriso e continua mexendo o pirão de batatas que prepara.
— Somos metais opostos — diz Carolina —, eu sou alegria, ela tristeza. Carolina está feliz de mostrar suas coisas. Abre com orgulho um armário onde se contram arrumados, nas prateleiras, livros velhos e sujos.
— Êstes todos eu catei no lixo.
Fôlhas sôltas de um dicionário estão guardadas numa capa de papelão.
— Neste aqui aprendi muita coisa. É do lixo também.
Grande quantidade de livros novos, ganhos ou comprados por ela, estão alinhados, num contraste aberrante com suas relíquias.
Carolina se ilumina quando elogiamos seu dormitório com mobília completa. Flôres plásticas decoram o ambiente.
Carolina abre um armário. Sua expressão é a de quem prepara uma surprêsa. De uma imensa caixa, saca um volume de fazenda brilhante, azul, que, à medida que ela desdobra, vai revelando ser um vestido comprido e amplo. Carolina puxa de um fio rico, liga numa tomada que está colocada atrás, no decote, e a outra extremidade na tomada da luz. Lâmpadas multicôres se acendem em tôda a saia larga.
— Eu vestido de "show" — explica ela, num misto de orgulho e ternura. — Quando a coisa apertava e eu não tinha o que dar às crianças, ia buscar um cachêzinho, fazendo um número no circo. Compus alguns sambas.
Ainda não estávamos refeitos do inesperado, quando Carolina se ilumina de novo. Impossível, pensamos nós, que nos ofereça outra delícia como esta que acabamos de ver.
Carolina abre outro armário. Com a ligeireza de um mágico que tira dúzias de pombos brancos de sua cartola, Carolina atira sôbre a cama um imenso e leve vestido, todo feito de penas de galinha carijó. Em cada ombro uma enorme flor, também de penas, uma vermelha e outra amarela. O fôrro é de cetim azul com aplicações brilhantes de flôres coloridas.
— Agora, o chapéu, o leque, as pulseiras — vai ela atirando sôbre a cama peça por peça, antes que possamos dizer alguma coisa. — Tudo feito por mim. Preparei essa roupa para vestir no carnaval, mas acabei não indo.
Atendendo nosso pedido, Carolina veste sua obra de arte. Por baixo, um macacão vermelho. Na aba virada do chapéu, bordado a lantejoulas, seu nome: Corolina.
Estou curiosa de saber como é que ela conseguiu pregar aquelas penas tôdas.
— Muito fácil. Veja, é tudinho enfiado no filó. Em cada buraquinho enfiei uma...
Inteiramente desinibida, Carolina canta e dança. Canta suas canções, atuais e do tempo da favela: "Lamento do pobre", "Lamento contra a guerra"; canta vários sambas, seu repertório é enorme. Verinha, sua filha, chega e fica espiando da porta. Aproveita uma pausa da mãe para pedir dinheiro para balas.
— Chega de tanto dinheiro para balas! Estas crianças estão viciadas em balas. Hoje não dou, não. Tem muita coisa boa para comer. Vamos ter salsichas no almôço.
Carolina retoma o fio da meada e continua cantando. Muito natural, sem afetação. Pede a seu filho mais velho que traga o programa do teatro que está levando a peça extraída de seu livro.
— Leiam aqui: "Música de Carolina Maria de Jesus". Estão vendo? A peça está ótima! Vou tôdas as noites assistir. Levo meu caderno e tomo anotações. Estou preparando outro livro: "Casa de Alvenaria". Escrevo todos os dias as experiências da minha vida nova.
A uma pergunta nossa, respondeu:
— Na favela tinha emoções mais fortes...
Emoção forte tivemos nós, nesse domingo frio de São Paulo, diante dessa mulher inteligente e humana, surpreendente na sua simplicidade.

ZÉLIA GATTAI
São Paulo, SP, 1916 - Salvador, BA, 2008.
Carolina Maria de Jesus pelas lentes de Zélia Gattai, São Paulo, anos 1960

"No matadouro não quisera vender-me as penas.

_paciência. Eles dizem que eu fiquei rica e consigo muito dinheiro com a fantasia de pena.

A minha fantasia é sensacional. eu posso competir com as fantasias de gala do Municipal do Rio.

Não fiquei revoltada.

Eu sou igual a agua, se faz um dique impedindo o seu curso ela vae evoluindo-se e transpõe"

JESUS, Carolina Maria de. Diário de 27.01.1961 a 22.02.1961. Manuscrito. Local desconhecido, data desconhecida, entrada do dia 01.02.1961. Arquivo Público Municipal de Sacramento/ APMS 02.01.07.

ZÉLIA GATTAI
São Paulo, SP, 1916 - Salvador, BA, 2008.
Carolina Maria de Jesus pelas lentes de Zélia Gattai, São Paulo, anos 1960

ZÉLIA GATTAI
São Paulo, SP, 1916 - Salvador, BA, 2008.
Carolina Maria de Jesus pelas lentes de Zélia Gattai, São Paulo, anos 1960

"...Eu escrevia peças e apresentava aos diretores de circos. Eles respondia-me:

– É pena você ser preta.

Esquecendo eles que eu adoro a minha pele negra, e o meu cabelo rustico. Eu até acho o cabelo de negro mais iducado do que o cabelo de branco. Porque o cabelo de preto onde põe, fica. É obediente. E o cabelo de branco, é só dar um movimento na cabeça ele já sai do lugar. É indisciplinado. Se é que existe reincarnações, eu quero voltar sempre preta."

JESUS, Carolina Maria de. *Quarto de despejo: diário de uma favelada*. São Paulo: Ática, 2014, p. 64. Acervo Instituto Moreira Salles.

Sidney (fotógrafo), "Carolina Maria de Jesus". *Última Hora*, 23.02.1963. Coleção Arquivo Público do Estado de São Paulo, Fundo Jornal Última Hora, São Paulo, ©FolhaPress.

Nascimento (fotógrafo), "Carolina segurando seu vestido de penas de carijó". *Última Hora*, 18.02.1963. Coleção Arquivo Público do Estado de São Paulo, São Paulo, ©FolhaPress.

Sidney (fotógrafo), "Carolina Maria de Jesus". *Última Hora*, 1963. Coleção Arquivo Público do Estado de São Paulo, São Paulo, ©FolhaPress.

Ruth virou Carolina

"Ruth virou Carolina". *O Cruzeiro*, 06.05.1961. Reportagem de Audálio Dantas, fotos de George Torok. Acervo Diários Associados, ©D.A. Press.

"Quarto de Despejo": no teatro todo o sofrimento vivido por favelados.

Reportagem de AUDÁLIO DANTAS e GEORGE TOROK

QUATRO horas da madrugada, ponto de catadores de papéis na Rua Brigadeiro Tobias, São Paulo. Uma negra franzina, olhar triste, chegou de mansinho e descansou um velho saco de estôpa. Outras negras a olharam de alto a baixo e disseram, quase a uma só voz: — "Aqui não; o ponto é nosso!". A negra franzina de olhar triste não teve outro remédio senão erguer-se e recomeçar a caminhada. Atravessou a Praça do Correio, atingiu a Avenida São João, cruzou com os últimos boêmios e com os primeiros operários. Terminou encontrando um "ponto" de gente mais camarada, apesar de alguns olhares desconfiados e das palavras duras de uma negra velha que separava restos de comida dos papéis amarrotados: — "Cada vez tem mais gente e menos papel pra catar". A recém-chegada teve vontade de sair correndo. Mas deixou-se ficar, calada, engolindo em sêco. O dia foi imenso, feio, carregado de frases e de gestos tristes — vividos integralmente, porque a negra franzina de olhar triste era uma atriz, era Ruth de Sousa, que se preparava para interpretar um grande personagem: Carolina Maria de Jesus.

Uma atriz estuda a fundo o seu papel, morando no Canindé.

Quando esta reportagem estiver circulando, a peça "Quarto de Despejo" já deverá estar em cena, no Teatro Bela Vista, em São Paulo. Trata-se de uma adaptação do livro, feita por Edy Lima, cuja grande preocupação foi a fidelidade ao texto original de Carolina Maria de Jesus. Ruth de Sousa encontra a sua grande oportunidade como intérprete e se empenha a fundo no sentido de captar tôdas as facêtas da vida da ex-favelada e do ambiente em que ela viveu. Por isso "ensaiou" fora do palco, nas ruas e na favela (hoje famosa) do Canindé. E até escreveu, como o fêz Carolina, a história de sua experiência. A narrativa é em forma de diário, também. Eis alguns trechos:

4 de abril de 1961 — Hoje fui catar papel. Não é fácil contar o que vi e senti. Meu estômago começou a revoltar-se, não só pelo nojo. A minha revolta maior era pensar em criaturas que têm fome e pegam comida no lixo. Vi uma mulher retirar um pedaço de pão do meio do lixo e dar à sua filha. Tive vontade de chorar de raiva. Raiva de quem?

Na Rua Brigadeiro Tobias há um "ponto" onde os catadores de papéis se reúnem, à espera do caminhão do depósito, que vem fazer a coleta. Ali encontrei muitas mulheres e homens que haviam catado papel durante a noite. Chegavam com enormes sacos às costas. Êles recebem dois cruzeiros por quilo. E todos êles têm as mãos feridas pelos cacos de vidro que estão no lixo, junto com os papéis. Olhei as minhas mãos manicuradas. Senti culpa, senti remorsos. Impossível descrever o que senti quando fiz a primeira tentativa de recolher papéis numa lata de lixo: mêdo de ferir-me, mêdo de "estragar" as mãos, vergonha de ter mêdo, nojo.

... Uma velhinha chegou com um saco pesadíssimo. Quando me viu ficou furiosa (eu estava sendo fotografada), pensando que eu fôsse a própria Carolina:

— Ela ganhou dinheiro e casa e agora vem aqui fazer a gente de palhaço!

Depois ela descobriu que eu não era a Carolina, mas continuou a xingar-me, agressiva. Tive mêdo da pobre. Pensei: Carolina tem razão quando diz que "pobre, de tanto ser maltratado, perde a bondade".

Vi uma jovem de 17 anos, grávida, arrumando os sacos para a pesagem. Um homem bem vestido, caderno de notas em punho, anotava, enquanto um mulato maltrapilho pesava os sacos e gritava:

— D. Sebastiana, 16 quilos, 32 cruzeiros.

... Hoje fui à favela do Canindé, onde morou Carolina e onde ela escreveu o humaníssimo livro que hoje é também peça de Teatro. O sol estava quente. Entre os barracos vi muitas "piscinas" de água verde e podre, onde as crianças brincam. Crianças de tôdas as idades, como porquinhos no chiqueiro. Encontrei vários personagens que conhecera antes, através do livro e da peça "Quarto de Despejo". Falei com êles, vi de perto a sua miséria, em carne e osso. É claro que não me identifiquei. Fui ao barraco onde Carolina viveu os seus doze anos de favela. Quem mora lá agora é D. Alice, com marido e quatro filhos doentes. Assim mesmo, ela não discutiu ou não abrigar-me (eu lhe dissera que estava sem lugar onde ficar). Passei todo o dia no barraco número 9 da Rua A, na favela do Canindé. D. Alice, que recebeu de presente o barraco, falou muito de Carolina:

— Ela sofreu, mas Deus ajudou ela."

Carolina: "Está tudo bem igualzinho como é lá na favela".

"Quarto de Despejo" peça de Teatro é favela vista de dentro, tal a fidelidade de Edy Lima ao original. De certa forma, é uma experiência nova na dramaturgia nacional, pois, pela primeira vez o tema é "jogado" no palco, nu e cru, sem os artifícios comuns às histórias da favela "vista de fora". A peça é encenada numa co-produção da Cia. Nidia Licia e Teatro da Cidade. Quarenta e cinco intérpretes, muitos dos quais saídos do próprio povo, participam do espetáculo, sob a direção de Amir Haddad. Além de Ruth de Sousa, outros atôres conhecidos estão no elenco: Célia Biar (atriz convidada), Maurício Nabuco, Ceci Pinheiro, Jean Turet, Marina de Oliveira, Nilda Maria, Zeluiz Pinho, Alceu Nunes, Volney de Assis e outros. Carolina de Jesus viu os ensaios e achou "tudo igualzinho como é na favela". E quando Ruth deixou a favela certa noite, carregando o saco de papéis, a autora de "Quarto de Despejo", que corre mundo (o livro já tem 10 traduções), teve esta expressão:

"Parece que a Ruth virou Carolina mesmo!".

NYDIA LICIA e TEATRO DA CIDADE
Apresentam em Co-Produção

Quarto de Despejo

de Carolina Maria de Jesus e Edy Lima
com RUTH DE SOUZA
Direção de AMIR HADDAD
Cenário de CYRO DEL NERO
HOJE — Estréia às 21 horas — HOJE
TEATRO BELA VISTA
Rua Conselheiro Ramalho, 538 — Tel.: 32-5774.

"Quando uma criança passa fome, é problema de todo o mundo"
CAROLINA MARIA DE JESUS
TEATRO BELA VISTA

"O custo de vida nos obriga a não ter nojo de nada".
Carolina Maria de Jesus
TEATRO BELA VISTA

"Quero contar para a cidade toda o que se passa no quarto de despejo".
Carolina Maria de Jesus
TEATRO BELA VISTA

"POBRE NÃO TEM DIREITO DE CRIAR FILHOS"
CAROLINA MARIA DE JESUS
TEATRO BELA VISTA

Anúncios da peça *Quarto de despejo* publicados nos jornais *O Estado de S. Paulo*, *Folha de S.Paulo* e *Diário da Noite*, 1961. Acervo O Estado de São Paulo © Estadão Conteúdo/Acervo Folha de São Paulo ©FolhaPress/Acervo Fundação Biblioteca Nacional, Rio de Janeiro © D.A. Press

Capa e conteúdo interno do programa
da peça *Quarto de despejo*, 1961.
Coleção José Cetra, São Paulo.

Fui ver o ensaio da peça, "Quarto de Despejo". Fiquei emocionada. Revedendo a cópia fiél, de minha vida, na favela. As brigas constantes no meu barracão. Considero a favela, a sucursal do inferno com suas cenas degradantes. A peça no palco, retrata com fidelidade, as ocorrências da favela do Canindé. A Ruth de Souza, está magnífica no papel de Carolina Maria de Jesus. Ela representa o pavôr que eu sentia, quando residia naquele núcleo degradante.

A cena com o cigano, está real.

A cena digna, de louvor, quando vou ao Juizado de Menores retirar o dinheiro que o pai de Vera dá todos os meses, e não encontro. E a Ruth revela com voz amargurada — Êle é rico... e me dá só 250,00 por mês. E a menina que representa a Vera azucrinando os seus ouvidos: Eu quero sapatos! Eu quero sapatos. Os meus filhos foram ver os ensaios identificaram as cenas. Quando o João foi ao Juiz. — A peça é cômica, dramática e chocante. E vai agradar o público culto de São Paulo.

Felicito a dramaturga Edy Lima pelo seu trabalho conservando a fidelidade do livro.

Carolina Maria de Jesus

Lambretta

o negócio é com

jodora

* Vence distância !
* Vence o trânsito mais difícil !
* Faz 50 km. com um litro de combustivel !
* Você vai longe de Lambretta !

Av. São João, 1291 - Rangel Pestana, 2253 - Brig. Luiz Antônio, 676
(demonstração pelo fone: 51-0109)

Autoria não identificada, "Presença de Carolina Maria de Jesus em apresentação da peça *Quarto de despejo*". *Última Hora*, 22.03.1961. Coleção Arquivo Público do Estado de São Paulo, Fundo Jornal Última Hora, São Paulo, ©FolhaPress.

Audálio Dantas (fotógrafo), "Apresentação da peça *Quarto de despejo*". Teatro Bela Vista, São Paulo, 1961. Fotografia analógica em impressão digital. Acervo Ruth de Souza.

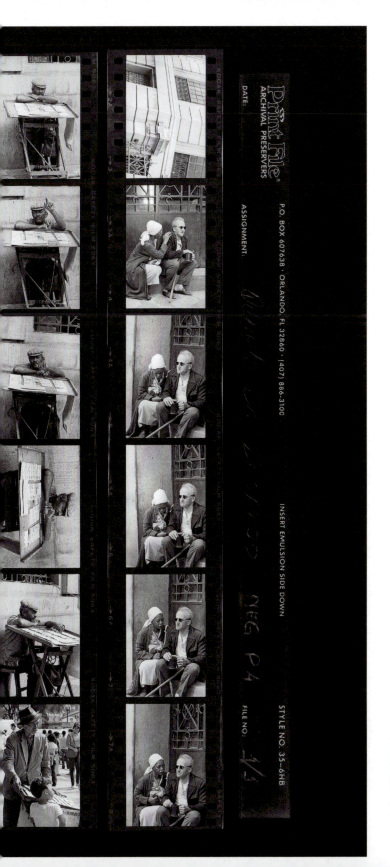

MADALENA SCHWARTZ
Budapeste (Hungria), 1921 - São Paulo, SP, 1993.
Registro fotográfico do programa *Caso Verdade*: *"Quarto de despejo* – De catadora de papéis a escritora famosa", exibido pela Rede Globo, 1983

George Torok (fotógrafo), "Ruth de Souza e Carolina Maria de Jesus no Canindé", 1961. Acervo Ruth de Souza.

George Torok (fotógrafo), "Carolina Maria de Jesus, Audálio Dantas e Ruth de Souza no Canindé", São Paulo, 1961. Acervo Ruth de Souza.

NO MARTINS
São Paulo, SP, 1987 – Vive em São Paulo, SP.
Ruth & Carolina, 2020

LEO FELIPE
Poços de Caldas, MG, 1995 – Vive em Poços de Caldas, MG.
Alma de Carolina – Série Toda a alma é raiz, 2021

"A VEDETE DA FAVELA

Salve ela, ô
Salve ela
Salve ela
A vedete da favela

Conhece a Maria Rosa?
Ela pensa que é a tal
Ficou muito vaidosa
Saiu seu retrato no jornal

Salve ela, ô
Salve ela
Salve ela
A vedete da favela

Maria conta vantagem
Que comprou muitos vestidos
Preparou sua bagagem
Vai lá pros Estados Unidos

Salve ela, ô
Salve ela
Salve ela
A vedete da favela"

JESUS, Carolina Maria de. "Vedete da favela". In: *Quarto de despejo*, RCA Victor, 1961. Coleção José Ramos Tinhorão/Acervo Instituto Moreira Salles.

Autoria não identificada, "Carolina Maria de Jesus com violão". *Última Hora*, 1960. Coleção Arquivo Público do Estado de São Paulo, Fundo Jornal Última Hora, São Paulo, ©FolhaPress.

FATOS

CAROLINA DE JESUS: ex-favelada. Escreveu um romance contando o drama das favelas que foi best-seller. Hoje está famosa e... rica. De escritora para o disco foi um pulo. Gravou um LP para a RCA e está esperançosa de alcançar, com êle, o mesmo sucesso do livro. Canta sambas satíricos, mais ou menos à moda de Juca Chaves

"Carolina na RCA". *TV Radiolândia*, Rio de Janeiro, set. 1961. Acervo Fundação Biblioteca Nacional.

"Anúncio do disco *Quarto de despejo*". *Diário da Noite*, Rio de Janeiro, 10.08.1961. Acervo Fundação Biblioteca Nacional, Rio de Janeiro, ©D.A. Press.

Capa do LP *Quarto de despejo*, RCA Victor, 1961. Coleção José Ramos Tinhorão/Acervo Instituto Moreira Salles.

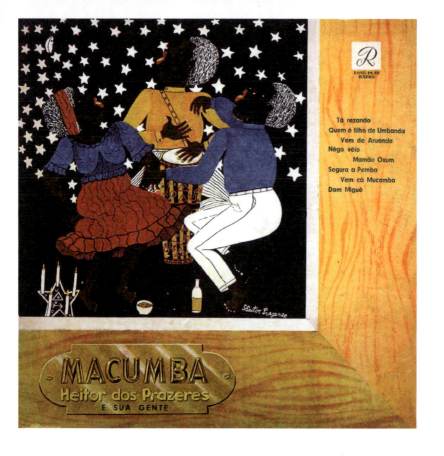

HEITOR DOS PRAZERES
Rio de Janeiro, RJ, 1898 - 1966.
Capa do LP *Heitor dos Prazeres e sua gente*, Macumba, Rádio, 1955. Coleção José Ramos Tinhorão/Acervo Instituto Moreira Salles.
Moenda, 1951
Traje do espetáculo *O guarda-chuva ("Alzira")* – Ballet do IV Centenário, 1954

RAINHA F.
Rio de Janeiro, RJ, 1992 – Vive no Rio de Janeiro, RJ.
Revestir-se do possível, 2021

LÍDIA LISBOA
Guaíra, PR, 1970 – Vive em São Paulo, SP.
Meu lindo colar de pérolas, 2021

LEANDRO VIEIRA
Rio de Janeiro, RJ, 1983 – Vive no Rio de Janeiro, RJ.
Retrato em bandeira de Carolina Maria de Jesus, Retrato em bandeira de Marielle Franco, Retrato em bandeira de Jamelão, e Retrato em bandeira de Cartola, 2019

MÔNICA VENTURA
São Paulo, SP, 1985 – Vive em São Paulo, SP.
Luz negra, 2019

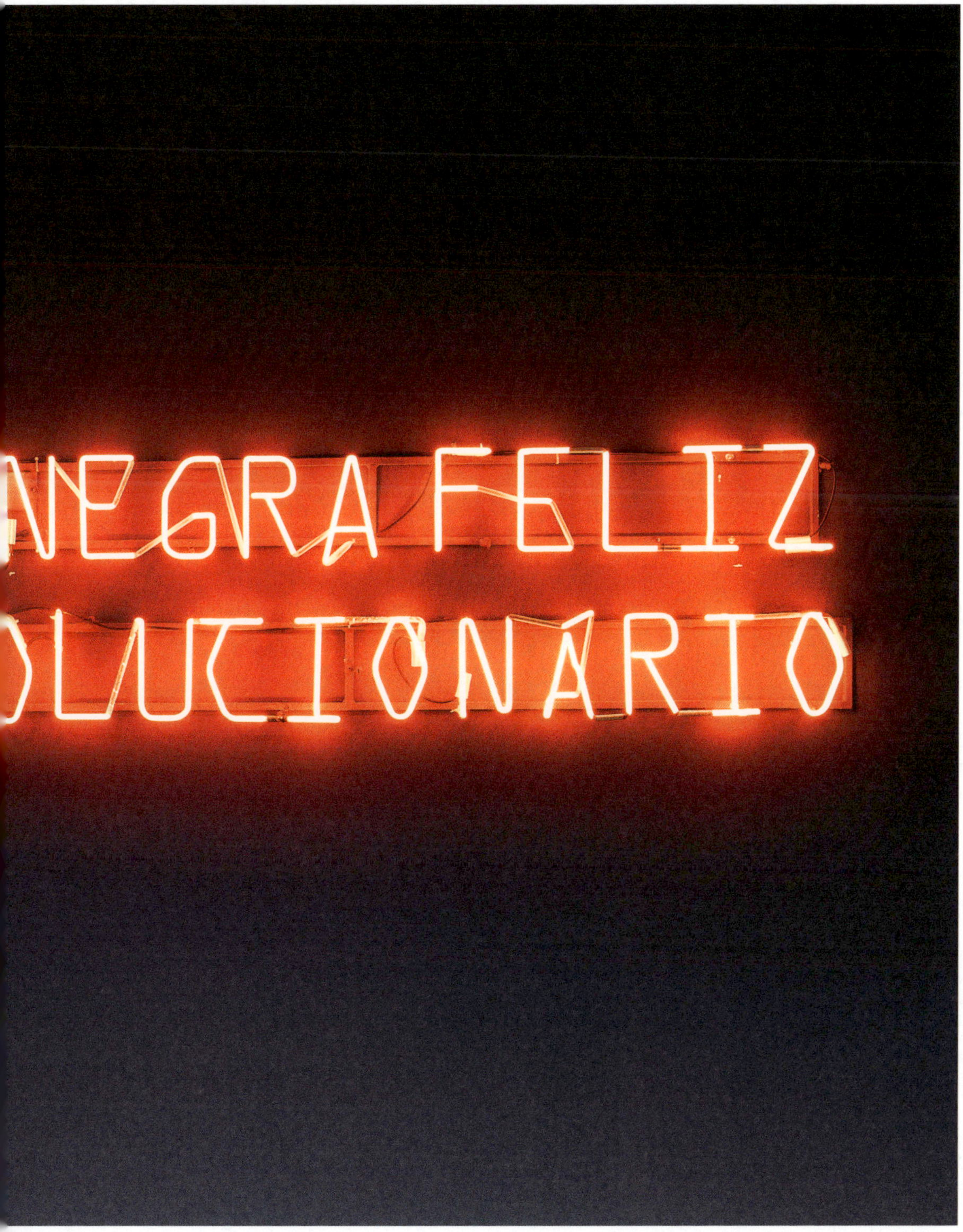
NEGRA FELIZ
LUCIONÁRIO

"Falavam que eu tenho sórte. Eu disse-lhes que eu tenho audacia. Eu tenho dóis anos de grupo. Mas se eu sei escrever igual ao doutor eu procuro competir com o doutor."

JESUS, Carolina Maria de. Diário de 26.10.1960 a 03.12.1960. Manuscrito. Local desconhecido, data desconhecida, p. 00097. Arquivo Público Municipal de Sacramento/APMS 01.01.05.

SILVANA MENDES
São Luís, MA, 1991 – Vive em São Luís, MA.
Série *Te imagino, Carolina*, 2021

CRIOLA
Belo Horizonte, MG, 1990 – Vive em Belo Horizonte, MG.
A ancestral do futuro, 2021

Quando eu morrer!

Não diga que fui rebotalho.
Que vivia a margem da vida.
Diga: que eu procurava trabalho
E fui sempre preterida
Diga ao meu povo brasileiro
O meu sonho era ser escritora
Mas eu não tinha dinheiro
para pagar uma editora

Diga: que eu tinha boa vontade
E demostrava a minha aptidão
E que vivia na desvirgolade
Sempre de rastro no chão
Diga: que na multidão eu saíria
Recluida sempre eu chorava,
que em todos lugares que eu ia
O povo me desprezava.

Diga: que foi agro o meu viver
Que ninguém deu-me valor
– Não sei se foi por eu ser,
– De côr.

Muitos fugiam ao me ver
pensando que eu não percebia
Outros solicitava para eu ler
– Os versos que eu escrevia

Era papel que eu catava
para custear o meu viver
E no lixo eu encontrava
Bons livros para eu ler

Quantas coisas eu quiz fazer!
Fui tolhida pelo preconceito
Se eu estinguir quero renascer
Num país que predomina o preto

A humanidade ainda é egnorante
Não predomina no mundo o amor
Há quem escravisa o semêlhante
Com alusão, a côr

OBRAS NA EXPOSIÇÃO

ANA CLARA TITO Bom Jardim, RJ, 1993 –
Vive no Rio de Janeiro, RJ [p. 139]

Os usos da raiva – Momento 6, 2019
4 varas vergalhão de ferro 3/16"
moldadas pelo corpo, 170 x 170 cm
Coleção da artista

ANDRÉ VARGAS Cabo Frio, RJ, 1986 –
Vive no Rio de Janeiro, RJ [p. 125]

Preta porta poema, 2018
Tinta PVA sobre tecido, 3 módulos
de 60 x 40 cm (cada)
Coleção do artista

ANTONIO OBÁ Ceilândia, DF, 1983 –
Vive em Taguatinga, DF [p. 239]

Meada, 2021
Óleo sobre tela, 70 x 60 cm
Cortesia do artista e Mendes Wood DM, São Paulo/
Bruxelas/Nova York, Acervo Instituto Moreira Salles

**ANTONIO TARSIS, JUNIOR LIMA DE JESUS
E GILSA DE CÁSSIA DE JESUS** [p. 281]

Antonio Tarsis (Salvador, BA, 1995 – Vive
entre Salvador, Rio de Janeiro e Londres)
Junior Lima de Jesus (Salvador, BA, 1984 –
Vive em Salvador, BA)
Gilsa de Cássia de Jesus (Salvador, BA,
1981 – Vive em Salvador, BA)

Linha do horizonte, 2021
Caixas de fósforo, 85 x 125 cm
Coleção dos artistas

ARTHUR BISPO DO ROSÁRIO Japaratuba, SE,
1909 - Rio de Janeiro, RJ, 1989 [p. 122, p. 132]

Alfabético morse (título atribuído),
data desconhecida
Tecido, metal, fio de algodão, 6 x 62 x 2,5 cm
Coleção Museu Bispo do Rosário Arte
Contemporânea/PCRJ/SMS/IMASJM

Conjunto de ferramentas (título
atribuído), data desconhecida
Metal, madeira, plástico, tinta, objeto
industrializado, fibra vegetal, *nylon*, couro
sintético, fio de algodão, dimensões variadas
Coleção Museu Bispo do Rosário Arte
Contemporânea/PCRJ/SMS/IMASJM

Fragmento (título atribuído), data desconhecida
Papelão, tinta, fio de algodão, tinta de caneta
esferográfica e grafite, dimensões variadas
Coleção Museu Bispo do Rosário Arte
Contemporânea/PCRJ/SMS/IMASJM

*Uma obra tão importante que levou 1986
anos para ser feita* (título atribuído), data
desconhecida
Tecido, madeira, linha, fio de algodão
e metal, 258 x 150 x 5 cm
Coleção Museu Bispo do Rosario Arte
Contemporânea/PCRJ/SMS/IMASJM

AYRSON HERÁCLITO Macaúbas, BA, 1968 –
Vive em Cachoeira, BA [p. 164]

*Desenhos da liberdade – Carta de
liberdade da cabrinha Francisca*, 2019
Desenho a bico de pena sobre cópia de
carta de alforria, 30 x 42 cm (díptico)
Coleção Itaú Social

*Desenhos da liberdade – Carta de
liberdade da escrava Caetana*, 2019
Desenho a bico de pena sobre cópias de
carta de alforria, 29,5 x 42 cm (cada fólio)
Coleção particular

*Desenhos da liberdade – Carta
de liberdade da parda Maria*, 2019
Desenho a bico de pena sobre cópia
de carta de alforria, 42 x 30 cm (díptico)
Cortesia Paulo Darzé Galeria de Arte

*Desenhos da liberdade – Carta de
liberdade do mulatinho Izidro*, 2019
Desenho a bico de pena sobre cópia
de carta de alforria, 30 x 42 cm (díptico)
Coleção Itaú Social

CAROLINA MARIA DE JESUS Sacramento,
MG, 1914 – São Paulo, SP, 1977 [p. 329]

Quarto de despejo, RCA Victor, 1961
Coleção José Ramos Tinhorão/
Acervo Instituto Moreira Salles
Faixas musicais:
1. Rá-ré ri ró rua, 2'09". Composição:
Carolina Maria de Jesus.
2. Vedete da favela, 2'25". Composição:
Carolina Maria de Jesus.
3. Pinguço, 2'29". Composição:
Carolina Maria de Jesus.
4. Acende o fogo, 2'16". Composição:
Carolina Maria de Jesus.
5. O pobre e o rico, 2'48". Composição:
Carolina Maria de Jesus.
6. Simplício, 2'28". Composição:
Carolina Maria de Jesus.
7. O malandro, 2'08". Composição:
Carolina Maria de Jesus.
8. Moamba, 2'56". Composição:
Carolina Maria de Jesus.
9. As granfinas, 2'18". Composição:
Carolina Maria de Jesus.
10. Macumba, 2'36". Composição:
Carolina Maria de Jesus.
11. Quem assim me ver cantando, 2'25".
Composição: Carolina Maria de Jesus.
12. A Maria veio, 2'47". Composição:
Carolina Maria de Jesus.

COLETIVO ENCRUZILHADA [p. 289]

Rebeca Gondim (Recife, PE, 1994 –
Vive no Recife, PE)
Filipe Gondim (Recife, PE, 1985 –
Vive no Recife, PE)
Priscilla Melo (Recife, PE, 1992 –
Vive no Recife, PE)

Urtiga, 2018
Vídeo, 5'55"
Coleção do Coletivo Encruzilhada

CRIOLA Belo Horizonte, MG, 1990 –
Vive em Belo Horizonte, MG [p. 340]

A ancestral do futuro, 2021
Tinta acrílica sobre parede, 9 x 47 m

DALTON PAULA Brasília, DF, 1982 –
Vive em Goiânia, GO [p. 112]

Retrata Rosana, 2015
Óleo sobre livros, prateleira 2,40 x 0,20 m e 7 livros
Coleção particular, Brasília

DESALI (WARLEY DESALI) Belo Horizonte, MG,
1983 – Vive em Contagem, MG [p. 271]

Bandeira nacional, 2021
504 esponjas de cozinha coladas sobre espuma
e 6 limpadores de azulejo, 0,74 x 1,30 m
Doação de esponjas feita pela TerraCycle
Cortesia AM Galeria, São Paulo

DIAMBE DA SILVA Rio de Janeiro, RJ, 1993 –
Vive no Rio de Janeiro, RJ [p. 282]

Isabel, av. Princesa Isabel, Devolta, 2020
Fotografia digital, impressão com
tinta pigmentada mineral sobre papel
Hahnemuhle Photo Rag Baryta 315 g
Coleção da artista

EUSTÁQUIO NEVES Juatuba, MG, 1955 –
Vive em Diamantina, MG [p. 114]

Aberto pela aduana, 2019
Livro de artista, 24 x 22,5 x 11 cm
Acervo Artístico do Museu Afro Brasil –
Governo do Estado de São Paulo

Aberto pela aduana, 2019
Direção e produção: Henk Nieman
Vídeo, formato mp4, 4'46"

EVANDRO PRADO Campo Grande, MS, 1985 –
Vive em São Paulo, SP [p. 200]

Palácio, 2021
Guache sobre papelão e madeira, 113 x 120 x 18 cm
Coleção do artista

FLÁVIO CERQUEIRA São Paulo, SP, 1983 –
Vive em São Paulo, SP [p. 97]

Uma palavra que não seja esperar, 2018
Bronze, 175 x 38 x 49 cm
Coleção do artista

GUILHERME ALMEIDA Salvador, BA, 2000 –
Vive em Salvador, BA [p. 166, p. 168]

*Destruição dos mercados
(Abdias Nascimento)*, 2021
Acrílica e acrílica alto-relevo sobre jornal, 84 x 59 cm
Coleção do artista, Salvador

*Destruição dos mercados (Carolina
Maria de Jesus)*, 2021
Acrílica e acrílica alto-relevo
sobre jornal, 106 x 97,8 cm
Coleção do artista, Salvador

*Destruição dos mercados
(Conceição Evaristo)*, 2021
Acrílica e acrílica alto-relevo sobre jornal, 84 x 59 cm
Coleção do artista, Salvador

Destruição dos mercados (Mano Brown), 2021
Acrílica e acrílica alto-relevo sobre jornal, 84 x 59 cm
Coleção do artista, Salvador

HEITOR DOS PRAZERES Rio de Janeiro, RJ,
1898 - 1966 [p. 331]

*Heitor dos Prazeres e sua gente,
macumba*, Rádio, 1955
Coleção José Ramos Tinhorão/
Acervo Instituto Moreira Salles
Faixas musicais:
1. Tá rezando, 2'48". Composição:
Heitor dos Prazeres.
2. Quem é filho de umbanda, 2'57".
Composição: Heitor dos Prazeres.
3. Vem de Aruanda, 2'17". Composição:
Heitor dos Prazeres/Kaumer Teixeira.
4. Nego véio, 2'40". Composição: Heitor dos Prazeres.
5. Mamãe Oxum, 2'42". Composição:
Heitor dos Prazeres/Jacyra Araújo.
6. Segura a pemba, 2'47". Composição:
Heitor dos Prazeres.
7. Vem cá mucamba, 2'17". Composição:
Heitor dos Prazeres.
8. Dom Migué, 2'26". Composição: Heitor
dos Prazeres/Kaumer Teixeira.

Moenda, 1951
Óleo sobre tela, 65 x 81,1 cm
Acervo Museu de Arte Contemporânea
da Universidade de São Paulo

Traje do espetáculo *O guarda-chuva
("Alzira") – Ballet do IV Centenário*, 1954
Costura em tecido, 143 x 105 cm
Coleção Fundação Theatro Municipal de São Paulo

HELÔ SANVOY Goiânia, GO, 1985 –
Vive em Goiânia, GO [p. 170]

Minuto de silêncio, 2010
Recorte em camadas de jornais,
3 módulos de 58 x 32 cm (cada)
Cortesia Galeria Andrea Rehder Arte
Contemporânea, São Paulo

JAIME LAURIANO São Paulo, SP, 1985 –
Vive entre Porto (Portugal) e São Paulo, SP
[p. 272, p. 276]

Monumento às bandeiras, 2016
Base de tijolo vermelho e réplica do *Monumento
às bandeiras* fundida em latão e cartuchos
de munições utilizados pela Polícia Militar e
forças armadas brasileiras, 20 x 9 x 7 cm
Coleção Marcela e Vinicius Reis, São Paulo

Ordem e progresso, 2015
Transformador, temporizador, termostato,
fios e ferro, 160 x 100 x 100 cm
Coleção Museu de Arte do Rio

JANAINA VIEIRA Macambira, SE, 1997 –
Vive em Jacareí, SP [p. 111]

Conhecimento é a única coisa que ninguém tira de nóis, 2020
Impressão sobre papel, 73 x 89 cm
Coleção da artista

JEFFERSON MEDEIROS São Gonçalo, RJ, 1989 –
Vive no Rio de Janeiro, RJ. [p. 202, p. 205, p. 270, p. 275]

Carolina Maria, 2016
Acrílica sobre tecido, 30 x 50 cm
Coleção do artista

Cobertor, 2020
Costura em tecido, 170 x 150 cm
Coleção do artista

Obra embargada, 2020
Entalhe em tijolo de barro, 30 x 20 x 9 cm
Coleção do artista

Solano Trindade, 2016
Acrílica sobre tecido, 30 x 50 cm
Coleção Otávio e Gustavo Cutait Abdalla - São Paulo

LÁZARO ROBERTO (ZUMVI ARQUIVO AFRO FOTOGRÁFICO) Salvador, BA, 1958 – Vive em Salvador, BA [p. 286]

Pixação contra o genocídio do povo negro, 2017
Fotografia digital, 85 cm de base
Coleção Zumvi Acervo Afro Fotográfico, Salvador

LEANDRO VIEIRA Rio de Janeiro, RJ, 1983 –
Vive no Rio de Janeiro, RJ [p. 291, p. 334]

Bandeira brasileira, 2019
Impressão em sublimação e costura
sobre tecido, 1,60 x 2,67 m
Coleção do artista, Rio de Janeiro

Retrato em bandeira de Carolina Maria de Jesus, 2019
Impressão em sublimação e costura
sobre tecido, 45 x 65 cm
Coleção do artista, Rio de Janeiro

Retrato em bandeira de Cartola, 2019
Impressão em sublimação e costura
sobre tecido, 45 x 65 cm
Coleção do artista, Rio de Janeiro

Retrato em bandeira de Jamelão, 2019
Impressão em sublimação e costura
sobre tecido, 45 x 65 cm
Coleção do artista, Rio de Janeiro

Retrato em bandeira de Marielle Franco, 2019
Impressão em sublimação e costura
sobre tecido, 45 x 65 cm
Coleção do artista, Rio de Janeiro

LEO FELIPE Poços de Caldas, MG, 1995 –
Vive em Poços de Caldas, MG [p. 325]

Alma de Carolina, Série *Toda a alma é raiz*, 2021
Modelos: Stephanie Milena e sua avó Maria Rosenita
Fotografia a cores, impressa em papel
couché fosco, 59,4 x 84,1 cm
Coleção do artista

LÍDIA LISBOA Guaira, PR, 1970 – Vive em São Paulo, SP [p. 333]

Meu lindo colar de pérolas, 2021
Pérolas, flores de plástico, tecido,
sapato, 90 x 180 cm (aprox.)
Coleção da artista

LUANA VITRA Belo Horizonte, MG, 1995 –
Vive entre MG, BA, SP E MA [p. 19]

Escora para tetos prestes a desabar, 2019-2021
Cimento, lama, tecido americano cru
e madeira, dimensões variadas
Coleção da artista

LUCAS SOARES Miracema, RJ, 1996 – Vive em Juiz de Fora, MG [p. 211]

Desbica – Série *Tô descalço no calçado*, 2020
Tinta óleo sobre chinelo arrebentado, 26 x 10 cm
Cortesia Diáspora Galeria, São Paulo

Flor – Série *Tô descalço no calçado*, 2020
Tinta óleo sobre chinelo arrebentado, 23 x 9 cm
Cortesia Diáspora Galeria, São Paulo

Opala – Série *Tô descalço no calçado*, 2020
Tinta óleo sobre chinelo arrebentado, 27,8 x 10 cm
Cortesia Diáspora Galeria, São Paulo

Por conta das pernas inchadas – Série
Tô descalço no calçado, 2020
Tinta óleo sobre chinelo arrebentado, 24 x 9 cm
Cortesia Diáspora Galeria, São Paulo

LYZ PARAYZO Campo Grande, RJ, 1994 – Vive entre Brasil, Portugal, França e Suíça [p. 273]

Bandeira #2, 2020
Alumínio polido, 50 x 67 x 40 cm
Coleção Carolina e Carlos Olinto, Rio de Janeiro

MADALENA DOS SANTOS REINBOLT
Vitória da Conquista, BA, 1919 - Petrópolis, RJ, 1977 [p. 134]

Sem título, data desconhecida
Bordado sobre estopa, 110 x 91 cm
Coleção Edmar Pinto Costa, São Paulo

MADALENA SCHWARTZ Budapeste (Hungria), 1921 - São Paulo, SP, 1993 [p. 321]

Registro fotográfico do programa *Caso Verdade*: "*Quarto de despejo* – De catadora de papéis a escritora famosa",
exibido pela Rede Globo, 1983
Impressão digital contemporânea a partir
de negativo flexível 35 mm, 60 x 53 cm
Acervo Instituto Moreira Salles,
Coleção Madalena Schwartz

MARCEL DIOGO Belo Horizonte, MG, 1983 –
Vive em Belo Horizonte, MG [p. 124]

Recado da rua, 2017
Pintura sobre tela, madeira, 85 x 85 cm (cada)
Cortesia de Diáspora Galeria, São Paulo

MARCOS DUTRA Pequizeiro, TO, 1976 –
Vive entre Palmas e Pequizeiro, TO [p. 212]

O pão nosso de cada dia, 2020
Caixa de vidro, pães e terra vermelha, 40 x 40 cm
Coleção do artista

MARCOS ROBERTO Bauru, SP, 1989 – Vive em
Agudos, SP [p. 206, p. 208]

*Eu sou negra, a fome é amarela
e dói muito*, 2020
Tinta esmalte, tinta óleo sobre prato de metal
esmaltado, 5 pratos de 22 x 4 cm (cada)
Cortesia Galeria Movimento Arte
Contemporânea, Rio de Janeiro

MARÉ DE MATOS (MARIANA DE MATOS)
Governador Valadares, MG, 1987 – Vive em São
Paulo, SP [p. 128]

A emoção é um direito, 2020
Pintura sobre tecido, 150 x 50 cm
Coleção da artista

MARIA AUXILIADORA Campo Belo, MG,
1935 - São Paulo, SP, 1974 [p. 135]

Refeição, 1970
Acrílica sobre chapa de fibra de
madeira, 28,5 x 36,5 x 3,5 cm
Acervo Artístico do Museu Afro Brasil –
Governo do Estado de São Paulo

MAXWELL ALEXANDRE Rio de Janeiro, RJ,
1990 – Vive no Rio de Janeiro, RJ [p. 174]

Série *Patrimônio – Isso até você faria*, 2017
Lona, embalagem plástica transparente, corda
de varal, corrente, cadeado, látex, corante,
spray, caneta esferográfica, grafite, fita-crepe,
graxa e *crayon* sobre madeira, 102 x 75 x 1 cm
Cortesia Galeria A Gentil Carioca,
Rio de Janeiro/São Paulo

MÔNICA VENTURA São Paulo, SP, 1985 –
Vive em São Paulo, SP [p. 336]

Luz negra, 2019
Frase de Juliana Borges
Lâmpada neon e metalon, 4 x 0,50 m
Coleção da artista

MULAMBÖ (JOÃO MOTTA) Saquarema, RJ, 1995
– Vive em São Gonçalo, RJ [p. 34, p. 204, p. 255]

Bandeira Mulamba de Ouro, 2021
Costura em tecido, 1,70 x 1,50 m
Coleção do artista, Rio de Janeiro

Entre o alvo e o fogo, 2019
Acrílica sobre panela, 30 x 15 x 6 cm
Coleção Amanda Accioly, Rio de Janeiro

Entrada de serviço, 2021
Adesivo sobre madeira. Coleção do artista.

NENÊ Olho D'Água das Flores, AL, 1994 –
Vive em São Paulo, SP [p. 192, p. 194, p. 196,
p. 199]

Quebradinha 1, 2019
MDF, papelão, papel machê, plástico,
papel de seda, linha de costura, madeira,
tinta acrílica, arame, 17 x 13,5 x 15 cm
Coleção do artista

Quebradinha 2, 2019/2020
MDF, fio elétrico, linha de costura, tecido
de algodão, papel machê, argila, acetato,
papel sulfite, papelão, PVC, PET, madeira,
tinta acrílica, arame, 24 x 12 x 18 cm
Coleção do artista

Quebradinha 3, 2020
MDF, LED, papelão, papel machê, argila, papel
sulfite, fita-crepe, acetato, tecido de algodão,
tecido poliéster, linha de costura, madeira,
tinta acrílica, arame, 26,5 x 17,5 x 18,5 cm
Coleção do artista

Quebradinha 4, 2020
MDF, LED, papelão, papel machê, papel-
-celofane, papel sulfite, linha de costura,
madeira, tecido de algodão, acetato,
espuma, espelho, pedra, argila, *spray*, tinta
acrílica, arame, 27 x 14,5 x 23,5 cm
Coleção do artista

Quebradinha 5, 2020
MDF, borracha, alumínio, plástico, cola
quente, sacola de mercado (polietileno), PET,
madeira, papelão, papel machê, papel sulfite,
linha de costura, tecido de algodão, acetato,
argila, tinta acrílica, arame, 18 x 21 x 25 cm
Coleção do artista

Quebradinha 6, 2020
Alumínio, vidro, papel-cartão, adesivo
instantâneo, argila, arame, madeira,
fita-crepe, acetato, papelão, papel
paraná, tinta acrílica, 10 x 5 x 5 cm
Coleção do artista

Quebradinha 7, 2020/2021
MDF, LED, fio elétrico, adesivo instantâneo,
plástico, papelão, papel machê, papel-celofane,
papel sulfite, papel paraná, madeira, tecido
de algodão, acetato, pedra, areia, argila,
tinta acrílica, arame, 33 x 18,5 x 20 cm
Coleção do artista

NENÊ E STEFANY LIMA [p. 190]

Nenê (Olho D'Água das Flores, AL,
1994 – Vive em São Paulo, SP)
Stefany Lima (São Paulo, SP, 1996 –
Vive no Recife, PE)

Nova Canindé, 2021
Madeirite, MDF, palito de picolé, papelão,
argila, palito de fósforo, papel sulfite, plástico,
adesivo instantâneo, papel-cartão, fio elétrico,
LED, ferro, arame, tecido de algodão, cola
branca, cola quente, tinta acrílica, caneta
posca, palha de aço, carvão, 14 x 19 x 16,5 cm
Coleção dos artistas

345

NO MARTINS São Paulo, SP, 1987 – Vive em São Paulo, SP [p. 63, p. 66, p. 324]

Ruth & Carolina, 2020
Pintura sobre tela, 114 x 92,5 cm
Coleção Ana Olivia Liran e Ira Liran, São Paulo

Série *Pra ver se dão valor*, 2021
Tinta acrílica sobre cédula de um mil réis de 1923, 30 x 20 cm (aprox.)
Tinta acrílica sobre cédula de cinco mil réis de 1924, 30 x 20 cm (aprox.)
Tinta acrílica sobre cédula de 20 mil réis de 1936, 30 x 20 cm (aprox.)
Tinta acrílica sobre cédula de dez mil réis de 1942, 30 x 20 cm (aprox.)
Tinta acrílica sobre cédula de 50 cruzeiros de 1961, 30 x 20 cm (aprox.)
Coleção do artista

PAULO NAZARETH Governador Valadares, MG, 1977 – Vive em Santa Luzia, MG [p. 216]

Ernesto Batista: 7 tijolos y um pan-o [ou 60 años y 6 días], 2020
Pão e tijolos, 26 x 25 x 24 cm
Cortesia do artista e Mendes Wood DM, São Paulo/Bruxelas/Nova York

Sem título (d'obra ou de obra), 2020
Concreto e chinelo Havaianas, 25,5 x 28,5 x 11 cm
Cortesia do artista e Mendes Wood DM, São Paulo/Bruxelas/Nova York

PEDRO CARNEIRO Rio de Janeiro, RJ, 1988 – Vive no Rio de Janeiro, RJ [p. 279]

Caixa de segurança, 2021
Caixa de segurança de incêndio, pacote de caixa de fósforo e martelo de segurança, 75 x 30 x 25 cm
Coleção do artista

RAFAEL BQUEER Belém, PA, 1992 – Vive em São Paulo, SP. [p. 173]

Foto andando sobre as caixas – Série *Alice e o chá através do espelho*, 2014
Fotografia, 63 x 93 cm
Coleção do artista

Foto em frente ao paredão – Série *Alice e o chá através do espelho*, 2014
Fotografia, 63 x 93 cm
Coleção do artista

RAINHA F. (ALLANIS MACHADO) Rio de Janeiro, RJ, 1992 – Vive no Rio de Janeiro, RJ [p. 332]

Revestir-se do possível, 2021
Costura sobre tecido bordado com penas de galinha-d'angola, dimensões variadas
Coleção da artista

REBECA CARAPIÁ Salvador, BA, 1988 – Vive em Salvador, BA [p. 141]

Palavras de ferro e ar - Escultura 8 (da série *Como colocar ar nas palavras*), 2020
Ferro, 198,5 x 99,5 cm
Cortesia Galeria Leme, São Paulo

Palavras de ferro e ar - Escultura 9 (da série *Como colocar ar nas palavras*), 2020
Ferro, 221,5 x 121 cm
Galeria Leme, São Paulo

Palavras de ferro e ar - Escultura 12 (da série *Como colocar ar nas palavras*), 2020
Ferro, 208 x 99 cm
Galeria Leme, São Paulo

RICARDO ALEIXO Belo Horizonte, MG, 1960 – Vive em Belo Horizonte, MG [p. 130]

Poemanto, 2000
Arte vestual, 278 x 298 cm
Coleção do artista

RICARDO ALEIXO E ALINE MOTTA

Ricardo Aleixo (Belo Horizonte, MG, 1960 – Vive em Belo Horizonte, MG) [p. 130]
Aline Motta (Niterói, RJ, 1974 – Vive em São Paulo, SP)

Versão intermídia do poema "Meu negro", 2021
Vídeo, 7'01"
Coleção dos artistas

ROGÉRIO SANTOS (ZUMVI ARQUIVO AFRO FOTOGRÁFICO) Salvador, BA, 1954 – Vive em Salvador, BA [p. 285]

Passeata contra a farsa da abolição no Brasil, av. Sete, Salvador, 1988
Fotografia analógica em impressão fotográfica digital, 85 cm de base
Coleção Zumvi Arquivo Afro Fotográfico, Salvador

ROSA GAUDITANO São Paulo, SP, 1955 – Vive em São Paulo, SP [p. 284]

Marcha do Movimento Negro Unificado (MNU), São Paulo, 7 de julho de 1978
Fotografia analógica em impressão fotográfica digital, 72 cm de base
Acervo Rosa Gauditano/Studio R., São Paulo

ROSANA PAULINO São Paulo, SP, 1967 – Vive em São Paulo, SP [p. 115]

¿História Natural?, 2016
Técnica mista sobre imagens transferidas em papel e tecido, linóleo gravura, ponta-seca e costura, 29,5 x 39,5 cm
Acervo Pinacoteca do Estado de São Paulo

Reprodução do conteúdo interno de *¿História Natural?*
Vídeo
Produção IMS, 2021

SIDNEY AMARAL São Paulo, SP, 1973 – São Paulo, SP, 2017 [p. 117, p. 203, p. 206, p. 214]

A fome e a vontade de comer, 2016
Aço inox, 20,5 x 4 x 3,5 cm
Coleção Lucimara Amaral, Mairiporã, São Paulo

Estudo sobre a cegueira, 2015
Livros, escultura em bronze e pintura eletrostática, 61 x 55 x 34 cm
Coleção Carlos Magno, São Paulo

O pão nosso, 2010
Escultura em bronze, 10 x 8 cm (pequenos),
16 x 10 cm (médios), 33 x 12 cm (grande)
Coleção Lucimara Amaral, Mairiporã, São Paulo

Sem título, 2001
Escultura em bronze, 10 x 20 cm
Coleção Lucimara Amaral, Mairiporã, São Paulo

Sem título, 2015
Acrílica sobre frigideira lixada, 43 x 27 x 6 cm
Coleção Lucimara Amaral, Mairiporã, São Paulo

SILVANA MENDES São Luís, MA, 1991 –
Vive em São Luís, MA [p. 339]

Série *Te imagino, Carolina*, 2021
Colagem digital impressa em canson
mate paper, 120 x 200 cm
Coleção da artista

SÔNIA GOMES Caetanópolis, MG, 1948 –
Vive em São Paulo, SP [p. 116, p. 138]

*Enciclopédia da fantasia
volume 1* (em processo)
Livro de artista, 44 x 32 cm
Cortesia do artista e Mendes Wood DM,
São Paulo/Bruxelas/Nova York

Sem título – Série *Torção de chão*, 2004-2021
Costura, amarrações, corda de sisal, tecidos
e rendas diversos sobre arame, 180 x 100 x 80 cm
Cortesia da artista e Mendes Wood DM,
São Paulo/Bruxelas/Nova York

TERRA COLETIVA [p. 278]

Coletiva formada por:

Ana Aline Furtado (Cratéus, CE, 1985 –
Vive em Fortaleza, CE)
Linda Marina (São Paulo, SP, 1995 –
Vive no Rio de Janeiro, RJ)
Melke Brasília, DF 1987 – Vive entre Londres,
Inglaterra e Abya Yala [América do Sul])
Ventura Profana (Salvador, BA, 1993 –
Vive no Rio de Janeiro, RJ)

Monumento ao homem branco, 2016-2022
Garrafas de Pinho Sol, folhas de papelão
e faixa adesiva, 215 x 85 cm (filas de garrafas),
50 x 105 cm (placas com instruções)
Coleção da Coletiva

THIAGO COSTA Bananeiras, PB, 1992 –
Vive em João Pessoa, PB [p. 127]

Notas de falecimento, 2018
Algodão cru, linha e agulha, 4
módulos de 59 x 43 cm (cada)
Coleção do artista

THIAGO ORTIZ Rio de Janeiro, RJ, 1986 –
Vive no Rio de Janeiro, RJ [p. 120]

PERIFERISMO ESTÉTICO –
Série *Faixas de rua*, 2017
Acrílica, ráfia, madeira, 105 x 79,5 cm
Coleção do artista

TIAGO SANT'ANA Santo Antônio de Jesus, BA,
1990 – Vive em Salvador, BA [p. 213]

Tamancos de forra, 2020
Açúcar e materiais sintéticos, 25 x 10 x 13 cm (cada)
Coleção do artista

TOLENTINO FERRAZ Medina, MG, 1989 –
Vive em Belo Horizonte, MG [p. 175]

Estojo Carolina Maria de Jesus, 2021
Bordado sobre sacos de algodão cru,
3 sacos de 30 cm e 3 sacos de 20 cm
Coleção do artista

TULA PILAR Leopoldina, MG, 1970 –
Taboão da Serra, SP, 2019 [p. 136]

Vídeo editado a partir de trechos de 1. "Sou
uma Carolina", poesia declamada em vídeo,
2016, Acervo Museu da Pessoa; 2. Entrevista
de Tula Pilar Ferreira, por José Santos e Jonas
Samaúma, 2015, Acervo Museu da Pessoa, 5'34"
Produção IMS, 2021

YHURI CRUZ Rio de Janeiro, RJ, 1991 –
Vive no Rio de Janeiro, RJ [p. 119, p. 131]

*Cripta n. 4 – Trair a linguagem,
emancipar movimentos*, 2018-2020
Granito com gravação a jato de
areia e pintura, 80 x 15 cm
Coleção do artista

Monumento à voz de Anastácia, 2019
Pintura sobre parede, risografia
e santinhos, dimensões variadas
Coleção do artista

ZÉ PRETINHO Quatá, SP, 1952 –
Vive em Diadema, SP [p. 121]

*Senhor perdoai eles não sabem o que é arte
Zé Pretinho
Sou um artista e filósofo. Entre
pode entrar seja bem-vindo.*
Datas desconhecidas
Conjunto de tábuas de madeira gravadas
e presas com pregos, dimensões variadas
Coleção do artista

Um Brasil para os brasileiros, 2021
Entalhe de madeira gravado,
11 x 1,43 x 2 cm e 11 x 1,04 x 3 cm
Coleção do artista

ZÉ TARCÍSIO (JOSÉ TARCÍSIO) Fortaleza, CE,
1941 – Vive em Fortaleza, CE [p. 277]

Golpe, 1974
Tijolo de barro e martelo, 40 x 28 x 19 cm
Coleção Museu de Arte Contemporânea
do Ceará (MAC Dragão do Mar), Fortaleza

ZÉLIA GATTAI São Paulo, SP, 1916 - Salvador, BA,
2008 [p. 304, p. 306, p. 308]

*Carolina Maria de Jesus pelas lentes
de Zélia Gattai*, São Paulo, anos 1960
Impressão contemporânea a partir
de arquivo digital, dimensões variadas
Acervo Fundação Casa de Jorge Amado

LEGENDAS DE "CAROLINA E A IMPRENSA (1940-1977)"

[pp. 72-73] "Carolina Maria, poetiza preta", *Folha da Manhã*, São Paulo, 25.02.1940. Reportagem de Willy Aureli. Acervo da Folha de São Paulo, São Paulo, ©FolhaPress.

[p. 74] "Poesia, fogões e panelas", *A Noite*, Rio de Janeiro, 09.01.1942. Autoria e fotógrafo não identificados. Acervo Fundação Biblioteca Nacional. Acervo Diários Associados, ©D.A Press.

[p. 75] "Carolina Maria, poetisa negra do Canindé", *Última Hora*, São Paulo, 27.05.1952. Reportagem de Matos Pacheco, fotos de Norberto Esteves. Arquivo Público do Estado de São Paulo, São Paulo, ©FolhaPress.

[p. 76] "O drama da favela escrito por uma favelada", *Folha da Noite*, 09.05.1958. Reportagem de Audálio Dantas, fotos de Gil Passarelli. Acervo da Folha de São Paulo, São Paulo, ©FolhaPress.

[p. 77] "Retrato da favela no diário de Carolina", *O Cruzeiro*, 20.06.1959. Textos e fotos de Audálio Dantas. Acervo Diários Associados, ©D.A Press.

[p. 78] "Da favela para o mundo das letras", *O Cruzeiro*, 10.09.1960. Reportagem de Audálio Dantas, fotos de George Torok. Acervo Diários Associados, ©D.A Press.

[p. 79] "Lista dos mais vendidos", *O Estado de S. Paulo*, São Paulo, 20.11.1960. Acervo O Estado de São Paulo, ©Estadão Conteúdo.

[p. 79] "São Paulo: escritora favelada é sucesso", *O Mundo Ilustrado*, Rio de Janeiro, 03.09.1960. Reportagem de E.M. Raide, fotos de Renato Cloretti. Acervo Fundação Biblioteca Nacional, Rio de Janeiro.

[p. 80] "Enchente, flagelo de S. Paulo", *O Cruzeiro*, 14.01.1961. Texto de Mário Camarinha, fotos de Ronaldo Moraes. Acervo Diários Associados, ©D.A Press.

[p. 81] "*Quarto de despejo* de Carolina Maria de Jesus será novela na TV!", *TV Radiolândia*, Rio de Janeiro, abril de 1961. Textos e fotos de Arnaldo Câmara Leitão. Acervo Fundação Biblioteca Nacional, Rio de Janeiro.

[pp. 82-83] "O Rio também tem seu *Quarto de despejo*", *O Cruzeiro*, 31.12.1960. Reportagem de Carolina Maria de Jesus, fotos de Henri Ballot. Acervo Diários Associados, ©D.A Press.

[p. 83] "Carolina Maria de Jesus narra para *O Globo* sua ida ao Rio de avião", *O Globo*, Rio de Janeiro, 14.12.1960. Texto de Carolina Maria de Jesus. Acervo O Globo, ©Conteúdo Globo.

[p. 84] "Favela é sucesso na França", *Manchete*, Rio de Janeiro, 13.05.1961. Autoria e fotógrafo não identificados. Acervo Instituto Moreira Salles.

[p. 84] "Brazil: Life in the Garbage Room" [Brasil: a vida em um quarto de despejo], *Times Magazine*, Nova York, 26.09.1960. Acervo do The New York Times.

[pp. 84-85] "Carolina, a favela em castelhano", *Manchete*, Rio de Janeiro, 02.12.1961. Autoria de Ney Bianchi e Jáder Neves. Acervo Instituto Moreira Salles.

[p. 86] "Carolina diz que reformas vêm aí como nova Abolição", *Última Hora*, Paraná, 27.03.1964. Acervo Fundação Biblioteca Nacional, Fundo Última Hora do Paraná.

[p. 87] "Carolina de Jesus processará *Times*", *Última Hora*, Rio de Janeiro, 24.10.1960. Repórter não identificado. Acervo Fundação Biblioteca Nacional, Rio de Janeiro.

[p. 87] "Carolina de Jesus saiu de 'Galinha Carijó' em protesto". *O Globo*, Rio de Janeiro, 23.02.1963. Repórter não identificado. Acervo O Globo, ©Conteúdo Globo.

[p. 87] "Carolina: 'É dos ditadores não gostar da verdade e dos negros'", *Última Hora*, Paraná, 24.02.1961. Repórter não identificado. Acervo Fundação Biblioteca Nacional, Fundo Última Hora do Paraná.

[p. 88] "Carolina Maria de Jesus prepara um novo livro", *O Globo*, Rio de Janeiro, 11.12.1969. Repórter e fotógrafo não identificados. Acervo O Globo, ©Conteúdo Globo.

[p. 88] "Carolina Maria de Jesus estará autografando hoje o seu novo livro: *Casa de alvenaria*", *Última Hora*, Rio de Janeiro, 27.11.1961. Acervo Fundação Biblioteca Nacional, Rio de Janeiro.

[p. 88] "Carolina lança hoje novo livro", *O Globo*, Rio de Janeiro, 30.08.1963. Acervo O Globo, ©Conteúdo Globo.

[p. 89] "Carolina Maria de Jesus autografa edição de bolso de seu *Quarto de despejo*", *Jornal do Brasil*, Rio de Janeiro, 11.12.1976. Repórter e fotógrafo não identificados. Acervo Fundação Biblioteca Nacional, ©JB.

[pp. 90-91] "A pobreza voltou". *O Cruzeiro*, 21.04.1971. Texto de Luiz Antonio Luz, fotos de Carlos Piccino. Acervo Diários Associados, ©D.A Press.

[pp. 92-93] "Carolina de Jesus morre em São Paulo aos 62 anos", *O Globo*, Rio de Janeiro, 14.02.1977. Repórter e fotógrafo não identificados. Acervo O Globo, ©Conteúdo Globo.

[pp. 93-94] "A primeira vez que fui a Santos", *Quatro Rodas*, n. 4, nov. 1960. Texto de Carolina Maria de Jesus. Abril Comunicações S.A.

CAROLINA MARIA DE JESUS, UM BRASIL PARA OS BRASILEIROS

EXPOSIÇÃO

Realização
Instituto Moreira Salles
Exposição apresentada no IMS São Paulo de 25 de setembro de 2021 a 3 de abril de 2022

Curadoria
Hélio Menezes e Raquel Barreto

Assistente de curadoria
Luciara Ribeiro

Pesquisa literária
Fernanda Miranda

Pesquisa de cinema e audiovisual
Bruno Galindo

Conselho consultivo
Bel Santos Mayer, Carmen Silva, Conceição Evaristo, Denise Ferreira da Silva, Elisa Lucinda, Lúcia Xavier, Mãe Celina de Xangô, Paula Beatriz de Souza Cruz, Petronilha Beatriz Gonçalves e Silva, Sueli Carneiro, Zezé Menezes, Zezé Motta

Projeto expográfico
Isabel Xavier

Projeto expográfico (assistência)
Alice Schmitx, Amanda Costa e Danillo Arantes

Projeto gráfico
Estúdio Daó (Giovani Castelucci e Guilherme Vieira) e Giulia Fagundes

Ampliações e impressões
Kelly Polatto, Núcleo de Digitalização do IMS

Projeto de iluminação
Samuel Betts

Esta exposição integrou a rede de parcerias da 34ª Bienal de São Paulo

Agradecimento especial
Vera Eunice de Jesus Lima

Agradecimentos da curadoria
Adeilda Maria, Adolfo Izidio, Adriana Carvalho de Jesus, Adriano Miranda, Alice Regina Rojo, Ana Lucia Vieira, Ariadne Moraes, Beatriz Matuck, Bruna Lisboa de Souza Oliveira, Camila Goulart, Carla Brandão, Carlos Alexandre, Carlos de Assumpção, Carmen Faustino, Celino da Conceição, Cicero Bibiano, Cidinha da Silva, Claudionor Souza, Cleber Ferreira de Souza, Cristiane Sobral, Cristiano Cavalcante, Cuti, Daniela Guimarães, Daniela Viegas Marcondes, Edimilson de Almeida Pereira, Edna Francisca, Edna Katia Gaiardoni, Eliana Carvalho de Jesus, Eliane Alves Cruz, Elisa Carvalho de Jesus, Elisângela Cornelio, Esmeralda Ribeiro, Evaneide Ferreira dos Santos, Everton Vieira, Fabio Salvador, Ferréz, Geni Guimarães, Henrique Cardoso, Jackson Santos Pereira, Jane Leite Conceição Silva, Jeferson Tenório, Jeová João, Joana Reiss Fernandes, José Moura, Lilian Carvalho de Jesus, Lucas Vinicius Lima, Luciana Cristina Lima, Luiz Antônio Rojas, Mara Cristina Mora, Márcia Vaz, Maria Paula Bueno, Maria Solange Barbosa, Marisa Regina Lima, Mel Duarte, Millard Wesley Long, Miriam Alves, Mozinete Costas Reis, Negafya, Oswaldo de Camargo, Paulo Cesar Lima, Paulo Ricardo Ramos Afonso, Priscila Siqueira, Queensland Art Gallery, Rachel Valença, Raimundo Hermínio dos Santos, Raquel Alves, Raquel Lehn, Regina Moreira, Ricardo Alexandre Lima, Roberto De Jesus, Rodolfo Martins, Rubens Santos, Sebastião Acelmo do Nascimento, Sebastião Ribeiro da Silva, Sérgio Vaz, Thomaz Jefferson, Valdir Carvalho, Valéria Mello, Wellington Silva, Wesley Bento, Wilson Roberto Lopes dos Santos

CATÁLOGO

Organização
Hélio Menezes e Raquel Barreto

Produção editorial
Núcleo Editorial IMS

Projeto gráfico
Estúdio Daó (Giovani Castelucci e Guilherme Vieira) e Giulia Fagundes

Revisão de textos
Luisa Destri e Nina Schipper

Digitalização e tratamento de imagens
Ipsis Gráfica e Editora e Núcleo Digital IMS

Fotografias
Ádima Macena [pp. 2-3, 17-18, 35-59, 63, 66, 96, 111-117, 119-125, 127-129, 131-135, 138-141, 158, 160, 162, 164-171, 173-175, 190-197, 199-200, 202-206, 208-209, 211-217, 239, 254, 270-273, 275, 278-279, 281, 290, 324, 331-337, 339-340]

IMS INSTITUTO MOREIRA SALLES

Walther Moreira Salles (1912-2001) – Fundador

Conselho
João Moreira Salles – Presidente
Fernando Moreira Salles – Vice-presidente
Pedro Moreira Salles – Conselheiro
Walther Moreira Salles Jr – Conselheiro

Diretoria
Marcelo Mattos Araujo – Diretor-geral
João Fernandes – Diretor artístico
Jânio Francisco Ferrugem Gomes – Diretor executivo

Artes Visuais
Heloisa Espada Rodrigues Lima (Coordenação), Beatriz Matuck.

Biblioteca de Fotografia
Miguel Angel D'Ajuz Del Castillo (Curadoria), Vania Aparecida de Jesus dos Santos (Supervisão), Bruna Acylina Gallo, Bruna Pacheco Marques, Danny Mathias Lins, Leonardo Vieira.

Centro Cultural IMS Paulista e Planejamento de Programação e Eventos
Joana Reiss Fernandes (Coordenação), Daniela Viegas Marcondes, Gabriela Caetano D'Amoreira, Raquel Monteiro Lehn Hashimoto, Roberta Costa Val (Supervisão), Celina Yamauchi, Juliano Matteo Gentile (Consultoria), Amanda Cristina Tamborim, Ana Clara da Costa, Andressa Palomo Balarin, Ariadne Moraes Silva, Beatriz Matuck, Beatriz Pereira dos Santos Magno, Carla Aparecida Carretoni Brandão da Silva, Cauê Guimarães Nascimento, Débora Garcia Ramalho Filgueiras, Elton Virginio da Costa Silva, Fabiana Martins Amorim, Flor Antonieta Avariano Hernandez, Gabriela Costa Lima, Gabriela Lima da Silva, Inácio Jordan de Lisboa Silva, Jackson Santos Pereira, Jonathan Alves da Silva Oliveira, Lilith Torres, Lívia Spósito Biancalana, Lucas Gonçalves de Souza, Luis Miguel Conteras Padron, Marcos de Almeida Messias, Maria Paula Ribeiro Bueno, Marina de Castro Novena Correa, Rafael Francisco Suffi, Raimundo Hermínio dos Santos, Robson Figueiredo da Silva, Sabrine Fernanda Karolline Ferreira, Sebastião Ribeiro da Silva, Stefanni Melanie Silva, Wilson Roberto Lopes dos Santos.

Centro Cultural IMS Poços
Haroldo Paes Gessoni (Coordenação), Teodoro Stein Carvalho Dias (Consultoria), Cláudia Maria Cabral, Cristiane Loiola Zanette, Gilmar Tavares, Marcelo Alexandre Faria Leme, Vivaldi Bertozzi.

Centro Cultural IMS Rio
Elizabeth Pessoa Teixeira (Coordenação), Lúbia Maria de Souza, Luiz Fernando da Silva Machado, Maria Azevedo Moretto, Vagner Frasão da Silva (Supervisão), Adriano Brito dos Santos, Alain Setúbal Manso, Alexsandro Almeida da Silva, Amanda Fernandes de Barcellos, Bianca Vieira Beserra, Carla de Melo Torres, Carlos Augusto Ferreira de Lima, Cícero Teixeira dos Santos, Davi Barbosa Izidro, Edmar dos Santos de Brito, Eliana Lúcia de Souza, Irinea Aparecida Pires de Brito, Jairo Soares da Silva, Lucas Souza dos Santos, Rafaela Soares de Lima, Reginaldo Pereira do Nascimento, Renata Barcellos de Paula, Robert Gomes Pinto, Rosana Inácio Carneiro Tavares, Sandra Maria de Carvalho da Silva, Tereza Cristina Maximiano Nascimento.

Cinema
Kleber Mendonça (Coordenação), Bárbara Alves Rangel (Supervisão), Lígia Ribeiro da Costa Gabarra, Thiago Gallego Cunha.

Comunicação e Marketing
Marília Scalzo (Coordenação), Bárbara Giacomet de Aguiar, Gustavo de Gouveia Basso, Marcela Antunes de Souza, Mariana Mendonça Tessitore.

Controladoria
Fernando Malics (Coordenação), Adriana Rosa da Silva Rufino, Arnaldo dos Santos de Almeida, Cecília Ribeiro de Carvalho, Rogério Cossero.

Editorial
Samuel de Vasconcelos Titan Junior (Coordenação), Acássia Valéria Correia da Silva (Supervisão) Denise Cristina de Pádua, Flávio Cintra do Amaral.

Educação
Renata Bittencourt (Coordenação), Ana Luiza de Abreu Cláudio, Janis Pérez Clémen, Maria Emília Tagliari Santos (Supervisão), Anna Clara Monteiro Hokama, Beatriz Abade, Felipe José Ferraro, Isabela Magalhães Santos Brasileiro, Jhonny Medeiros Miranda, José Adilson Rodrigues dos Santos Júnior, Leandro Mizael Duarte Gonçalves, Letícia Pereira de Souza, Rafael Braga Lino dos Santos.

Financeiro
Antônio Carlos Mezzovilla Gonçalves (Coordenação), Fernando Garcia dos Santos de Paula, Marcos Pereira da Silva, Sergio Luiz Arantes, Silvana Aparecida dos Santos.

Fotografia
Sergio Burgi (Coordenação), Cassio Loredano (Consultoria), Aílton Alexandre da Silva, Alessandra Coutinho Campos, Alexandre Delarue Lopes, Andrea Câmara Tenório Wanderley, Ileana Pradilla Ceron, Joanna Barbosa Balabram, João Gabriel Reis Lemos, Josiene Dias Cunha, Mariana Newlands Silveira, Martim Passos, Pâmela de Oliveira Pereira, Rachel Rezende Miranda, Tatiana Novas de Souza Carvalho, Thaiane do Nascimento Koppe.

Fotografia Contemporânea e Revista Zum
Thyago Nogueira (Coordenação), Ângelo Augusto Manjabosco, Carlos Eduardo Sampaio Franco, Daniele Queiroz, Rony Maltz.

Gestão de Acervos
Millard Wesley Long Schiler (Coordenação), Fabiana Costa Dias, Maria Silvia Pereira Lavieri Gomes.

Núcleo Digital
Joanna Americano Castilho (Supervisão), Anna Carolina Pereira Rocha, Carolina Filippo do Nascimento, Daniel Sias Veloso, Guilherme Gomes Guimarães, Marcele de Oliveira Gonçalves, Marcelo Hein de Andrade e Silva, Nrishinro Vallabha das Mahe, Reginaldo Carvalho da Silva Júnior, Thais Maciel Berlinsky, Wallace Amaral Primo Correa.

Núcleo de Catalogação e Indexação
Roberta Mociaro Zanatta (Supervisão), Ana Clara Ribeiro Campos Maio, Charlyne Scaldini, Vanessa Matheus Cavalcante.

Núcleo de Preservação e Conservação
Ellen Marianne Ropke Ferrando (Supervisão Obras sobre Papel), Gabriella Vieira Moyle (Supervisão Exposições), Maria Clara Ribeiro Mosciaro (Supervisão de Fotografias), Edna Kátia Gaiardoni, Guilherme Zozimo Teixeira Dias, Jéssica Maria da Silva, Luiz Henrique da Silva Soares.

Iconografia
Júlia Kovensky (Coordenação), Gustavo Aquino dos Reis, Jovita Santos de Mendonça, Mayra Cristina Lopes Cortês.

Internet
Alfredo Ribeiro (Coordenação), Anna Paula de Carvalho Ibrahim, Daniel Pellizzari, Daniela França, Fábio Montarroios, Fernanda Pereira, Laura Klemz, Laura Liuzzi, Maria Clara Villas, Nani Rubin, Sendy Lago Araújo.

Jurídico
Ji Hyun Kim (Coordenação), Thais Yamamoto.

Literatura
Rachel Valença (Coordenação), Eucanaã Ferraz (Consultoria), Bruno Cosentino, Elizama Almeida de Oliveira, Jane Leite Conceição Silva, Kátya de Sá Leitão Pires de Moraes, Manoela Purcell Daudt D'Oliveira.

Logística, Empréstimos e Licenciamentos
Odette Jerônimo Cabral Vieira (Coordenação), Ake Marc Albert Adje, Nadja dos Santos Silva, Vera Lúcia Ferreira da Silva Nascimento.

Música
Bia Campello Paes Leme (Coordenação), Miguel Angelo de Azevedo "Nirez" (Consultoria), Elias Silva Leite, Euler Picanço de Araújo Gouvea, Fernando Lyra Krieger, Isadora Cirne.

Produção de Exposições
Camila Goulart (Supervisão), Lívia Ferraz, Márcia Vaz, Marina Marchesan.

Rádio Batuta
Luiz Fernando Rezende Vianna (Coordenação), Joaquim Ferreira dos Santos (Consultoria), Filipe Di Castro, Mário Tavares.

Recursos Humanos
Sirlei Marinho Paulino (Coordenação), Raquel Aparecida Barbosa Santos Correa.

Revista *serrote*
Paulo Roberto Pires (Coordenação), Guilherme Freitas.

Tecnologia da Informação
Eliane de Castro Lima (Coordenação), André Roberto Felipe, Maurício Adriano Oliveira dos Santos.

Estagiáries
Alanis Batista dos Reis Santos, Aline da Silva Alves, Beatriz Carvalho Schreiner, Carlos Eduardo Silva Marques Ferreira, Cintia Mechler de Carvalho, Danilo de Oliveira Bresciani, Gustavo Zeitel Jacoub, Laura Mie de Azevedo Nicida, Luana Rios Mauricio Oliveira, Lucas Esteves Ururahy Rodrigues, Marcia Farias de Souza, Maria Júlia Froes e Costa, Marina Rigoletto, Natállia de Carvalho Santos, Suzane Mayer Varela da Silva, Ywoollyanna Kawanna Santos Souza.

Aprendizes
João Carlos de Souza Brito, Késsia Ketlyn Souza de Siqueira.

O IMS desenvolveu todos os esforços para identificar a autoria de todos os autores das imagens apresentadas nesta exposição. Em alguns casos não foi possível reunir essa informação, que persistiremos em procurar.

C294   Carolina Maria de Jesus: um Brasil para os brasileiros / organização Hélio Menezes, Raquel Barreto. – São Paulo: IMS, 2023.
    352 p.; il., fots.

ISBN 978-65-88251-08-9

1. Jesus, Carolina Maria de (1914-1977) - Catálogos - Exposições. 2. Literatura brasileira. 3. Fotografias. 4. Artes visuais. I. Menezes, Hélio (curadoria). II. Barreto, Raquel (curadoria).

Bibliotecária responsável:
Katya de Sá Leitão Pires de Moraes – CRB7 -6143.

Este catálogo foi impresso em fevereiro de 2023, na Ipsis Gráfica e Editora, com tiragem de 1.500 exemplares, nos papéis Munken Lynx Rough 120 g/m² e Eurobulk 135 g/m² no miolo, e capa em Couché Brilho 300 g/m². Foram utilizadas as fontes Besley e Acumin Pro.